20世纪学术发展丛书

20世纪的
西方史学

于沛 主编

WUHAN UNIVERSITY PRESS
武汉大学出版社

图书在版编目(CIP)数据

20世纪的西方史学/于沛主编.—武汉：武汉大学出版社,2009.5
20世纪学术发展丛书
ISBN 978-7-307-06974-9

Ⅰ.2… Ⅱ.于… Ⅲ.史学史—研究—西方国家—20世纪
Ⅳ.K091

中国版本图书馆CIP数据核字(2009)第051161号

责任编辑:朱凌云　　责任校对:黄添生　　版式设计:马　佳

出版发行:**武汉大学出版社**　(430072　武昌　珞珈山)
(电子邮件:cbs22@whu.edu.cn　网址:www.wdp.com.cn)
印刷:湖北恒泰印务有限公司
开本:720×1000　1/16　印张:19.5　字数:278千字　插页:2
版次:2009年5月第1版　2009年5月第1次印刷
ISBN 978-7-307-06974-9/K·411　定价:39.00元

目　录

第一章 处于变动世界中西方的历史学

对于20世纪西方史学的特点和趋势，很难用一句话或几句话做出准确的概括。如果一定要这样做的话，似乎用“变动中的史学”，强调它的“变动性”更恰当，因为20世纪是人类历史上发生空前剧变的世纪。“变动中的西方史学”，则是带有鲜明时代特点的历史产物。对20世纪西方史学的特点，用“变动”来概括，似乎显得有些模糊，然而在某种情况下，“模糊”的描述往往比似是而非的“准确”的描述，更加符合实际情况。尽管我们更多地是看到它的不确定性，但这并不妨碍我们从理论与实践的结合上，去认识和分析20世纪西方史学的某些规律性的现象，从而有选择地汲取西方史学的有益内容，为我所用。

一、倡导新史学

在西方，19世纪被称为历史学或历史学家的世纪，崇尚“客观主义”的德国“兰克学派”的影响遍及欧美诸国，历史学得到充分的发展。但进入20世纪后，西方史学并没有停滞不前，而是在“新史学”的旗帜下，批判地继承19世纪史学成果，开始了新的发展历程。

在兰克（Leoplod Von Ranke）的故乡，首先揭开了高举批判旗帜的“新史学”的序幕，兰克史学也在批判之列，使西方传统史学受到强烈震动。1900年，莱比锡大学历史学教授K. G. 兰普雷希特（Karl Lamprecht）发表专著《文化史的方法论》，大力倡导扩大历史研究领域的“多元论文化史观”，强调历史发展受社会、文化和心理，特别是社会的、集体的心理的影响，而非仅仅是“政治”的影响。它与兰克史学的主要区别，首先是摆脱历史主要是“政治史”的模式，认为历史包括经济、文化和民族等方面的内容；其次，主张历史应描述人类集体的活动，而不是少数英雄的行为；再次，强调历史研究不仅要说明“事实是什么”，而且要探究“事实为什么是这样”。

同在 1900 年，艾格尔斯顿（Edward Eggleston）在美国历史学会发表了题为《新史学》的主席演讲，他认为政治史远不是历史的全部内容，如城市史、妇女史、儿童史和文化史等，都应进入历史学家的视野。1912 年，美国历史学家鲁滨逊（James Harvey Robinson）强调史学“需要一个革命”，首先举起了“史学革命”的旗帜，向传统史学提出了强有力的挑战。他的代表作《新史学》既是史学革命的纲领，也是史学革命的产物，被公认是 20 世纪世界史学名著。他说，这部著作“所以命名为《新史学》，也就是要特别强调：我们不应该把历史学看作是一门停滞不前的学问，它只有通过改进研究方法，搜集、批评和融化新的资料才能获得发展。恰恰相反，我们认为历史学的理想和目的应该伴随着社会和社会科学的进步而变化”。

在这部著作中，鲁滨逊同样要求冲破以政治史研究为中心的传统，扩大历史认识的视野，“一切关于人类在世界上出现以来所做的或所想的事业与痕迹，都包括在历史范围之内。大到可以描述各民族的兴亡，小到描写一个最平凡的人物的习惯与感情”；他从进步的历史观出发，强调人类历史运动是一个连续不断的过程；他重视发挥历史学的社会功能，主张历史研究不应脱离现实生活，要为现实服务，为此应发展历史教育，普及历史知识；他认为历史矛盾运动由政治、经济、地理、心理等多种因素所决定，因此鼓吹历史学与其他相关学科建立密切的联盟，如社会学、人类学、考古学、经济学、心理学、宗教学和地理学等，开展多学科的历史综合研究方法。鲁滨逊培养了许多学生，他所执教的哥伦比亚大学成为美国新史学的中心，并逐渐形成了以鲁滨逊为代表的，包括比尔德（Charles A. Beard）、贝克（Carl Becker）、绍特韦尔（James

T. Shotwell）、巴恩斯（Harry Elmer Barnes）、海斯（Carlton. J H. Hayes）和桑戴克（Lynn Thorndike）等著名史学家在内的美国“新史学派”，或“鲁滨逊—哥伦比亚学派”。①

在20世纪初欧美新史学思潮的影响下，1929年1月中旬，跨学科的史学季刊《经济与社会史年鉴》（现名为《经济 社会 文明年鉴》）在法国问世，以布洛赫（Marc Bloch）、费弗尔（Lucien Febvre）等为代表的年鉴学派，力主打破实证主义史学的局限，重视心理史、人口史、生态史和社会史、经济史的研究，对20世纪法国和整个西方史学的发展产生了深远的影响。第二次世界大战后，西方史学继续在新史学的轨道上发展，其主要标志是最终完成了始于战前的从传统史学向新史学的转化；同时新史学也开始了自身的嬗变，它不再是一个单纯与“传统史学”相对立的简单概念。战后西方新史学内容复杂，学派林立，时时处在变化之中，常使人目不暇接，眼花缭乱，但其中也不乏一些有借鉴意义的内容，如法国年鉴学派的“复归叙述”和“解释的多元化”；西方历史哲学的转向和新历史主义；全球史、生态—环境史等历史学分支学科的出现，以及后现代主义思潮对史学的挑战等，都日益引起人们的关注。

随着以历史过程描述为主的史学，逐渐向以理论描述为主的史学转化，历史研究中的问题意识不断加强，西方叙述式的史学，逐渐为解释性的史学所代替。这些“转化”或“代替”，都是在新史学的旗帜下进行的。

二、马克思主义史学影响不断扩大

马克思主义历史理论产生于19世纪40年代，它不仅是科学共产主义的重要组成部分，而且是马克思主义史学的理论基础。1917年俄国十月社会主义革命胜利后，苏联社会主义建设的迅速发展，

① Peter Novick, *That Noble Dream*, Cambridge University Press, first published 1988, reprinted, p. 121.

以及苏联马克思主义史学所取得的成就，引起西方历史学家的广泛关注。20 世纪 30 年代，资本主义世界性的经济危机和社会危机爆发之后，西方马克思主义史学的影响迅速扩大，英国史学家 G. 巴勒克拉夫认为，“到 1955 年，即使在马克思主义的反对者中，也很少有历史学家会怀疑聪明睿智的马克思主义历史研究方法的积极作用及其挑战”。①

在欧美各国中，英国马克思主义史学所取得的成就最大。1920 年英国共产党成立后，一批信仰马克思主义的历史学家团结在它的周围，编辑《近代季刊》等历史研究刊物，努力以唯物史观为理论指导研究历史。

1938 年，A. C. 莫尔顿的《人民的英国史》问世，这是第一部以唯物史观为理论指导撰写的英国通史著作，作者较为系统地阐释了自古代以来至第一次世界大战期间的英国历史，认为 17 世纪英国革命的实质不是“清教徒革命”，而是资产阶级革命。在这场革命中，具有决定性意义的是英国新兴的资产阶级和没落的封建贵族之间的斗争，而非是“宗教问题”。作者还分析了英国外交政策“光荣孤立”的本质，揭露了英国垄断资本集团对中国、印度、缅甸、马来西亚、埃及等国家的侵略。

1946 年，莫尔顿（A. C. Morton）等人发起成立了“马克思主义史学家小组”，旨在工人群众中普及历史知识，进行阶级教育，并出版有《我们的历史》杂志。“小组”由莫尔顿任主席，定期或不定期举办各种形式的学术研讨会或学术年会，有力地推动了英国工人运动史、英帝国殖民侵略史的研究。

M. 多布（Maurice Dobb）早年就读于剑桥大学经济系，1922 年加入英国共产党。他对历史学的自我封闭状况十分不满，主张历史学家首先应有经济学的观念，其代表作《资本主义发展研究》，就是历史学与经济学相结合的成功范例，在国际史学界享有盛誉。M. 多布坚持马克思主义基本原理，批判了德国社会学家马克斯·

① 杰弗里·巴勒克拉夫：《当代史学主要趋势》，上海译文出版社 1987 年版，第 42 页。

韦伯（Max Weber）“资本主义精神”等定义，他认为资本主义形成的标志，是资本开始大规模地向资本领域渗透，使生产方式开始发生变化。在资本主义发展的历史上，曾发生过两次有决定性意义的运动，即英国资产阶级革命和工业革命。

第二次世界大战后，英国马克思主义史学得到迅速发展，E. J. 霍布斯鲍姆（Eric Hobsbawm）和E. P. 汤普森（Edward Palmer Thompson）等创立了“新社会史学派”。这里所说的“新”，主要是相对于战前以C. M. 屈维廉为代表的英国传统的社会史而言。C. M. 屈维廉认为社会史是除了政治史以外的“所有”的历史，而实际上更多地指的是生活方式的历史，因此经济活动、军事活动等也被排除在外。而新社会史则强调研究总体的“社会的历史”，即社会是一个有机的整体，整个社会都是历史研究的内容；新社会史还提出了“从底层向上看的历史”等主张，重视研究生活在社会下层的普通民众的历史，包括他们的物质生活、思想意识，以及历史地位、历史作用等。新社会史学家从广阔的社会史的视角从事历史研究，较多地采用了社会学、心理学和人类学的理论与方法，重视意识形态、社会心理、民族文化传统等在历史进程中的作用，这一切对西方史学发展产生了重要的影响。

英国马克思主义史学家的作品在国际史坛享有盛誉，如E. P. 汤普森的《英国工人阶级的形成》（1963年）是研究工业革命时期英国工人阶级状况的奠基性著作之一。作者认为，“阶级”是一种历史现象，是历史的产物，阶级的形成是一个历史过程。研究工人阶级的形成，首先应该研究工人阶级的“阶级意识”是如何形成的。E. P. 汤普森认为，生产关系、政治运动、社会思潮、大众文化和习俗等，对“阶级意识”的形成都产生了重要的影响。20世纪60年代后，E. J. 霍布斯鲍姆著有《革命的年代（1789—1848）》、《资本的年代（1848—1875）》、《帝国的年代（1875—1914）》、《极端的年代（1914—1991）》等，对两个世纪的世界历史进行了认真的回顾和思考，并努力对近代以来人类历史进程中的一系列重大理论问题做出了马克思主义的回答。在考察每一具体的历史时代时，他都详尽地探究了这一时期经济发展和科学技术的进步，以及与其相应的政治、思想、宗教、艺术等意识形态的变化。

1920 年法国共产党成立，对法国马克思主义史学的产生和发展，有重要的影响。法共总书记多列士（Maurice Thorez）十分重视通过历史进行革命传统教育，他本人对法国大革命、1848 年欧洲革命及巴黎公社素有研究。20 世纪 30 年代，法共主办《在马克思主义照耀下》丛刊，建立工人运动和革命运动史博物馆，普及历史知识，广泛宣传法国人民争取自由民主的光荣传统，反对日益严重的法西斯主义的威胁。第二次世界大战后，法国马克思主义史学继续发展，在法国史学中占有举足轻重的地位。法国著名史学家雅克·勒高夫在评述当代法国史学时说，“两支巨流贯穿在当今的历史编纂学中，一支是马克思主义，另一支是法国年鉴学派开创的新史学”。① 法国马克思主义史学的成就，与法共有密切的联系。如 1953 年，法共理论刊物《思想》组织了“马克思主义与历史”学术研讨会。1959 年，法共成立了包括历史研究部在内的马克思主义研究中心，1961 年主办“历史学面对时代”思想周，1979 年成立马克思主义研究所，出版《历史学报》，有力地推动了马克思主义史学的发展。

法国马克思主义史学主要代表人物有勒费弗尔（Georges Lefebvre）、索布尔（Albert Soboul）、伏维尔（Michel Vovelle）等。他们的主要研究领域是工人运动史、欧洲 1848 年革命、巴黎公社、抵抗运动中的法国共产党和法国大革命史等。

勒费弗尔是著名的法国大革命史专家，年鉴学派的创始人之一。1924 年，他完成了题为《法国革命时期的北方农民》的博士论文，在史学界显露头角。他继承法国进步史学的传统，推动了法国马克思主义史学的发展。在法国大革命史研究中，他强调 1789 年的法国仍然是一个农业国，因而十分重视农民在革命中的作用。在对待封建专制制度这个问题上，他认为农民和资产阶级的要求并不相同，两者充满了矛盾和斗争，农民运动是摧毁法国封建制度的重要动力。在研究法国大革命的起源时，勒费弗尔深入阐述了阶级

① 《国外社会科学动态》，1981 年第 4 期。

斗争是历史发展的主要动力的观点，法国大革命爆发的根本原因，首先是资产阶级的兴起。他认为，任何一种思想，总是和当时的社会结构有关。法国大革命的深刻原因，不应在思想中，而应在“经济变化所引起的社会进化中去寻找”。正是在勒费弗尔的倡导下，法国大革命经济社会史研究取得了迅速的发展。

索布尔1936年毕业于巴黎大学，获历史学与地理学、文学学士；1939年加入法国共产党，第二次世界大战爆发后曾应征入伍，从事反法西斯地下活动。1958年，他以论文《共和二年巴黎无套裤汉》获国家博士学位，1967年在巴黎大学任法国革命史讲座教授，并主持法国革命史研究所。主要代表作有《1789年——自由之年》（1939年）、《法国革命史》（1964年）、《法国革命的诺尔郡农民，1789—1848年》（1976年）。1982年索布尔病逝，伏维尔接替他出任巴黎大学法国革命史讲座教授，兼法国革命史研究所所长。他主要从事社会心态史的研究，但这与他强调用马克思主义的理论与方法从事法国革命史研究并不矛盾。他认为社会心态史是社会史的延伸，马克思主义史学家不应将自己的研究仅限于社会史和经济史，而应不断开辟新的研究领域。他说，“法国史学的一些先驱领域，不管是社会史、经济史，还是文化—心态史，马克思主义史学家都参与开发，并给予很大的影响，他们的一些作品都最终表明马克思主义史学的研究方式和程序并没贫困化”。① 伏维尔在社会经济史研究的基础上，重视法国大革命时期人们的意识形态、价值观念和宗教思想的变化，力图从更多的视角认识和分析法国大革命。他认为，法国大革命不仅是法国社会经济的产物，而且也是人们精神状态长期演变的结果。革命的结果不仅表现在法国政治经济制度的深刻变革，而且也表现在社会心理状态的巨大变化。他在精神史研究方面所做的开创性工作，被西方一些学者认为是当代最敏锐、最富有想象力的一位马克思主义史学家。其主要代表作有《旧制度王朝的崩溃》（1972年）、《意识形态与心态》（1982年）、《大革命心态》（1985年）等。

① 《史学理论》，1988年第1期。

在俄国十月社会主义革命的影响下，美国马克思主义史学得到迅速发展。1919 年，美共创始人之一的约翰·里德（John Reed）根据自己的亲身经历，撰写了《震撼世界的十天》，详尽记述了俄国十月社会主义革命的伟大胜利，促进了马克思主义在美国的传播。一些进步知识分子团结在马克思主义史学家周围，20 世纪 20 年代末，在美国史学中逐渐形成了马克思主义学派。该学派的主要研究特点是努力做到历史与现实相结合，将工人运动史、独立战争史和内战史作为研究重点。

1937 年，D. 哈迪在《第一次美国革命》中，论证了北美殖民地爆发反对宗主国英国的革命斗争是不可避免的，因为英国的政策是把北美殖民地变成英国的农业附庸，两者之间存在着不可调和的矛盾。1944 年，H. 莫里斯在《为自由而战》中，进一步发展和深化了 D. 哈迪的观点，在分析资产阶级革命的国内因素时，充分肯定了资产阶级激进派的各项主张。

在工人运动史研究中，W. 福斯特（William Zebulon Foster）的《钢铁工人罢工及其教训》（1928 年）、A. 宾巴的《美国工人阶级史》（1927 年）等都是产生广泛影响的力作。W. 福斯特 1921 年加入美国共产党，1929 年后长期担任美国共产党主席，积极参加工人运动。第二次世界大战后，先后出版《美洲政治史纲》（1951 年）、《美国共产党史》（1952 年）、《美国历史上的黑人》（1954 年）、《三个国际的历史》（1955 年）等著作。W. 福斯特批驳了在美国资产阶级史学中居统治地位的“美国例外论”。他认为，在帝国主义时代，美国社会矛盾异常尖锐，社会冲突和阶级斗争接连不断，美国资本主义的发展和工人阶级的状况，以及阶级力量的对比，决定着美国的社会历史进程，而没有任何“例外”可言。一些资产阶级史家认为，美国的历史是“优秀”的白人移民的历史，而在他的笔下，美国的历史是包括黑人在内的劳动人民的历史，美国黑人和印第安人为美国的发展做出了不可替代的贡献。

菲利普·方纳（Philip Sheldon Foner），早年在美国哥伦比亚大学获硕士、博士学位，林肯大学历史学教授，长年从事美国劳工史和黑人史研究，即使在 20 世纪 50 年代麦卡锡主义盛行时期，也没有放弃自己的工作，是在国际史坛享有盛誉的美国马克思主义史学家之一。6卷本《美国工人运动史》（1947—1980年）是其主要代表作之一。方纳广泛利用多种形式的档案文献，系统阐释了自殖民地时期到第二次世界大战期间美国工人运动的历史，不仅有劳联—产联的活动，而且特别重视无产阶级和普通工人群众的历史作用；肯定了美国工人运动的阶级性质和政治目标，否定了把美国工人运动仅仅理解成“谋取个人福利”的错误认识。方纳在书中还详尽地介绍了马克思主义在美国的传播，以及美国社会主义团体的活动。在《美国黑人史》（1983年）、《美国社会主义与美国黑人：从杰克逊时代到第二次世界大战》等著作中，方纳揭露了美国资产阶级对黑人的奴役和压榨，以及广大黑人为争取自由、解放所进行的英勇斗争。

阿普特克（H. Aptheker）是美国著名黑人史专家，纽约大学历史系教授，纽约马克思主义研究会会长。他认为黑人史是美国史的重要组成部分，不知道黑人史，就不可能了解美国史。他著述颇丰，各类著述有50余部，代表作有《内战中的黑人》（1938年）、《美国黑奴起义》（1939年）、《为了自由：美国黑人史研究》（1948年）、《美国黑人史：现代时期》（1971年）等。在这些著作中，他引用了政府档案以及大量黑人的回忆录、书信、日记及相关报刊等弥足珍贵的历史文献，揭露了种植园制度的残酷，美国黑人争取自由，发动250余次奴隶起义的战斗历程，以及黑人在美国资产阶级革命和内战中所做出的重大历史贡献。在《殖民地时期：美国人民史》中，他满含深情地论述了黑人奴隶起义、印第安人反侵略斗争，以及白人劳动群众反对剥削和压迫的斗争。W. 福斯特高度评价这部作品，认为它是第一部“优秀的用马克思主义观点写的美国通史”。①

阿普特克十分重视黑人历史文献的收集整理。1951—1974年，他曾编辑有《美国黑人文献史》3卷，收集有丰富的原始资料，至今这仍然是研究美国黑人历史的最详尽的文献汇编。例如，仅第1

① 阿普特克：《美国人民史》第1卷，三联书店1962年版，序言。

卷就收有 1661—1910 年黑人历史文献 450 篇，分成 200 多个专题。1963 年，美国黑人运动领袖、社会活动家、历史学家杜波依斯逝世后，阿普特克不仅潜心钻研，完成了《杜波依斯传》的写作，而且还整理了杜波依斯的大量遗作，编选有 3 卷本《杜波依斯书信集》（1973—1978 年），杜波依斯的著作集到 1978 年已经出版 20 余卷，这些被认为是研究美国史、美国黑人史不可缺少的重要文献资料来源。

三、历史学分支学科和跨学科史学方法

第二次世界大战后，世界历史进入了一个新的发展阶段，世界政治格局和人类社会生活的深刻变革，不断提出新的问题需要人们从历史与现实的结合上做出回答。在这种情况下，传统史学已经显得无能为力，不得不借助其他相关学科的理论和方法。这样，就决定了战后西方史学发展的重要特征之一，是随着史学家历史视野的开拓，研究领域迅速扩大，使传统史学同其他哲学社会科学各学科的界限，变得愈来愈模糊了，在广泛采用新的史学方法的基础上，出现了一系列历史学新的分支学科。

新的史学方法和一系列新的史学理论有密切的联系，新的理论在不少方面需要通过新的方法体现出来，需要新的方法的支持；而那些新的历史学分支学科的出现，则是在新的社会历史条件下，历史学在其自身发展的过程中，合乎规律发展的结果。它不仅体现了战后西方史学理论化、一体化的发展趋势，对一些重要的历史过程或历史现象更重视理论性的描述，借助跨学科的方法充分发挥历史认识主体的积极作用，对历史认识客体进行总体性的研究，而且极大地丰富和完善了史学研究的方法，弥补了传统史学方法的某些不足或缺陷，有力地推动了当代史学的发展。

这些分支学科主要有社会史学、文化史学、人口史学、心智史学、心理史学、新经济史学、新政治史学、家庭史学、妇女史学、城市史学、口述史学、计量史学、比较史学等。这些历史学分支学科大体上可以分成两种情况：其一是作为一种研究方法，在 20 世

纪初或第二次世界大战之前，就已经在历史研究中得到运用，但仅仅是一种研究方法而已，在历史研究的诸多方法中并无更多的影响，而战后西方史学的发展使其有了更多的用武之地，影响逐渐扩大，逐渐形成具有完备形态的历史学分支学科如计量方法——计量史学；比较方法——比较史学等。其二是在第二次世界大战后特别是50年代末60年代初以后，在学术研究中跨学科方法的影响和推动下，首先是历史学和相关学科建立了密切的联系，然后在史学研究实践中逐渐形成和发展起来的。

任何一门新的历史学分支学科，都不是史学理论和方法与相关学科的理论和方法进行简单的嫁接的产物，而是从科学研究的实际出发相互汲取、彼此交融的结果。一般认为，传统的历史学研究的缺点是只重视个案研究，就事论事，“只见树木，不见森林”；而社会学研究和史学研究恰恰相反，“只见森林，不见树木”。社会史学则是在克服历史学和社会学研究中的缺点和不足之处的前提下，充分发挥它们各自的长处，并将其有机地结合在一起去认识和分析社会历史现象，从而使之“既见树木，又见森林”。因此，社会史学并不反对分析一系列具体的、实证的社会历史现象，但却是从整体上认识社会历史现象，将人类历史作为一个有机联系的系统进行研究，并对社会历史矛盾运动中的重大问题做出整体性的回答。

一系列历史学分支学科的出现，对西方史学的发展产生了深刻的影响，但是，如果认为它们的出现，将会代替或已经动摇了西方史学理论及方法的基础，那是不符合实际情况的。因为它们的主要作用，是在丰富和完善西方史学的理论和方法，是一种补充。另外，在具体的历史研究中，也往往是各种不同的分支学科相互配合，从不同的视角进行综合研究，并非要使用某一种方法，就一定要排除其他的方法。例如，论述1789年法国大革命爆发的原因时，不仅分析政治、经济原因，而且还从社会人口的变迁、社会心理的演变等方面进行分析，并同17世纪英国资产阶级革命进行比较，显然，这种综合分析更有助于人们认识法国大革命爆发的原因及这场革命的特点。

上述论及的历史学新的分支学科，是西方历史学的重要组成部分，它们在不同程度上不可避免地会受到当代西方史学观念的影响。英国史学家克拉克主编的《新编剑桥世界近代史》分析 20 世纪 30 年代苏联发动大清洗的原因时，用心理学的方法得出归结于斯大林“病态心理”的结论，论者从某种先验的观念出发，除了意识形态的偏见外，显然过分夸大了心理因素的作用。

四、关注现实和历史研究的问题意识加强

西方史学的源端在古代希腊。无论希罗多德，还是修昔底德，他们修史的目的都是为了述古喻今，垂训后世，如修昔底德所言，“擎起历史的火炬，引导人类在摸索中的脚步”。古希腊史家戴奥尼西也认为，“历史是一种以事实为训的哲学”。在资本主义时代，一些史家标榜“客观主义”史学，德国“兰克学派”的客观主义史学的影响最大。他们主张超然的、不偏不倚的“客观主义”，鼓吹撰写历史时应做到“如其实在所发生的情形一样”，这实际上是做不到的。德国近代史学所表现出强烈的民族主义色彩，正是经过兰克及其弟子们系统阐发和传播的结果，“普鲁士学派”尤甚，正如美国历史学家 G. G. 伊格尔斯所言：“在 1830 年到 1871 年德国走向统一的过程中，历史学家在这些关键时期所扮演的重要角色是前所未见的。”① “客观主义”的本质是为资产阶级政治服务。

20 世纪的西方史学同样不存在所谓的“客观”。例如，20 世纪上半叶，1910 年出任美国历史协会主席的特纳（Frederick Jackson Turner）代表的“特纳学派”，在西方史学风靡一时。特纳提出的“边疆学说”的要旨是：美国历史发展的基本因素是边疆，美国历史在很大程度上可以说成是对大西部的拓殖史。美国边疆的扩张是“文明”的扩张，是“文明”对“野蛮”的讨伐。这种扩张乃是美国的特性，它不会因“西部边疆”的消失而消失，反而

① 转引自王晴佳：《论民族主义史学的兴起与缺失》（上），《河北学刊》，2004 年第 4 期。

会在更广阔的外部世界进行。特纳的边疆学说，对美国历史进行了重新解释，反映了19世纪末、20世纪初美国垄断资产阶级的政治经济要求，完全是在维护垄断资产阶级的根本利益。

“一切真历史都是当代史”，这是意大利学者克罗齐1917年提出的一个著名命题。克罗齐史学思想的重要特征之一，是将“历史”和“编年史”进行了严格的区分，这和“一切真历史都是当代史”是联系在一起的。他说：“历史是活的历史，编年史是死的历史；历史是当代史，编年史是过去史；历史主要是思想行动，编年史主要是意志行动。一切历史当它不再被思考，而只是用抽象词语记录，就变成了编年史，尽管那些词语曾经是具体的和富有表现力的。”他还认为，“当生活的发展逐渐需要时，死历史就会复活，过去史就变成现在的。罗马人和希腊人躺在墓穴中，直到文艺复兴欧洲精神重新成熟时，才把他们唤醒”；“因此，现在被我们视为编年史的大部分历史，现在对我们沉默不语的文献，将依次被新生活的光辉照耀，将重新开口说话”。① 在克罗齐看来，唯有当前的兴趣和要求才促使我们去研究过去，激活过去，将编年史转变为历史，这种活的历史、真历史恰恰是因为活在当下而可以称之为当代史。

第二次世界大战后，美国史学的现实性从没放弃，在特定的历史条件下反而加强。例如，1949年1月20日，杜鲁门在总统就职演说时，攻击共产主义学说是“世界持久和平的威胁”。美国史学家里德（Conyers Read）在1949年美国历史协会主席就职晚宴上讲话时，强调从现实政治出发来研究历史，“历史学家的社会责任在于为当前而解释过去”，这是历史学家的“社会责任”。从这一基本认识出发，他污蔑斯大林与希特勒、墨索里尼，共产主义与法西斯主义及纳粹是“一丘之貉”。

在一些被公认为严肃的学术专著中，也可以清楚地看到西方史学对现实的关注。以克拉克爵士主编的14卷本《新编剑桥世界近

---

① 参见克罗齐：《历史学的理论和历史》，中国社会科学出版社2005年版，第6、11、15页。

代史》为例，可清楚地说明这一点。克拉克在该书的《总导言：史学与近代史学家》中说："如果过去和现代之间没有连续性，如果一个生活在现代的历史学家不能把过去融化在他的现代中，那么，他就不可能理解过去，或者写出能使他的同代人认为真实或者可以理解的有关过去的任何情况。"克拉克认为历史学不能停止在描述，而在于做出判断。"一部历史书与仅仅是一堆有关过去的报导之间的区别之一就是历史学家经常运用判断力。""历史不是人类生活的延续，而是思想意识的延续。""就历史学而言，我们可以断定，如果说它是一门科学的话，它是一门从事评价的科学。"①

L. S. 斯塔夫里阿诺斯的两卷本《全球通史》出版后约 30 年，《全球通史》第 7 版在 1999 年问世。两种版本相比较，可以看出第 7 版的内容已经有了较大的改变。L. S. 斯塔夫里阿诺斯在题为《为什么需要一部 21 世纪的全球通史》的"致读者"中说，"每个时代都要书写它自己的历史。不是因为早先的历史书写得不对，而是因为每个时代都会面对新的问题，产生新的疑问，探求新的答案。这在变化节奏成指数级增长的今天是不言自明的，因此我们需要一部提出新的疑问并给出新的答案的新历史"。他在具体回答为什么在世纪之交要撰写新版本的《全球通史》时说："答案与出版第 1 版的理由是相同的，还是那句话：新世界需要新史学。20 世纪 60 年代的后殖民世界使一种新的全球历史观成为必需，今天，20 世纪 90 年代以及 21 世纪的世界同样要求我们有新的史学方法。60 年代的新世界在很大程度上是殖民地革命的产物，而 90 年代的新世界则正如教皇保罗六世所言，是'科技的神奇影响力'的结果。科技渗透到了我们生活的方方面面，这种难以抗拒的影响令人信服地证明着它的存在。"②

1999 年，斯特恩著有《世界文明：全球的体验》，这是在美国

---

① 克拉克主编：《新编剑桥世界近代史》第 1 卷，中国社会科学出版社 1999 年版，第 12、22、24、31 页。

② L. S. 斯塔夫里阿诺斯：《全球通史》（第 7 版）上，北京大学出版社 2005 年版，第 17～18 页。

广泛流行的一本世界史教科书，作者在回答为什么要学习世界史时说："原因显而易见，美国的人口构成在不断地改变，这增加了对国际状况理解的需求。……第二，美国对国际事务的参与不断增长，它在太平洋沿岸、加勒比海岸和大西洋长久以来就是一大势力，但是美国将它的利益划定在欧洲。在 20 世纪后半叶，参与了三场亚洲战役后，再加上全球范围大规模的经济文化往来，美国及其公民已经拥有了全球观念。这一观点强调当前国际事务和所有文明的重要性。"①

在我国史学界，有些人将科学性和阶级性对立起来，盲目认为西方的学术研究是"客观"的，具有科学精神。然而，西方历史学著作披着"学术"的外衣，对马克思主义基本原理进行了放肆的攻击并不鲜见。例如，英籍科学哲学家卡尔·波普尔在《历史主义的贫困》一书的题词中写道：本书"纪念各种信仰的或各个国家或各种族的无数男女，他们在历史定命的无情规律之下沦为法西斯主义和共产主义的受难者"。②他在《历史决定论的贫困》、《开放社会及其敌人》等著作中，攻击马克思主义关于历史规律性的论述是"形而上学的教条或宗教式的信念"，是"难以置信的智力狂妄"。历史决定论是一种"古老迷信的残余"，而不是一种新颖、进步、革命和科学的理论。没有一种科学的历史发展理论能作为预测历史的根据。攻击马克思主义是构成"现代极权主义"的思想来源之一。这种赤裸裸的表露足以表明，这里丝毫没有什么"科学"和"客观"可言。

① 参见汉娜·西斯勒：《世界史：理解现在》，《学术研究》，2005 年第 3 期。个别处译文有修正。

② 波普尔：《历史主义的贫困》，社科文献出版社 1987 年版，第 39 页。

第二章　传承与变革
——20 世纪西方史学的渊源

在 20 世纪的西方，当历史学家们用到“history”这个词时，一般指的是我们通常所说的“历史学”，它是一种经过专业化的历史写作而获得的成果。很明显，“history”若是直接翻译成中文“历史”，那么，按照该词在西方语境中的原意，“历史”并不应该等于“过去”（past），而是历史学家或者历史写作者们对过去的表现。20 世纪的西方史学蓬勃发展，它无时不反映出传承与变革两个方面。为此，唯有了解 20 世纪之前的西方史学，我们才能够认识到 20 世纪西方史学是在什么样的情境下发展而来，它继承了什么，革新了什么？是什么造成了它与 20 世纪之前史学思想的差异？20 世纪史学思想的变迁是西方史学传统的逻辑发展吗？在深入了解 20 世纪西方史学的各个方面之前，我们有必要回溯梳理一下西方史学的传统。

一、西方历史写作的早期传统

在西方文明中，将“历史学”当作一门学科，那是近代以来的事情。到了 18 世纪末 19 世纪初，历史学的职业化历程才开始启动，此后我们用“历史学”一词才显得合理。有鉴于此，我们在阐述西方史学在西方近代文明以前的渊源时，先不急于使用“史学”一词，而是用“历史写作”或“历史编纂”来称呼。

西方文明的历史写作传统源远流长，它可以追溯到有书面记载以前。那时，人们慢慢产生了一种怀念过往事物的感觉，他们将这些对过去的记忆和认识通过神话和史诗的方式口耳相传。

《荷马史诗》记载了一场旷日持久的战争——特洛伊战争。它发生在公元前13世纪到公元前12世纪。由于除了《荷马史诗》这样的传说之外，关于这场战争的记载并没有准确的书面资料，战争发生的准确年月已经无从考证，人们也难以确证这场战争的真实情况到底是怎样。不过，可以确认的一点是，在《荷马史诗》中，我们可以看到史诗的作者与历代传诵者都明确那是一场“过去曾经发生过的战争”，对于过去事件的怀念，不论出于什么原因，都在为西方文明历史写作的兴起进行意识上的准备。因为历史写作的根本特点就在于，任何一个历史文本，都是对于过去事件的真实记载。在今天看来，特洛伊战争的真实性不可考。普里阿摩斯是不是真的前去赎取过儿子的遗体，阿伽门农是不是真正的军队统帅……这些我们再难以确证，可是，它们在《荷马史诗》的作者和传诵者心目中，一定绝对真实地存在过。

在《荷马史诗》之后，公元前8世纪，有一位古希腊诗人赫西俄德留下了一篇长诗《工作与时日》。书中，赫西俄德讲述了诸神与人类的起源。他指出，奥林波斯山上的诸神先后创造了黄金种族、白银种族、青铜种族、英雄种族和黑铁种族。对于赫西俄德来说，他讲述的一切都是真实的事情，这些依次由诸神创造的种族自然也的的确确存在过或是还存在着（如黑铁种族）。赫西俄德已经意识到一种时代差异，即在现在这个时代之前，还有数个时代存在，每一个时代之间并不相同，后一个时代在道德上显然不如前一个时代。赫西俄德讲述种种往事，其目的是用一个个事例对同时代的人进行道德训诫，引导人们追求正义和公正。在赫西俄德的另一部著作《神谱》中，对神的谱系的关注同时显示出人类对于事物起源的自觉意识。

从《荷马史诗》与赫西俄德的《工作与时日》、《神谱》中，我们可以看到西方历史写作的普遍特征开始呈现。它们可以归纳成几个方面：第一，历史与过去相关；第二，历史与真实相关；第三，历史与现实事物的起源相关，即讲述与过去有关的事情，其目的并不能脱离现实。人们讲述往事，或是像《荷马史诗》那样通过歌颂英雄的事迹来表达一种理想的人性，或是通过歌颂以往的道德来批评现实，力图重建现实生活的道德原则。荷马和赫西俄德并没有意识到自己是在从事历史传诵或历史写作。在他们的作品中，许多神都是叙述的对象，作者并没有将人与神严格区分开来。之后，如果古希腊的作者们意识到，人应该是他们作品中的主要对象，那么，历史就会获得它的第四个特征，历史只与人类世界有关。这就意味着，即使一些历史学家谈起历史中的神话，将它们看成是历史的组成部分，那也只是因为神话反映了传播神话的人的意识，它才可以归入到历史的范畴。到了公元前 5 世纪，包含了上述四个特征的“历史”观念在古希腊形成了。

相传在古希腊有九位缪斯女神，其中掌管历史的女神称为克利奥（Clio）。公元前 484 年，克利奥在人间的第一位代言人希罗多德诞生了。在西方文明中，后人把希罗多德视为“历史之父”。他写作的《历史》记载了公元前 6 世纪到公元前 5 世纪发生在波斯帝国和古希腊诸城邦之间的一场战争。希罗多德开篇就写道：“在这里发表出来的，乃是哈利卡尔那索斯人希罗多德的研究成果，他所以要把这些研究成果发表出来是为了保存人类的功业，使之不致由于年深日久而被人们遗忘，为了使希腊人和异邦人的那些值得赞叹的功绩不致失去他们的光彩，特别是为了把他们发生纷争的原因给记载下来。”我们很容易从这段文字中看到古希腊的“历史”观念中包含的四个特征。在这其中，我们还看到一个重要的因素，即希罗多德所说，书中叙述的是他的研究成果。当希罗多德要描述一些并非他亲耳所闻、亲眼所见的事件，他如何确认那些真实的事件呢？他又如何了解这些事件发生的原因呢？“研究”便是古希腊历史学家必须具备的才能。

在古希腊，历史学家必须具有“研究”的能力，这不只是对希罗多德的要求，而是一个时代对历史学家的普遍要求。那个时代，“历史”一词的流行含义正是“探询”，写作者必须努力探询人类事物的真相才配得上历史学家这个称号。

希罗多德的作品，更多地关注他自己生活的那个时代，所记述的事以身边的人亲身经历的为主，其中包括战争与冲突。此外，希罗多德游历四方，埃及、波斯的风土人情也在叙述之列。后人往往根据自己对历史的理解，或者称赞希罗多德的《历史》内容广博，是一种百科全书式的写作，或者批评他主题博杂不明确。但是，毫无疑问，这就是古希腊"历史"观念的一种表现，但不是唯一的表现，他的后辈们为"历史"的观念提供了另外一些表现，这其中不乏被后人同样视为典范的修昔底德。

修昔底德生于公元前460年左右，他的主要作品是《伯罗奔尼撒战争史》。这是一部以战争为题材的历史作品。通过比较希罗多德和修昔底德，我们可能看到古希腊历史写作的两种基本范式。当代美国历史学家凯利对此有所表述。他认为，尽管希罗多德和修昔底德生活的文化氛围相同，关心的问题也接近，但希罗多德是在"探询"，而修昔底德只是把它当作一项写作；希罗多德把全部的可知世界和传统当作他的叙述主题，而修昔底德在绝大多数情况下，满足于他自己那一代人对希腊战争的直接经验；希罗多德主要描写人们感兴趣的主题，比如蛮族的文化和宗教，而修昔底德的注意力集中在战争一方雅典的政治、军事方面，他调查、分析这些事情的目的在于训导和启迪。①

凯利的比较延续了后人对古希腊历史写作区分两种范式的做法，即希罗多德侧重文化史，修昔底德侧重政治史、军事史。修昔底德曾获得"政治史之父"的称号。就写作的内容而言，修昔底德的视野不如希罗多德广阔，但他对主题的处理显然也更为集中。探询同样也是修昔底德必须遵循的原则，他在书中写道："我所描述的事件，不是我亲眼看见的，就是我从那些亲眼看见的人那里听到后，经过我仔细考核过的。"这样的考核，当然是探询的一种。事实上，这两位古希腊历史学家只是在写作处理的题材以及写作策略上差异显著，至于古希腊人普遍认可的"历史"观念，我们都能够比较容易地在他们的作品中识别出来。

古希腊人亚里士多德曾经在《诗学》中谈道，"历史学家和诗

---

① 凯利：《多面的历史》，陈恒、宋立宏译，北京三联书店2003年版，第51～52页。

人的区别不在于是否用格律文写作，而在于前者记述已经发生的事，后者描述可能发生的事。所以，诗是一种比历史更富哲学性、更严肃的艺术，因为诗倾向于表现普遍性的事，而历史却倾向于记载具体事件"①。对于崇尚普遍性，认为只有普遍的事物才可以称得上"知识"的古希腊人来说，诗显然要比历史更接近哲学，更有价值和意义。由此可见，在古希腊时期，历史处于哲学的阴影之下，它有着自身的功能，但它远不可能获得哲学般的崇高地位。这种状况一直延续到希腊化时代和罗马帝国时期。

公元前 1 世纪，哈里卡纳苏斯的迪奥尼修斯写道，历史是"通过例证来传授的哲学"。尽管历史并不就是哲学，但历史所起到的作用正是它与哲学能够联系起来的桥梁。当时的人们认为，历史可以用来进行道德说教，而关于道德却存在普遍的原则，那些内容是可以隶属于哲学的。历史不能是哲学是因为历史作品在古典时期深受修辞学的影响；历史可以用来传授哲学也是因为运用修辞学可以获得更强大的说服力，传导每一个时代的种种道德原则。

历史、修辞、道德、政治、哲学，虽然每一位古希腊罗马的思想家在头脑中将这些概念彼此关联的方式可能都不一样，但我们却可以由此明确一点，即在西方古典时期的历史写作传统中，历史并不是独立于修辞、道德、政治和哲学的某种东西。

在希腊化时代伊始到西罗马帝国消亡这个时期中，实践这样一种历史写作传统的历史学家有波里比阿、迪奥多罗斯、迪奥尼修斯、老加图、恺撒、李维、塔西陀、普鲁塔克……从这其中每一位历史学家的作品中，我们或多或少，都能够找到一些线索，理解他们对历史、修辞、道德、政治、哲学这些要素之间关系的看法。很明显，古希腊历史写作的这些传统在古罗马得以延续。

在这里，我们需要更加关注的，是古罗马对西方历史写作传统提供的新内容。在他们的写作中，我们除了能够看到在古希腊历史作品中熟悉的那些普遍特征之外，最值得称道的是，这一时期以波

① 亚里士多德：《诗学》，陈中梅译注，商务印书馆 1996 年版，第 81 页。

里比阿为代表的历史学家为后人奠定了一种编纂“世界历史”的传统。

波里比阿生活在公元前2世纪，他一生最重要的作品是《通史》。这是一部描述罗马扩张及其成功的历史。波里比阿游历了罗马世界。在他的眼中，罗马征服了这个世界，因此，世界历史在空间上就是罗马势力所及之处，在时间上就上迄罗马开始征服之时。这部《通史》的写作结构错综复杂，不过，它就像一个有机体，事件顺叙、背景插叙、解释性倒叙，所有的描述都围绕着罗马成功这个共同的主题。波里比阿在撰写世界历史之前已经确立了他的观点，即对罗马社会的认同、对罗马政治制度的称道。于是，整个写作就成了为一种后见之明提供详细解释。波里比阿在一个希罗多德和修昔底德等人没有涉及过的大时空中，为罗马成功的原因提供分析和说明。他指出，对神的虔诚、政治制度的优越性是罗马缔造统一世界的根源所在。

与波里比阿类似的世界历史写作者还有他的晚辈迪奥多罗斯、斯特拉波等人。一种宏观视野的生成与一个诺大帝国的成长相伴随。从中我们可以体会到，历史写作与政治生活是多么紧密地联系在一起。希腊化时期斯多噶派哲学中存在的世界主义观念蔓延到波里比阿等人的头脑中，罗马的成就感染了他们，以至他们将罗马看成是世界历史发展的顶点。

古代历史学家们在自己的作品中常常也会谈到历史写作应该遵循的标准，不过，将历史写作这种行为本身当成作品的主题，也就是说对历史写作进行系统的反思，则要数卢奇安。他在给朋友的一封信里批评同时代的历史学家们，同时也谈了自己所认为的历史写作的标准。

卢奇安认为，历史只有一个任务或目的，那就是实用，而实用只有一个根源，那就是真实。因此，追求真理是历史学家撰史活动的核心。他们不应阿谀显贵，不应去争取君主的恩宠，而应该把希望寄托于未来的世代。历史学家的首要任务是如实叙述，一个作家一旦着手著史，他就必须只是尊崇真理，绝不膜拜其他神灵。他应该把现成的事实加以整理，用文字记录下来，他不需要虚构他所叙述的事情，而只需要考虑叙述的方法。因此，他认为，一位模范的历史学家是这样的人：他无所畏惧，清廉正直，独立自主，坦白诚实，是非分明，不为一己的爱憎所左右，不因怜惜或敬佩而笔下留情；他是大公无私的判官，对谁都不怀恨，但是对谁都不徇情；他是放眼世界的作家，目中无帝王将相，绝不考虑他们的喜怒，而如实记载他们的事迹。此外，历史学家必须具备两种才能，一是政治眼光，一是表现才能。①

后人将卢奇安的这封信称为《论撰史》。他以古希腊历史学家修昔底德为典范来分析历史写作的特征，针砭当时许多历史学家在写作中脱离真实而一味迎合读者的弊端。卢奇安同时强调了真实与实用这两个历史写作的原则，也强调了历史写作的政治意图和道德训诫功能。可以说，这封信倡导的正是西方文明古典时期历史写作的优良品质，也是它留给后世的优良传统。

从古希腊罗马时期的历史写作，我们可以确定，历史作为一种区别于诗歌和哲学的文体，它有其独特性，也拥有了立足的根基。人、过去、真实、事物的渊源，这些特征是历史缺一不可的根本要素，而政治、修辞、道德、哲学，它们与历史也有着千丝万缕的联系。此后的西方文明，便是在这样的基础上延续和发展自己的历史写作传统。

二、基督教视域下的中世纪历史写作

公元476年，西罗马帝国灭亡后，西方文明的领地除了东罗马帝国（拜占庭）延续着西方古典文化传统，其他地区基本上转变成了一个基督教世界。历史上称从西罗马帝国灭亡至1640年英国资产阶级革命这段时期为中世纪。

中世纪西方文明的历史写作传统自然不可能摆脱宗教这个因素。在某种意义上，它还是统治性的因素。不过，在中世纪占统治

① 参见卢奇安：《论撰史》，缪灵珠译，见《缪灵珠美学译文集》第一卷，中国人民大学出版社1998年版，第188～209页。

地位的历史写作传统却是在古典文化晚期的罗马世界开始形成的。生活在罗马帝国晚期的教会历史学家因为自己的信仰，逐渐在历史写作中渗透进越来越多的宗教因素。

基督教起源于犹太教，早期的基督教曾经是犹太教中的一支。因此，犹太史观对于基督教的影响可想而知。犹太史观中的年代连续性和发展观念也深深地扎根在基督教徒的历史作品中。在古典文明中，对这些观念的强调只是反映在极少数历史学家那儿，例如塔西陀的《编年史》，但是，在基督教的历史作品中，这些观念却是普遍存在，并代表着基督教历史写作的根本特征。

在早期的教会历史学家中，最著名的作家有攸西比乌斯和奥古斯丁。攸西比乌斯被后人称为“教会史之父”。他生活在公元3—4世纪。313年，在罗马帝国承认基督教具有合法地位之后，他编纂了大量的历史作品，其中最重要的一部称为《编年史》。这部大著记载着公元前2015年到公元324年这两千多年间的历史。它有着严格的时间框架，以年代顺序为纲，编辑各类可能收集到的历史材料。显然，对于早先的历史的描述，攸西比乌斯运用的材料并不是那么真实可靠，他也并不具备对于史料的批判精神。然而，他的贡献就在于，他创制的那套以年代连续性为纲的编辑体系，最后成了西方年代学的雏形，而这种被后人称为线性时间观的编年法，甚至至今在影响着我们的历史写作。例如我们在编辑大事年表时，就是采用的这样一种作法。

奥古斯丁出生于公元354年，作为基督教世界的圣徒，他是早期基督教神学、哲学和政治思想的集大成者。他撰写的历史作品《上帝之城》对基督教世界影响深远。同时，他也为西方历史写作的一个重要传统提供了典范，这个传统就是通过历史写作来证明现实的合理性。

在《上帝之城》的写作之前，罗马不断受到外族入侵，于是，许多异教徒认为，这都是一些人信奉基督教的结果，根本上是基督教带来的罪恶。这种情形刺激了奥古斯丁写作此书来驳斥异教徒的观点。他认为，天地之间存在着两个城市，一个是上帝之城，一个是人类之城。上帝之城代表着光明、正义，而人类之城则代表着黑暗和邪恶。两个城市之间会不断地进行斗争，这恰恰是光明与黑暗、正义与邪恶之间的斗争，当上帝之城取得胜利之时，教会便将取得统治地位，世俗政权的衰落是必然的，基督教的存在有其先天的合理性。外族入侵不但不是基督教的过错，相反，恰恰是基督教缓和了外族的野蛮和残暴。

为了某种现实的宗教目的或政治目的进行历史写作，奥古斯丁不是第一个人，但他却是树立这种典范的最重要的一个人。可以说，历史写作与宗教之间的紧密关系无不与这样一种思路有关联。这种思路蔓延开来，还得出这样一种结果，即人类的历史不过是上帝的一种宏伟设计。奥古斯丁曾经根据圣父、圣子、圣灵三位一体的思想来解释上帝与历史的关系。“作为造物主，上帝是历史的第一推动力；作为道成肉身的圣子，他参与了神圣的和世俗的历史；作为圣灵，他赋予了历史进程以神秘的连续性和意义。”① 一旦基督教徒们确认，历史过程不过是上帝的设计，那么写作历史自然而然便成了证明上帝的规划的一种有效手段。

此后，中世纪西方重要的历史学家和他们的作品有：格雷戈里（539—594 年）撰《法兰克人史》、比德（约 672—735 年）撰《英吉利教会史》、艾因哈德（约 770—840 年）撰《查理大帝传》、保罗（730—800 年）撰《伦巴第史》、鄂图（约 1114—1158 年）撰《编年史》等。这些作品大多呈现出中世纪历史写作的基本特征，即作品的年代线索力图保持清晰、连续，并且总是要从时间开始的时候写起。例如，格雷戈里在行文之初写道：“为了更好地计算年代，我认为在这第一卷里最好先从世界的创立讲起。”既然人类的历史都是神意的设计，从创世之初开始撰述历史，有助于人们确定自己身处的时代在神启历史中的准确位置，这也代表了中世纪历史写作的一种通史的模型。在这些精致的历史作品之外，中世纪的欧洲还存在大量普通教士们编写的年代纪和编年史。同样，时间的连续性也是这些作品的根本特征。

---

① 参见凯利：《多面的历史》，陈恒、宋立宏译，北京三联书店 2003 年版，第 167 页。

另外，保证了时间的连续性之后，中世纪的历史写作还表现出写作者的一种世界历史眼光。诸多教会人员撰写的历史，虽然有些内容看似只涉及一些地区，如比德的《英吉利教会史》描述了597年传教士奥古斯丁在不列颠传教以来，英吉利教会的发展史，但这些教会人员眼中的世界，教徒与异教徒之分显然要比不列颠和高卢地区之分更重要。这样，撰述基督教是如何由巴勒斯坦地区、南欧向世界其他地区传播，描写这一历程就更容易培养一种将已知世界看成一个整体的世界历史眼光。奥古斯丁的《上帝之城》与他在后世的崇拜者鄂图撰写的《编年史》，都是想用一种世界历史的眼光把一切已知的事件串联到上帝启示的神圣历程中，这个历程不仅是时间上的延续、空间上的拓展，更是人类作为整体对基督教精神由叛逆走向虔信的过程。

从后世历史学研究的角度来说，中世纪历史写作的另一大成就乃是万千教徒们笔录记载下的千百部年代纪和编年史。这其中不乏精品，如比德的后人撰写的《盎格鲁-撒克逊编年史》、法兰西的《夫勒德加年代纪》、《法兰西大编年史》、日耳曼地区的《撒克逊编年史》等。从总体上而言，这些年代纪或编年史为后世留下了大量的史料，也为后人了解中世纪的社会、经济、文化、信仰打开了一扇扇窗户。

概而言之，中世纪历史写作传统最突出的特点在于它与宗教劝说或证明之间的相辅相成。基督教对于时间的连续性观念与世界历史观念贯穿到了历史作品中，同时，历史作品也是证明某些宗教思想的有效方式。与古希腊罗马的历史写作相比，中世纪的历史作品中，神的因素和人的因素都是不可或缺的，只是神在作品的主题上更多地占据着核心地位。再者，对古希腊罗马历史写作中所要求的那种真实性，中世纪的历史写作者们并没有太在意。这是因为，一方面，在中世纪基督教视域中的历史写作者们将一切有利于宗教信仰的东西都视为真实的，因此，从根本上讲，中世纪的真实性内涵与古希腊罗马时期的真实性内涵是不一样的；另一方面，一些宗教奇迹被信徒们认为是证明上帝存在的极好证据，这就造成奇迹大量存在于历史文献之中，这些奇迹现在看来是不可信的，但它们在当时的社会情境下却被信徒们接受，被认为是真实的。这些都是中世纪基督教历史写作与古典历史写作不同之处。走出中世纪，自 14 世纪开始，西方历史写作的传统再一次面对新的世界，获得新的充实。

三、近代西方历史学的初步确立

西方世界自 14 世纪开始进入了一个新的时期。从此时开始到 19 世纪初，可以说是近代西方历史学逐渐确立其学科性质的时期。正是经过这个时期，与历史写作相关的诸多要素合在一起，才可以称得上“历史学”这个名称。因此，我们可以将 14 世纪初到 19 世纪初，视为西方历史学确立的时期。近代西方历史写作的传统，一方面继承了古典与中世纪的一些要素，另一方面也在这个特殊的时代中获得自身的特殊性。后人所称的文艺复兴、宗教改革、启蒙运动就是发生在这个时期。

以现在的一种后见之明来看，西方近代早期的历史写作，其重要任务之一就是要像希罗多德时期的古希腊历史学家那样，再次将神从历史中剥离出来，重新把人放置在历史写作的中心，以人的事迹作为历史写作的主题。

西方近代早期的核心地区，自然是意大利。文艺复兴的光芒正是从意大利发散出去的。在中世纪的时候，意大利和法兰西、日耳曼地区一样，有着自己的编年史传统。由于意大利的辉煌文明主要是以一些商业市镇作为载体，这些编年史的内容多数记载了有关城市方方面面的信息。

在近代早期的意大利，以古罗马的典籍作为范例，延续罗马历史写作的精神，这是诸多历史学家梦寐以求的荣耀。为此，模仿古罗马是意大利历史写作的第一原则。但是，模仿前辈并不容易让作者有能力回答千变万化的现实生活中出现的各种问题。近代早期的意大利，人们不得不面对的一个重要问题就是，人们在历史写作中不断重申“我们”与“他们”之间的差别，这种差别不再是存在于“教徒”与“异教徒”之间，而是存在于意大利内部各城市之间，以及意大利与外部世界，如与法兰西、不列颠、日耳曼地区之间。显然，这样的差别中间存在一种后人称之为民族的世俗差异。可以这样说，近代西方世界中，民族感的形成与历史学的确立是同一个过程的不同方面而已。

文艺复兴时期意大利最重要的两位历史学家是 15、16 世纪的圭恰迪尼和马基雅维里。圭恰迪尼著有《佛罗伦萨史》和《意大利史》，他和古典时期的一些历史学家一样，写作的是自己所处时代的历史。圭恰迪尼认为历史写作最基本的目的在于为人们提供历史经验，起到道德训诫的作用。同样，马基雅维里也是如此。他的主要作品中，也有一部名为《佛罗伦萨史》，而令他声名远扬的著作则是《君主论》。《君主论》中说道："为着训练脑筋，君主还应该阅读历史，并且研究历史上伟大人物的行动，看看他们在战争中是怎样做的，检查他们胜利与战败的原因，以便避免后者而步武前者。"

圭恰迪尼与马基雅维里的历史写作中弥漫着现实生活与功利主义的气息，他们坚信，为现实中的人提供经验是历史写作的根本任务。然而，在他们眼中，要用历史经验来服务的不是教徒，而是某种近代集团中的人，如意大利人、佛罗伦萨人，甚至某一个掌握实权的人。这样，不仅政治斗争成了历史写作的主题，而且历史写作与政治生活也由此进一步强化了。

近代伊始，为自己的教派立史，为自己的民族立史，为自己的国家立史，或者说历史写作意在满足于大大小小的政治集团的需要，这在西欧是非常普遍的。例如，法国历史学家科曼写作《回忆录》的目的是想让君主提高政治才能；法国历史学家罗伯特·盖冈在 1495 年出版的《法兰克人的起源和事业纪要》表现出对法兰西强烈的民族情感；德国历史学家约翰·卡立温的《编年史》、佛拉西阿斯领衔编写的《马格德堡世纪》、巴洛尼阿斯编纂的《教会编年史》等是路德教派与罗马天主教会进行全面论战的结果。这些历史作品不管是世俗性的还是宗教性的，都脱离不了政治性的倾向。因此，可以说，历史写作与政治、权力的联合，这一直是西方近代历史编纂史中的一条主要脉络。

维系西方近代历史写作的还有另一条重要脉络，那就是历史研究方法论方面的进步。

自 15 世纪开始，考古学、文献校勘学逐渐成为近代历史学中越来越重要的技术手段，而确证史实也成为近代历史写作越来越严格的要求。

15 世纪，意大利人比昂多撰写了罗马三部曲，即《著名的罗马》、《复兴的罗马》和《胜利的罗马》，其中《复兴的罗马》是一部历史地理和考古学方面的著作。比昂多利用考古学和校勘学的方法在书中考订史实，尽可能地为自己的历史写作提供翔实、可信的证据。后世史学家汤普森曾经评论道，在比昂多的时代里，新兴的考古学不但对古典文艺的复兴提供了有价值的诠释，而且对批判的方法和历史解释也作了很大的贡献。

当时，文献校勘学方面的经典例子是洛伦佐·瓦拉做出的。他运用自己对于不同时代的修辞学知识，通过比较研究，在 1440 年发表了《君士坦丁赠礼的证伪》一文，证明使教会取得教皇国土地的那份文件是伪造的。这样，通过这份伪造的文件同时获得的承认罗马主教在全世界主教中的最高地位，以及教权高于王权这些权力都失去了历史依据。事实上，瓦拉对历史真实的追求改变了现实生活中的权力及其秩序，这促使一些人开始认为，历史真实代表着某种现实功利无法超越和压制的力量。人们是不是可以通过发展历史研究方法和规则来使得历史写作成为一门科学呢？

近代早期，自然科学正勃勃兴起，人们开始习惯于用自然科学的一些原则作为标准来比较、评论历史这类人文表达方式。以比昂多与瓦拉为代表的意大利人文主义者，其贡献恰恰合乎近代早期逐渐树立起来的自然科学评价系统的要求，这样，在历史研究方法论方面的进步就成为了理所当然的事件，而且从近代历史学科的确立过程中可以看到，这种进步正是对自然科学方法和原则亦步亦趋的结果。

16 世纪末到 18 世纪早期，这是西方史料学获得极大发展的时期，人称博学时代。正是在史料甄别的基础之上，西方历史写作才步入了它的职业化阶段。

在博学时代，人们对史料的兴趣基于这样一个前提，即史料会自己说话。如果人们能够将真实的史料呈现出来，历史论战便会消弭。在路德教派与罗马天主教派的历史论战中，史料的丰富性与真实性决定了哪一个教派能够取得下一环节的优势，这样的例证刺激了一些教士和学者发起史料清理运动。

16、17 世纪法国学者皮埃尔·匹陶、安得烈·度申、比利时玻兰达斯派神父协会的神父们、法国圣摩尔派修道院的修士们，等等，他们整理了大量中世纪文献，尤其圣摩尔派的马比昂在 1681 年出版了《古文书学》，1708 年蒙福孔出版了《希腊古文字学》，这些作品都是文献校勘百年以后的集大成者。历史地理学、考古学、古文字学、古文书学，这些历史研究的基础性学科的确立，使得近代西方历史写作获得了前所未有的技术支持。另外，这些基础性学科在形成中，以及在获得整理的文献中贯彻着与近代自然科学同样的逻辑和批判精神，它们通过文献被后世研究者所接受，由此可见，这是近代西方历史学确立过程中具有自然科学倾向的一条潜在途径。

我们可以将历史研究方法论的进步，以及表现这些进步的文献集成包含在历史学的范围之内，但它们的直接读者是历史写作者，而不直接影响到普通读者。影响普通读者的历史写作，还是那些擅长于涉及具体叙事、运用某种具体历史观念的历史学家来进行的，它们往往蕴涵了历史学家的某种意图。

西方近代历史写作中存在的政治性、民族性倾向是文艺复兴以来的传统，在历史写作的内容和主题选择方面，它代表着一种主流取向。但为什么会有这种内容上的取向，以及对于历史写作的价值、历史写作是不是与当时的其他学科有区别等历史学的根本问题，仍然需要经过系统的反思。

16 世纪，法国历史学家波普利尼埃尔、勒卢阿和波丹等人都对历史的价值、本质，以及历史写作的形式、历史作为整体这些问题进行过反思。例如在波丹的作品《易于理解历史的方法》中，他认为历史应该是对发生过的事物的真实叙述。不过，在这一时期人们的眼中，历史的根本价值还是它作为其他现实事物的例证。正如凯利概括的，16 世纪普通的历史观点是，人们认为“历史包含的只是特殊的事实，可能被援引当作例证，但是缺乏一般真理的地位。这些观点起源于修辞，同时也和新的经验主义科学一起发展，历史作为对事物的记忆或研究，根据新的经验主义科学，只有通过运用推理才能获得科学的地位”。①

直到 18 世纪，对于历史研究的哲学思考才日渐深入，它们为西方近代历史学的最终确立进行了观念上的准备。

这个世纪里最重要的历史思想家非意大利人维柯（1668—1744 年）莫属。他撰有《新科学》一书。在他眼中，这种新科学是不同于自然科学的历史科学，它有一些自己的独有原则。其中最重要的原则就是：“这个民族世界确实是由人类创造出来的，所以它的面貌必然要在人类心智本身的种种变化中找出。如果谁创造历史也就由谁叙述历史，这种历史就最确凿可凭了。”② 维柯断定，获得历史真实性的理想方式是由历史的创造者来叙述历史，这就为历史认识的理论奠定了一个逻辑上的前提，这使得随之而来的一系列与历史相关的推论成为可能。为了区分历史与自然，维柯认为，历史与人之间的关系就如自然与神之间的关系。他指出，人类有着共同的本性。在阐述这种共性时，维柯使用的是一种历史主义的观念。例如，他指出“各族人民的本性最初是粗鲁的，以后就从严峻、宽和、文雅顺序一直变下去，最后变为淫逸”。“每个民族在时间上都要经历过这种理想的永恒历史，从兴起、发展、成熟以至衰败和灭亡。”③ 这种通过变化而呈现的共同本性必定只有在时间的过程中才是真实地存在，这显然不同于那时的人们理解的自然。但是，历史与自然科学相同之处在于，历史研究的目的是要反映出人类的某些共同性或规律，显然，对于规律的追求与自然科学的目的似无

① 参见凯利：《多面的历史》，陈恒、宋立宏译，北京三联书店 2003 年版，第 368 页。

② 维柯：《新科学》，朱光潜译，商务印书馆 1989 年版，第 165 页。

③ 维柯：《新科学》，朱光潜译，商务印书馆 1989 年版，第 127 ~ 128 页。

二异。

维柯的观念，如历史包含着一种时间中的变化和发展；历史是人的创造，只有它的创造者才有能力叙述它；历史意在发现人类的共同性和规律等，它们足以使历史学区别于自然科学，并获得与自然科学平等的一种独立地位。可是，我们从维柯的努力中更切实地体会到了近代自然科学对于历史研究的深刻影响。不论历史学家们是要努力使历史学归属于自然科学意义上的科学，还是要证明历史学是不同于自然科学的另一种知识形式，自然科学始终是历史研究发展正面或反面的参照物。尤其是，自然科学运用的逻辑同时也是历史研究采用的逻辑，这就注定了近代历史研究的发展是向自然科学的一种趋同，而不是分异。这便是西方近代史学早期确立过程中的一种基本状态。维柯没有超脱这种状态，以后反思历史观念的思想家如康德、赫德尔、孔多塞等人也不可能超脱。可以说，西方近代历史学的初步确立，很大程度上是以自然科学作为楷模而推动的。它遵循的一些原则乃是自然科学的原则。就像维柯确立了人创造自己的历史这条公理之后，才推演出一套历史的观念体系，这种做法本身恰恰就是近代自然科学研究采用的基本方法。

四、19世纪西方史学的成就

在西方思想界，19世纪常被人们称为“历史学的世纪”。这样的称谓中包含了对19世纪西方史学成就的一种赞美。这个世纪中，西方史家辈出，名作纷呈。令历史学成为一门独立的学科，仍然是这一时期历史学家们的追求。史学职业化在这一时期的表现在于，一些大学开始设置历史学专业、许多历史研究者也以历史学家的身份自称、历史学家协会以及专业性历史研究杂志纷纷亮相等，这些现象都使人们逐渐形成这样的共识，即知识界的确存在这样一群人，他们与文学家、哲学家、社会学家不同，他们描述过去的事件、确保事实的真实性是将他们凝聚在一起的力量，进一步，他们的职责在于通过叙述这些事件来达成自己的理想与目标。

19世纪西方历史学家继承的传统有西方古典时期历史写作的

那些特征，即历史与过去、真实相关；研究历史能够使我们更加了解现实；研究历史是人类认识自我的一种手段。除此之外，还有中世纪以来历史学家常常用历史来证明某种事物合理性的做法。近代早期以来，历史写作的这种证明功能被更广泛地使用，它可以用来为某个集团、某个教派利益或某个民族/国家的利益服务。

19 世纪历史写作与阅读的大量增加与这一时期西欧民族国家的兴起有着不可分割的联系，这可以用来解释为什么有那么多的历史作品，其主题都与政治和民族相关。不过，这一时期的史学大师们往往在历史学方法论上也有着精深造诣。历史学家们通过史料甄别确保史实的真实性，通过主题选择和叙述策略来表达自己的思想倾向，达成他们希望通过历史写作所要实现的意图。很明显，在史实与史论之间存在着一种张力，而如何在“史”与“论”之间获得一种平衡，已经是 19 世纪西方历史学家都不得不面对的问题。

19 世纪西方历史写作给后人留下的突出印象是它的流派众多，研究领域越来越细化。例如，在德国的主要流派有兰克学派、普鲁士政治史学派；英国的主要流派有辉格派、托利派、牛津学派；法国的有政治史学派等，这还不包括那些以整理史料为主的学派。就研究领域而言，在历史语言学、法律史、制度史、经济史、宗教史等专题史，以及希腊史、罗马史、埃及学、亚述学、法国史、德国史等地域性史学研究中，我们都能够找到非常杰出的历史学家。

包括考古学、古文字学等历史辅助学科在内的史料搜集、甄别与分析的技术有着自身的发展轨迹，它们的学术贡献容易被史料运用者认识到，但它们与一般读者存在着相当距离，因为日常生活中历史作品的普通读者总是试图通过阅读历史来理解自身以及身边的现实。为此，不难想象，对社会产生影响的历史写作，更多的出自那些讲故事的历史学家。

例如 19 世纪法国历史学家对于法国大革命的认识可以通过两种方式来表现。一种是法国史学家基佐（1787—1874 年），他著有《1640 年英国革命史》，这部作品在讲述英国革命的同时，有意要将它与法国大革命相比较。他就这两次革命说道：“如果我们让它们恢复它们当年在历史上的地位，并且研究一下它们对欧洲文明的发展有何贡献，那么它们的相似之处就会重新出现，就会大大超过一切次要的不同。由于同样的原因，即封建贵族、教会和皇权的衰落，两个革命都致力于同样的任务，即公众在公众事务中必须取得支配地位；它们就为争取自由而反对绝对权力，为争取平等而反对特权，为争取进步和普遍利益而反对居高位者的个人利益。”可以想象，当19世纪法国的读者们阅读这部作品，在基佐的引导下，以英国革命为参照思考法国革命，那会对他们认识自己所处的时代有多么直接的指点。另一种类型的法国史学家托克维尔，他撰有《旧制度与大革命》。在书中，托克维尔通过对大革命前的旧制度进行分析，揭示出大革命与旧制度之间不只是存在断裂，更重要的是存在着连续性和反复性。

不只是在法国，德国的历史学家尼布尔、兰克、达尔曼，英国的历史学家麦考莱、卡莱尔、格罗特等，他们的作品对于人们理解现实，或者说对于人们通过了解历史来定位现实都有所助益。

19世纪成为历史学的世纪，历史学家之成功、作品之丰富，这令后人惊异赞叹，在这种成就的背后，还有一些更值得人们称道的地方，那便是19世纪的西方史学家为理解历史提供的多种多样的方式。

欧洲18世纪末兴起的浪漫主义思潮目的在于反叛启蒙思想造成的理解历史的单一模式。启蒙思想倡导人们要理性的生活，而历史可以被容纳在一个统一的、合目的性的模式之中，他们将中世纪排除在历史研究的主题之外，由此也否定了历史发展的连续性。在浪漫主义兴起之时，历史发展的观念已经深入到了每一位民众的心灵。英国历史哲学家柯林武德曾经这样评价浪漫主义思潮与历史研究的关系。他说：“浪漫主义者对于过去的同情并未掩饰把过去同现在分割开来的那条鸿沟，而且实际上还假定了那条鸿沟存在，同时有意识地坚持今天的生活同过去的生活两者间的巨大歧异。因而，启蒙运动仅仅关怀着现在和最近的过去的倾向就被它抵消了，于是人们就被引向认为过去全部都是值得研究的而且是一个整体。历史学思想的范围大为开阔了，于是历史学家就开始把人类的全部历史认为是从野蛮状态开始而以一个完全理性的和文明的社会告终的一场单一的发展过程。”①

德国历史学家赫尔德比较系统地在作品中表现出浪漫主义思想的本质。他在历史研究中强调“地方特色”，这样，当人们注意到人性也是具有地方特色的时候，自然能够明白人性是多种多样的，甚至是带有民族性的。浪漫主义者试图从变化、多样性中发现统一性，而不是像启蒙思想那样用统一性来抹杀变化和多样性。英国历史学家卡莱尔、法国作家梯叶里、米什莱等，这些都是浪漫主义历史思想的表现者。他们强调要用历史作品来反映人们的欲求和情感，这些要素恰恰是以多样性为特征。

浪漫主义历史学家在历史叙述之中注重发展观念、个体性、特殊性，为此，现实中的个体是如何由历史发展而来，这就要求史学家在孤立的史料间确立更多的联系。因此，浪漫主义为“史”“论”的结合提供了自己的方式。意大利历史哲学家克罗齐注意到了这一点，他指出：“我们还得感谢浪漫主义的是，由于它的原故，学者与历史学家之间，即寻求材料的人和思想家之间第一次建立了关系，实现了熔合。”②

19 世纪，浪漫主义史学思想在欧洲的直接继承者是历史主义史学思想。历史主义思想在维柯那里就有所表现。像浪漫主义思想那样，历史主义思想也强调历史研究对象自身的个体性特征，但它并不像浪漫主义那样过度依恋传统与情感。它认为，人性和理性都是特定时空中的产物，任何历史事物的生成和意义都不能在它的具体环境之外获得解释。以这样的观点去研究历史，可想而知，历史主义思想家们要做的是，在确定支撑个性的历史事实之后，解释它们的因果渊源。

历史主义思想家注意到在历史研究中运用这种思想具有的现实价值。例如，发现某种制度的产生和存活离不开它特定的历史环

① 柯林武德：《历史的观念》，何兆武、张文杰译，商务印书馆 1997 年版，第 140 页。

② 克罗齐：《历史学的理论与实际》，傅任敢译，商务印书馆 1982 年版，第 220 页。

境，这样就可以拒绝将某种外来的制度硬生生地植入到本地的社会生活中，因为本地并不存在这种外来制度可以存活的历史土壤。因此，历史主义思想往往被那些带有保守主义色彩的历史学家所推崇。

19 世纪的德国是历史主义思想的兴盛之地。历史学家洪堡、兰克，历史哲学家德罗伊森、狄尔泰，他们都在一定程度上运用了这种思想。例如，在德罗伊森那里，历史主义思想可以包含在“历史性的思考”这个观念之下。他这样说道：“历史研究的工作是学着做历史性的思考……学会了历史思考的人，不会对个别、特殊的事件有哲学式的冷漠；不会毫无温情地，只见处处是数字、物理力量及物质。”“现实生活中的任何一点、任何一个人、任何一件事，都是历史演变的结果；其背景中有无限的牵连。这些环环相扣的连锁关系汇聚于某人、某事；被该人该事所融化吸收。过去的事，如果它不融化于现在某事之中，它就是真正过去了。”① 这样看来，历史主义思想更为明确地要将历史与现实结合起来。秉持历史主义思想的史学家首先也试图确立事实，之后进行解释；但这种解释更为根本的目的在于为理解现实服务，是要说明现实的由来，而非一味陈述过去，或者只想说明过去某物的由来。这样，历史研究就成了认识现实的一把钥匙。

在“史”“论”关系的处理上，19 世纪西方历史学还有另一种途径，即模仿自然科学方法而形成的实证主义史学思想。实证主义史学思想认为历史研究可以分成两个阶段：首先是确定事实，其次是发现规律。

确定事实的意识在过去的几个世纪里已经获得历史学家的普遍认同，同时我们也谈到过，实现这项工作也有着近代历史学辅助学科的技术支持。在历史写作的实践中，以兰克为代表的一类史学家在史料或史实的处理方面也有了更大的成就。兰克主张以内证和外证相结合的方法，不但从史料与其提供者的直接联系，已有史料之

① 德罗伊森：《历史知识理论》，耶尔恩·吕森、胡昌智选编，胡昌智译，北京大学出版社 2006 年版，第 2 ~ 3 页。

间的内在联系方面进行证明，也运用外部资料佐证，以确定史料的真实性。例如，历史研究的证据一方面尽可能地找到当事人或最接近事件的人的描述，另一方面又要分析史料提供者的性格，由此批判地利用史料。兰克让人们重温了卢奇安的教导，历史写作要“如实直书”。

从前面的叙述中，我们知道确定事实是 19 世纪任何一位自称为历史学家的人都不敢违背的原则。实证主义史学思想与浪漫主义或历史主义史学思想的差别就在于，它直接以当时的自然科学思想为指导，力图发现历史规律。这种规律被认为是客观存在于历史之中的；现在看来，规律正是历史学家用来描述历史的理论框架。

19 世纪重要的实证主义历史学家有英国历史学家巴克尔，法国历史学家泰纳和古郎治、德国历史学家兰普雷希特等人。例如，泰纳在他的作品《智力论》中认为，史学就是应用心理学。历史学家记录和探索一个人的分子或一群人的分子所表现出来的变化，并根据他们的心理来说明这些变化。兰普雷希特也特别看重心理学，尤其是社会心理学，他强调对历史进行心理解释的价值。在他的作品《德意志史》中，兰普雷希特就是按一种逐渐形成的心理规律这个模式来描述德意志民族的发展。他指出，德意志的社会心理依次经历了象征阶段、等级类型阶段、墨守成规阶段、个人主义阶段和主观主义阶段。从德意志的社会心理发展史中，兰普雷希特甚至认为自己发现了整个人类的心理发展规律。倘若如此，按这样的规律再去理解世界各民族的历史就会变得异常容易了。

19 世纪实证主义历史学极力吸收当时生物学、物理学、心理学等学科的优秀成果，但在历史领域使用这些成果，多少有些生搬硬套的嫌疑。尽管如此，以自然科学的理念和思想来确立历史学研究作为一门独立学科的地位，这一直是 19 世纪许多历史学家的梦想。

不论是浪漫主义史学思想、历史主义史学思想，还是客观主义、实证主义史学思想，19 世纪的历史学家在确证史实与解释历史方面，都获得了长足的进展，同时，我们也可以看到一个时代的精神状态对历史学研究的深刻影响。19 世纪的历史学不仅继承了西方两千多年来的历史写作传统，它还将这些传统与自己的创造性劳动融合在一起，接受 20 世纪史学家的检阅。20 世纪的西方史学研究对于 19 世纪的史学成就，是接受还是革新，历史学家们将在自己的生活处境中做出自己的决定。

第三章　历史主义传统的变迁
——20 世纪的德国史学

近代西方职业历史学的形成和民族国家的确立形影相随，人们往往将历史研究视为建构民族认同、国家认同的重要手段。这种情形对于近现代德国的历史更是如此。第二次世界大战显然是德国历史的一个转折点。在此之前，德国史学传统以历史主义思想为根基，但这种思想在德国现实情境的影响下，最终在第一次世界大战后走向了极端，使得史学成为政治极权的开路先锋。第二次世界大战之后，德国史学开始了对自身传统的反思，历史主义思想受到限制，历史研究的学术体制也有了新的变化。另一方面，在西方其他国家史学思潮的影响之下，历史学在研究对象、思路，以及历史学家承担的社会责任方面，都逐渐步入正轨，焕发出新的活力。

一、兰普勒希特辩论

1946 年，第二次世界大战刚结束，德国史学界的领袖人物梅尼克（1862—1954 年）便对导致这次战争的思想背景进行了深刻反思。在他看来，自 19 世纪后期以来，欧洲盛行着两股潮流，其一是社会主义运动，其二是民族主义运动。民族主义运动受到欧洲各国资产阶级的支持并先声夺人，从此，欧洲列强进入了一种为本国争夺生存空间的竞争。社会主义运动无法阻止列强的争夺，于是，第一次世界大战爆发。大战后期，俄国和德国的社会主义运动再次勃兴，俄国的布尔什维主义占据主导，而德国则开始寻求民族主义和社会主义的融合，结果却造成了对传统人道主义的自由主义的背弃，形成了一种极权主义。在这种极权主义体制中，成为核心的那种独立个体并不是个人的心灵，而是将个人的心灵牢牢凝聚在一起的那个整体。① 1946 年，梅尼克已经 83 岁高龄，他目睹了德国从统一到第三帝国衰亡的政治过程，也完整地参与了德国 20 世纪早期的史学运动。

梅尼克是 19、20 世纪之交德国史学界一场辩论——“兰普勒希特辩论”的主角之一。1891 年，兰普勒希特所著《德国史》第一卷出版，从此开始了一场史称“兰普勒希特辩论”的史学运动。兰普勒希特的这部多卷本《德国史》是以一种形态学为指导来写作的。他认为，经济、政治、道德、艺术等多种维度共同构成了德国历史。叙述德国历史不应只以国家和政治人物为中心，不应只描述孤立的现象，不应只是采用描述的方式来叙述；在前后相续的德国历史诸阶段，每一个阶段都有一种主导趋向，同时又存在某种类似于自然科学的规律的东西贯穿各个阶段，在兰普勒希特看来，就是一种集体心理的规律。表面上，兰普勒希特的倾向呼应了当时历史学界的一种广泛信念，即“认为历史学的题材必须扩大，对于社会、经济和文化的作用必须给予更多的地位”②，此外，它也并不违背那种强化历史学作为专门学科和作为一门科学的倾向。然而，当兰普勒希特以一种集体心理规律来解释德国历史，进而追求着那种可以用“规律”来指导的历史学时，他就触犯了德国传统史学的天条，即历史主义的原则。

历史主义原则的核心是个体性，它对于论证德国历史的特殊性来说是一个极好的理论工具。历史主义要求人们在具体的历史条件中理解历史的生成和演变，而具体环境在不同时代的变化，使得研究者不可能确认其对象具有某种恒久不变的特征，更不可能将外在于研究对象的某些规则确立为历史解释的根本前提。在洪堡、兰克的时代，历史主义思想就深嵌在德国历史学家的头脑之中，成为德

① 参见梅尼克：《德国的浩劫》，何兆武译，三联书店 1991 年版。

② 伊格尔斯：《20 世纪的历史学》，何兆武译，辽宁教育出版社 2003 年版，第 35 页。

国史学的正统思想。在 19 世纪末、20 世纪初，德国历史主义思想的杰出代表便是特勒尔奇、梅尼克。伊格尔斯曾经指出，历史主义是德国传统史学的核心，它支持了 19 世纪以来德国主流史学家“有关历史性质和政治权力特点的基本理论信念”。① 在历史主义思想的支持下，德国历史学家有理由强调历史和文化生成的特殊性和多样性，从而将法国启蒙思想那种抽象的普遍性拒之门外。从这个角度而言，历史主义在德国的充分发展与 19 世纪欧洲的政治形势，尤其是德法矛盾的现实是分不开的。

到 19 世纪下半叶，历史主义思想，以及据此而形成的德国传统史学，逐渐成为证明德国政权合法性与确立民族自信心的有效手段，这一点在普鲁士政治史学派德罗伊森（1808—1884 年）、西贝尔（1817—1895 年）、特赖齐克（1834—1896 年）等历史学家那里达到了顶峰。例如，曾有论者指出，特赖齐克是“德国统一的使徒”，“他的笔墨满足了俾斯麦的需要”，也“领导了德国史学从自由主义向民族主义的转向”②，他研究的目的便是“为德意志帝国提供一个坚实的历史基础”③。普鲁士政治史学派并非不注重史实的真实性，而是反对史学成为一种脱离现实的“冷血”研究。但是，通过历史解释获得的真实性并不是史料真实能够保证的，这一点在 20 世纪下半叶的史学研究中逐渐被人们认识到，而在 20 世纪初，它却不是人们关注的主题。因此，普鲁士政治史学派只要保证了史料选择服从专业历史学的规范，它在实际上为政治服务的同时，仍然可以获得人们对它维护了历史真实的赞誉。这样，历史与政治的结合在当时多数德国历史学家的心目中被认为是理所当然的，至于其间会不会存在一个不可超越的“度”，一个一切民族和国家都不可跨越的道德底线，人们没有认真地去反思。梅尼克曾经

① 伊格尔斯：《德国的历史观》，彭刚、顾杭译，译林出版社 2006 年版，第 2 页。

② Hans Kohn, “Treitschke: National Prophet,” *The Review of Politics*, Vol. 7, No. 4. (Oct., 1945), pp. 419-420.

③ Andreas Dorpalen, “Heinrich von Treitschke,” *Journal of Contemporary History*, Vol. 7, No. 3/4. (Jul.-Oct., 1972), p. 21.

指出，民族主义运动的主体是资产阶级。正因如此，普鲁士史学派的观点风靡一时与资产阶级对民族/国家未来的憧憬息息相关。在历史主义思想的支持下，德国民族—资产阶级运动立志要努力走出一条特殊的、不同于西欧其他国家的辉煌道路。

在这样的政治氛围和学术氛围之下，兰普勒希特辩论就绝不可能仅仅是历史研究中文化史、社会史取向与政治史取向之间的辩论，它更是一种历史主义与普遍主义之间的辩论。因为德国历史主义思想此时与政治生活的紧密结合，甚至充当了权力、政治、民族/国家存在合法性的根基，这一辩论也就自然而然地充满了政治和意识形态色彩。倘若传统史学根基由强调个体性、特殊性的历史主义转向仰仗一般规律的普遍主义，那不可避免地会使得德国建立在历史主义史学之上的民族/国家认同丧失基础。因此，兰普勒希特辩论最后以兰普勒希特的失败而告终就不难理解了。史学界的保守主义者们，包括梅尼克在内，成功地捍卫了德国史学传统。

在兰普勒希特辩论之后，历史主义思想仍旧占据德国史学的主导地位，这不容置疑。作为德国历史特殊性和德国道路的理论基石，在历史主义思想之上，历史学家可以建构起极端民族主义和国家极权主义，它可以用来为民族社会主义奠基，但这些都不是20世纪初德国史学唯一的或必然的选择，历史主义同样可以支持自由主义的思想，并且，就连历史主义本身也不是不可置疑的。在20世纪初，有关历史主义的所有这些可能性都还存在，没有人能够确认对某一种可能性的选择会导致善的或恶的后果，人们只是认为那是当前最现实的选择。

二、德国史学的可能性

梅尼克认为，第一次世界大战之前，瑙曼的民族社会主义乃是一次了不起的尝试，它在资产阶级和工人阶级之间架起了一座桥梁并促进了他们互相了解。在大战爆发之始，德国沉浸在一种民族情绪高涨和兄弟情谊之中。① 民族/国家利益最大化是促成德国民族主义与社会主义初次握手的根本要素，也是欧洲各国投入第一次世界大战的最主要原因。英国著名史学家巴勒克拉夫写道："1914 年以后，历史学家纷纷转变为主战派，都从本民族传统的角度来解释历史'事实'。"② 第一次世界大战开始前后，历史学研究为本民族利益服务，这是当时整个欧洲史学的趋势。如果按照评价第二次世界大战的道德标准，轴心国代表着恶的力量，而同盟国代表着解放的和善的力量，那么第一次世界大战则是一场欧洲列强的利益争夺战，参战各国都丧失了进行道德评价的资格。

第一次世界大战后，对战败国德国的惩罚，如要求德国在经济上对协约国进行赔偿或德意志民族/国家利益的被限制与被剥夺，诸种条约的根基并非以道德上的优劣作为标准，而是以世界利益瓜分为原则。这就意味着战争惩罚不仅不可能令德意志民族改变它在精神上的一贯追求，相反还可能使其抱着一种卧薪尝胆的心态，等待下一次竞争的到来。这种心态最早就反映在历史学研究中。

英国史学家古奇记述了第一次世界大战后德国史学界掀起的一股研究俾斯麦的热潮。他写道："在两次世界大战期间，大多数德国历史学家由于被耻辱与失败所激怒而用贬低俾斯麦的后继者的办法来推崇铁血宰相。"③ 古奇的著作录有德国史学家与俾斯麦相关的作品，如关于《俾斯麦全集》的出版信息、马尔克斯的俾斯麦研究和《德意志帝国的兴起》（1936 年版）、迈耶的《1851—1859 年间俾斯麦在法兰克福联邦议会中对奥地利的斗争》、斯特恩的《1816—1871 年间的欧洲史》等④。多数德国史学家对俾斯麦的赞美往往伴随着对邻国的仇恨和蔑视；而几位对俾斯麦表示批评的史

① 参见梅尼克：《德国的浩劫》，三联书店 1991 年版，第 31-32 页。

② 巴勒克拉夫：《当代史学主要趋势》，杨豫译，上海译文出版社 1987 年版，第 11 页。

③ 古奇：《十九世纪历史学与历史学家》上册，耿淡如译，商务印书馆 1989 年版，第 11 页。

④ 参见古奇：《十九世纪历史学与历史学家》上册，耿淡如译，商务印书馆 1989 年版。

学家及其作品，如蔡库希的《德意志帝国政治史》和艾克的《俾斯麦传》，则旨在通过研究俾斯麦的对内对外政策，说明其中孕育了导致德国战败的种种原因。① 不过，反思意在弥补，在民族情绪因战败受抑制的压力下，历史学家通过对政治主题的持续关注来重新激发德意志民族的斗志。

第一次世界大战后，法国、英国、美国的史学家开始反思战争给人类带来的深重灾难。在这些国家的历史学界，德国历史主义思想的影响深远，但他们同时有其他的理论和方法来平衡、改造这种思想，例如，这一时期历史学的社会科学化就包含了一种对普遍性的追求。在美国新史学派和法国年鉴学派思想中，不难发现这样的倾向。在德国，政治史、外交史仍然是战后史学的主流，然而不可否认的是，德国传统史学也存在改变的可能性，并且，毫不例外的是，一切可能的改变都必须从重新理解历史主义入手。

1918 年，德国思想家斯宾格勒（1880—1936 年）出版了《西方的没落》一书，他像兰普勒希特一样进行着普遍主义的尝试。斯宾格勒以比较形态学的方法，试图揭示文明成长与衰落的普遍规律，并回答第一次世界大战对西方造成灾难性后果的形成原因。《西方的没落》事实上将世界历史分为不同的层次，认识它们要贯彻不同的核心思想，总体而言，我们可以将它视为一种融合历史主义和普遍主义的尝试。在斯宾格勒运用历史主义思想时，“成为核心的那种独立个体”（借用梅尼克的用语），不是德国、法国、英国，而是某种文化。英、法、德等国都隶属于西方文化这个整体中，而与西方文化作为个体相对应的有世界历史中的其他七种文化。斯宾格勒的普遍主义思想表现在，他认为每一种文化都实践着同一个由成长到衰亡的规律。

历史主义作为一种认识世界的方式，它在认识上导致的相对主义反映在历史研究中，如果研究单位为民族，则产生民族相对主

① 有关第一次世界大战后俾斯麦研究的情况，可参见 Herbert Andrews, “Bismarck's Foreign Polich and German Historiography, 1919-1945,” in *The Journal of Modern History*, Vol. 37, No. 3. (Sep., 1965), pp. 345-356.

义；如果研究单位为文化，则造成文化相对主义。斯宾格勒奠基的便是文化相对主义，他将对个体性的关注由民族/国家上升到文化，这无疑是对德国史学传统的一种挑战，理论上有助于防止德国在未来与欧洲其他国家再次冲突①。斯宾格勒提供了一种改造德国历史主义史学的可能性，但德国以后进入第二次世界大战则证明了他的努力并未被德国主流思想接受。

改变德国传统史学还存在着其他的可能性，甚至在坚定的历史主义者和传统史学的代言人中，也存在着预防德国走向纳粹主义的可能性。梅尼克就是这种可能性的引导者。

早年，梅尼克是普鲁士政治史学家德罗伊森、西贝尔的崇拜者，德罗伊森讲授的历史主义思想令他深深折服。在兰普勒希特辩论中，梅尼克做编辑的《历史杂志》是反对兰普勒希特的大本营。然而，就是这样一位德国传统史学的守护者和历史主义思想的传人，也越来越深刻地预感到历史主义思想带来的那种民族相对主义将导致的危机。

1908 年，梅尼克出版了《世界主义与民族国家》一书，他要表达的思想是，一个普遍的观念只有在一个作为个体的、具体的民族/国家中才能够呈现其意义。这样，德国统一的历史就表现为德国思想家和政治家对于这样一种观念获得认识的历史，在其中，“文化民族”完成了向“国家民族”的转变。② 在这里，梅尼克并没有注意到，在具体的历史实践中，民族国家和政治权力是否应该以伦理道德为原则考虑自身的“限度”。梅尼克此时相信，德意志追求的那种国家理性代表着人类美妙的未来，历史中的个体发展（如德国历史的发展）是为了实现那种超越历史的普遍价值。梅尼克满怀对于德国历史的自豪感，同时也具有一种对于人类整体价值

① 当然，它或许会成为文化与文化之间冲突的理论基础。在 20 世纪后半叶，当亨廷顿提出“文明冲突论”时，他就是以文化/文明作为历史主义思想运用的个体性单位。

② 参阅伊格尔斯：《德国的历史观》，彭刚、顾杭译，译林出版社 2006 年版，第 269 页。

的模糊憧憬。

第一次世界大战爆发之时，梅尼克沉浸在一种德国人民大团结、政治权力与个体精神相融合的乐观主义情绪中；随着战争中残酷现实的呈现，梅尼克终于注意到了“权力的邪恶性”并开始了反思，在政治思想史领域中开启了德国史学传统的另一种可能性。1924年，梅尼克的《国家理性的观念》出版，这时，马基雅维里以来政治学说中反映的权力与道德之间的张力成了全书的主题。他认为，在过去400年间，教会、启蒙运动中的人道主义理想，以及19世纪的个人主义，这些原本是权力施展限度的思想，到了20世纪初都被一一冲破了。梅尼克认为，这些防止权力泛滥的堤坝必须得到修补。

梅尼克并不认为因此就该放弃历史主义的原则，相反，他要在历史的个体中寻找代表着普遍的永恒之物。然而，只要梅尼克坚持历史主义的原则，要以理性的方式在历史和现实中寻找一种超越历史的价值，那永远都会是一项不可能的任务。伊格尔斯在评论梅尼克时指出，即便在《国家理性的观念》这本反思性的作品中，梅尼克仍然肯定了国家理性观念，因为梅尼克的总结是：“政治权力的邪恶力量被释放出来，不是因为国家要最大限度地追逐它们的政治权力的利益，而是因为在一个大众民主和民族主义的时代，它们由于大众情绪的压力而背离了对于它们真实利益的追求。”① 这样的结论恰恰是运用历史主义原则得出的，即在现实的情境中寻求理解。显而易见，历史主义无处不可以为滥用的权力提供现实的说辞。

同样是在这部作品中，梅尼克也认识到，要克服历史主义思想可以证明的权力极端化，唯有求助于信仰和理想的力量，即在理想中设想一种普遍的人类价值作为我们现实实践追求的目标。可是，在过去要领会到这一点是如此艰难，当历史主义使得德国传统史学思想实际上被一种经验证据所控制，必须在个体内部寻找自我的价

① 参阅伊格尔斯：《德国的历史观》，彭刚、顾杭译，译林出版社2006年版，第295页。

值时，它几乎就无法摆脱自己的魔障。梅尼克之所以在第一次世界大战后能够进行如此的反思，我们与其给予他一种历史主义的解释，例如认为是因为战争失败的事实证明了他原有的国家理性观不切实际，不如说是因为战争令生灵涂炭使他获得了顿悟，促使他事实上必须脱离历史主义原则而求助于信仰的结果。

梅尼克的反思无论是何等的不完善，事实都是，他不再相信权力和道德之间的张力能够轻易协调，如何限制权力的邪恶方面由此也成为他进行历史研究并实践历史主义原则的目的。1936 年，梅尼克出版《历史主义的兴起》一书，称赞德国历史主义运动是“西方思想所经历的最伟大的精神革命之一”，而此书在某种意义上仍然接续了讨论权力与道德之间的关系这个主题。尽管梅尼克回答这个问题并不是太成功，但他的史学思想仍然为第一次世界大战后德国史学的发展提供了另一种可能。梅尼克努力打开这扇可能性之门，不过最终它还是半掩着的，如果德国现实的政治生活能够和梅尼克的这种历史反思稍做结合，那就断然不会出现纳粹政权。可是，包括梅尼克自己，没有人能够进一步为这种可能性提供现实化的条件，即，使得一种对个人生命的敬畏和信仰成为一种政治生活的实际目的。1935 年，纳粹迫使梅尼克辞去《历史杂志》主编之职，现实将梅尼克为德国史学开启的这扇可能性之门关闭了。

三、历史主义的后果

在《德国的历史观》中，伊格尔斯写道，德国历史主义思想的尽头是“最终的永恒价值和意义消解了。遗留下来的一切不过是历史性、时间性和相对性的东西。甚至连上帝都已经死了，历史要屈服于历史性和时间性，也即人类永远也无法超越时间的根本处境”。① 德国史学的历史主义传统的确为人们理解历史带来了新的思维，但它在学术领域中导致的相对主义思想一旦在现实政治生活

① 伊格尔斯：《德国的历史观》，彭刚、顾杭译，译林出版社 2006 年版，第 333 页。

中不受限制地得到实践，个体的选择就获得了无限的自由。这种无限自由一旦无所顾忌地施展，弱肉强食的社会达尔文主义就有了滋生的土壤。

安德鲁斯认为："在第一次世界大战之后，德国历史学家或者说一般学者都不再像兰克、西贝尔、特赖齐克那样对公众有着思想上的领导力。"① 可以认为，这种情形是历史主义思想泛滥的直接后果。历史主义思想促成相对主义盛行，进而导致学术权威的失落；与知识分子对社会生活影响力降低相伴随的是极权政治家对公众情绪影响力的上升。这样，思想界再也无力阻止德国朝着一个国家权力极度扩张的时代迈进了，甚至还有一些历史学家帮助政客们加速了这个进程。

第一次世界大战之后，魏玛共和国的建立被许多德国历史学家看成是一种外国的"共和"观念的入侵，即便是梅尼克这样的历史学家，虽然成为魏玛共和国的拥护者，却只是将它视为一个不得已而接受的事物，因为这是特定形势下的产物，他们的内心仍然支持着君主制②。

在探寻德国战败的原因时，一些历史学家注意到了德意志民族性格中的缺陷，如汉斯·德尔布留克于 1920 年出版了《政府与人民意志》，卡尔·冯·缪勒在 1926 年出版了《德国史与德国人的性格》等。反思中，历史学家们认为，自己这一代德国人战败蒙羞，同时也缺少实际的政治能力，这样，帮助人民弥合心灵创伤，重新鼓足勇气便成了历史学家不可推卸的责任。③ 正如前文所言，德国知识界和民众在战后的基本心态是"卧薪尝胆"，这就很难防止国家和民族在整体上来说将精神力量聚焦在复仇的主题之上，多

---

① Herbert Andrews, "Bismarck's Foreign Polich and German Historiography, 1919-1945," p. 355.

② 参见伊格尔斯：《德国的历史观》，彭刚、顾杭译，译林出版社 2006 年版，第 319 页。

③ 参见 Oscar J. Hammen, "German Historians and the Advent of the National socialist State," in *The Journal of Modern History*, Vol. 13, No. 2. (Jun., 1941), p. 166.

数历史学家也不例外。战后当法德矛盾不断以新的形式出现时，一切学术上的反思，其力度都不可能匹敌于现实中实际的民族/国家利益受损造成的影响，这就使得一种狭隘的民族精神仍然具有膨胀的现实条件。

哈曼的研究告诉我们，在 1919 年至 1933 年间，许多历史学家对于伟人在历史中的作用进行过研究，他们越来越强烈地意识到，德国未来若想在国际社会重新得到尊重，就需要一位强有力的“元首”来领导。例如，当时著名史学家汉斯·德尔布留克认为需要选举出一位任期终身的总统，并赋予他一切权力；同时许多传记和历史作品中都表现出这种渴望“元首”的意识。① 此时，不仅在德国，包括奥地利的历史学家们又重新开始论证 19 世纪德国统一进程中被放弃的大德意志方案的可行性。大德意志派史学家认为 19 世纪就该采取这个方案，建立起大德意志帝国，而小德意志派史学家则证明 19 世纪在现实中实现了的小德意志方案是未来建立大德意志帝国的必经过程。于是，两派历史学家都统一到了在未来建立大德意志帝国的梦想之中。②

在德国的历史进程中，历史学有着极为重要的地位，人们总是通过历史研究和阅读来统一思想、培养共同观念，此时也不例外。在这种追求强权与抚慰民族情感的特定情形下，德国主流历史学家们的研究事实上变成了一种结论已经“确定”的论证，这是西方近代以来历史学屈从于现实政治的一种基本形式。这些历史学家在历史观念、文化教化、民族/国家意识、政治经验、地域领土等方面，为未来实现大德意志帝国准备历史的基石。他们开始认为，为了重新获得尊严，大德意志帝国在未来必须成为现实。于是，历史学家就成了实践这一目的的清道夫，他们为民众提供了迎接大德意志帝国的精神准备。可以毫不夸张地说，纳粹德国在 20 世纪 30 年

① Oscar J. Hammen, “German Historians and the Advent of the National socialist State,” pp. 173-175.

② 参见 Oscar J. Hammen, “German Historians and the Advent of the National socialist State,” pp. 178-182.

代开始行政版图的扩张之前，历史学家们已经完成了文化版图的扩张。例如，凯泽（E. Keyser）在1929年评论道，未来的德意志史应该将日耳曼人民和文化覆盖的各个地方的历史融合在一起，这就是为什么当前的历史学家热衷于研究地域史的根本原因。同一年，赫尔曼·昂肯（Hermann Oncken）也写道："在帝国的边界内，一种可见的政治存在是必要的，而作为一种文化国家的另一种生命也是必要的，它是一个精神存在的领域，超越了一切政治边界，通过历史和血脉与所有讲德语并身感为德意志人的人相连。"① 1936年，卡尔·冯·缪勒接替梅尼克成为《历史杂志》主编，他上任伊始也撰文声称，历史学家们应该帮助政府在未来建立起大德意志帝国。

从历史思想的角度而言，这一切，都是因为历史学家们赋予德意志民族这个个体一种至高无上的价值的结果。当希特勒打着国家社会主义的旗号以极端的手段来实现这种历史学家们早就期待着的未来时，按照这样一种历史主义解释，我们看到，希特勒政权在它自己生成的历史情境中就有了它的"合理性"。这就如同哈曼指出的，后来纳粹在当时历史学家们研究过的这些方向上的努力，可以看作不过是运用这些研究成果的一种扩充和夸张。② 如今，当我们把纳粹政权给人类带来的危害放在德国史学思想的解释框架之内来说明，它便可以看成是20世纪二三十年代德国历史主义的后果。

在西方史学思想中，历史主义思想对于论证个体存在的合理性可以提供极其有力的说明。然而，在20世纪上半叶德国历史的展

---

① 转引自 Oscar J. Hammen, "German Historians and the Advent of the National socialist State," p. 186. 赫尔曼·昂肯后来在纳粹的压力下被迫退休，虽然他有不满纳粹的一方面，但他的言论客观上为纳粹政权的上台提供了一定程度的精神支持。对于当时许多德国历史学家而言，这是一种可悲的情况。包括梅尼克，当德国吞并奥地利，入侵波兰时，都表现出一种兴奋的心情。参见伊格尔斯：《德国的历史观》，彭刚、顾杭译，译林出版社2006年版，第295页。

② Oscar J. Hammen, "German Historians and the Advent of the National socialist State," p. 187.

开，以及世界历史种种实现了的可能性中，得到德国历史思想支撑的纳粹政权给人类带来的危害也是不可否认的。这不得不让我们警醒，任何一种思想若是走向极端，都有可能给人类带来不可挽回的危害，历史主义思想也不例外。

四、战后德国史学的新境况[①]

两次世界大战，终结了一个旧的世界发展模式，也终结了自威廉二世以来德国一直谋求世界霸权的幻想。德国在战后美苏两极格局之下，被美英盟军和苏联分割和占领，这对德国人的生活来说，意味着历史的重新定向。这不仅是指联邦德国和民主德国分别在西方和苏联的主导下，重新确立了自身的政治制度，而且也包括思想文化领域中对德国传统的一系列反思。

尼采早就在《历史对人生的利弊》中剖析了德国人的历史情结：死抱着历史而无力忘怀，给生活带来了重负。历史需要牢记，但一旦超出生活承重的极限，它就会变成一种负担。遗忘也应当是生活的一部分。一向以历史反思著称的德国人，在欧洲总是在关键时刻落在英法的后面，在民族前进或遇到极大挫折的时候，总是念念不忘自我反省。拿破仑当年横扫德意志诸邦之际，德国的有识之士梦寐以求的是通过改革完成政治统一，实现德意志民族的振兴。经历两次世界大战的浩劫，德意志民族又面临着同样的情形：重新定位，走出战争阴影，反思纳粹的种种暴行。

历史研究曾给 19 世纪的德国带来世界声誉，而在第二次世界大战后，受世界性政治经济格局的总体变革的影响，德国以历史主义、政治史、叙述史为核心的传统历史研究模式受到挑战和冲击。首先，德国何以会产生纳粹政权，战后这项民族反思的任务很大程度上落在历史学家身上，它促使德国历史学家从当时的历史背景乃至近代德国的整个发展战略去着手解答。其次，德国历史主义传统下的历史学家，在历史特殊性和个体性的影响下所形成的民族特殊

① 战后德国史学主要考察联邦德国史学的发展。

论的历史观和政治观，对纳粹这样的极端政权的产生是否也负有责任，这促使不少历史学家到史学思想中去追溯德国产生纳粹政权的可能根源。再次，由德国历史主义发展起来的具有德国特色的“理解”（Verstehen）理论，强调对特殊的历史事件作“直观”的把握，这与法国的年鉴学派、美国的社会科学派、英国的文化马克思主义等历史研究新范式所强调的结构史或总体史有着显著的区别，它们对德国传统的历史主义也造成了外部的冲击。在很长一段时间内，1933年至1945年的第三帝国的历史和德国现代化进程的政治、经济和社会的变化成了战后德国史学的主要课题，德国历史主义传统与社会科学的新范式之间的争论成为理论探讨的核心。由于不同历史学家所持立场不同，针对同样的历史或理论问题，也会在德国史学界引起很大争议，在这种情况下，战后德国史学形成了不同的阵营和派别。战后的保守派、新自由派和批判社会科学派就是其中较有代表性的史学流派。

第二次世界大战后，在历史学研究体制方面，德国史学界也有了新的变化。

19世纪德国史学界，有两个重要的史学派别：兰克学派和普鲁士学派。到了19世纪中叶，兰克在德国史学界的影响实际上已达到最高点。德国大部分著名史学家，除少数例外，都是由这位导师在柏林大学办的研讨班培养出来的。普鲁士学派则是脱离兰克派正宗的一个派别，其影响虽不及兰克学派，但它的力量也同样不可小觑，这个团体也聚集了德罗伊森这样的精英。虽然普鲁士学派不赞成兰克史学派追求客观性的立场，但总体上这两个派别还是相像的，这点在他们所持的历史主义立场上表现得最为明显。19世纪的德国史学除了历史主义大为盛行之外，外在的表现则是：政治史、军事史、外交史是历史研究的基本主题，事件史或叙事史是历史研究的基本范式。若想撼动19世纪的德国史学范式，就需要面对这两个派别的共同回击。

19世纪末叶，兰普勒希特个人首先挑起了德国史学界的争端。兰普勒希特辩论以后，德国的保守力量在上升。魏玛时期，德国史学仍在坚持和强化历史学的传统。其焦点是驳斥西方对德国的战争指控，也反对从社会和经济角度去挖掘德国挑起第一次世界大战的根源。纳粹政权上台之后，希特勒鼓吹的种族优越论得到了不少献媚的历史学家的专业支援。第二次世界大战开始后，法西斯政权更是注重借助历史为德国的对外扩张政策效力。1941 年，德军最高统帅部首脑与“历史战线领袖”甚至签订了一项协定，要求历史学家积极帮助希特勒的国防军①。纳粹上台后，历史学家除了选择跟纳粹合作外，要么被解职，要么只有流亡海外。1935 年负责德国著名的《历史杂志》达 40 年之久的梅尼克（Friedrich Meinecke）就因为不满纳粹的行为而辞去主编的职务。

正如伊格尔斯所言，德国大学的体制及其对人员的征聘方式不利于持不同见解者。大学的贵族式体制对年轻的学者来说是一种束缚。年轻学者想要取得大学的授课资格，往往需要屈从于导师的意见。文化部的权威也往往决定了不少持不同意见者不得被聘用。更为严苛的是，还有专门的立法以限制学术思想上的异端。在这样的学术机制下，占据大学教席的思想倾向于保守，而那些较为温和的异端和自由派的批评家往往被排除在体制之外。这就解释了为什么德国史学到了 20 世纪 60 年代仍然保持不变。

战后初期，德国正处于百废待兴之际，国家的重建和秩序的恢复是德国发展的重点。而在思想文化领域，虽然已开始了反思德国传统的思想文化，这在流亡国外的犹太思想家身上表现得最为明显。但德国的整个学术机制的改革却相对来说起步更晚。大学的组织结构和聘用方式原封未动。那些曾支持纳粹历史编纂工作的历史学家仍旧留在大学或重返大学。曾被逐出大学和流亡国外的自由派的历史学家几乎无一人回国定居。而战前比较保守的历史学家，在纳粹期间因为受到种族主义的迫害，战后他们的思想稍许更愿意接受民主的立场和方法论的创新。就总体而言，大学的师资基本上保

① 张广智、张广勇：《现代西方史学》，复旦大学出版社 1996 年版，第 118 页。

持原状①。这无疑也延缓了德国史学在战后的尽快转向。

五、从保守派到批判社会史学派

两次世界大战所导致的创伤，无论对于那些受到迫害的犹太人，还是对于那些被迫卷入战争的普通民众，都不是即可复原的。战后初期，悲观主义笼罩着德国史坛。在 1945 年后，对德国的过去进行考察的症结在于纳粹时期在德国历史发展过程中意味着什么。对于像默斯（George Mosse）这类流亡国外的自由派历史学家来说，纳粹政权看来并非历史的偶然，而是事先进行长期准备的结果。而对于像梅尼克和里特尔（Gerhard Ritter）这类曾被迫“内心出境”的历史学家则强调 1933—1945 年期间代表着德国历史的中断。这种持有跟自由派观点相左的“中断论”观点的历史学家，被称作战后的保守派。

梅尼克是 20 世纪德国历史主义的代表之一。他对历史的思考浸透着历史特殊论。战后他著有《德国的浩劫》，试图在晚年反思纳粹政权和德国文化传统的关系问题。他的基本观点是：1933—1945 年的纳粹政权，无论在事实上还是理论上，都跟德国传统文化无关，纳粹的上台及其倒行逆施，完全是历史的偶然和德国文化传统的中断，德国灾难发生的根源，就思想文化领域而言，在于启蒙理性和法国大革命的革命乐观主义精神。这种观点跟他早先在《世界主义与民族国家》和《国家理性的观念》中得出的观点具有一定的连续性：权力与道德之间具有某种紧张关系，权力超越道德就有可能带来恶果。

就梅尼克几部主要著作的探究方式来看，他仍主要是从思想文化的角度去考察德国的浩劫产生的根源，而几乎没有深入社会、经济和政治体制作具体考察。他的《历史主义的兴起》一书，无疑是 20 世纪德国史学界为历史主义振臂高呼的顶点。《德国的浩劫》

① 伊格尔斯：《欧洲史学新方向》，赵世玲、赵世瑜译，华夏出版社 1989 年版，第 97～98 页。

所持的历史“中断论”观点，很大程度上体现了历史主义所强调的历史独特性。

除了梅尼克之外，里特尔也是保守派历史学家的重要代表。里特尔与梅尼克一样，由早年主张德国与西方的对立转变为主张德国与西方的和解。1943 年，他在第二次世界大战形势发生根本转折的形势下，写作了《权力国家与乌托邦》，转到了反对希特勒派的立场上来，谋求同西方妥协。1947 年，他将该书第五版改名为《权力的魔鬼：对当代政治观点中权力问题的历史和实质的思考》，试图进一步调和大陆国家原理与英国国家原理。保守派史学继承了德国历史主义的基本特点，即所谓的国家主义或国家崇拜，强调外交优先于内政论和政治优先于经济论。在哲学上则得到新康德学派的有力论证。同梅尼克一样，里特尔在《欧洲与德国问题》、《国家艺术与军事职业》等书中，表达出纳粹政权不是普鲁士国家思想发展的结果，而是法国的革命激进革命民主的结果。他总体上认为，德国的浩劫产生的原因是同西欧的疏离和军国主义，但不包括普鲁士军国主义的传统。新军国主义的源头需要到实证主义和历史进化论那里寻找①。

吕森（Jörn Rüsen）在《史学理论的更新：历史科学理论研究》(Für eine erneuerte Historik：Studien zur Theorie der Geschichteswissenschaft) 中指出：历史主义思想能借着建立传统，替社会的一些现状做出合理化的解释，它有使事物产生合理化的能力，却没有直接批判现状的能力。历史主义使价值的恒久性受到质疑，但也可以作为反对强权压迫的理论根据。梅尼克和里特尔之所以因其所持的历史主义立场被称作保守派，很大程度上就因为他们所持的历史主义的立场，削弱了对 1933—1945 年纳粹政权的批判力度。他们对纳粹政权虽然同样持批评态度，但同时又把这段历史与德国的传统孤立起来或分离开来，过分强调其特殊性，在自由民主派的思想家看来，他们

① 李兆雄：《当代联邦德国史学流派》，载《历史学》，四川人民出版社 1989 年版，第 187 页。

无疑在历史反思方面不够彻底。可以质问他们的是：既然梅尼克和里特尔更多把纳粹的上台归结为马基雅维利主义，归结为启蒙理性和法国大革命，归结为历史进化论，那么为什么纳粹的暴行没有出现在法国、英国或美国？而德国却成了重灾区呢？由此可见，纯粹以历史的偶然来解释纳粹的历史具有片面性。

梅尼克和里特尔更多是在思想文化领域为纳粹的兴起寻找根源，他们的历史“中断论”也受到不少的批判，特别是来自“激进派”和自由派的批判。

菲舍尔（Fritz Fischer）是汉堡学派的代表人物，他代表着更为激进的历史理念，他主张“同过去的全面决裂”。1961年，他出版了《争雄世界：德意志帝国1914—1918年战争目标政策》。该书一面世就引发激烈争论，书评、论文和相关著作相继问世。“菲舍尔大辩论”标志着德国史学的转折点。

菲舍尔所使用的方法并没有太多新意。他与传统历史学家一样，从档案文献入手，在此过程中，他着力对1914年9月9日有关贝特曼—霍尔维格首次制定德国战争目标的备忘录进行研究。保守主义历史学家曾有意忽略这份关键文献。

菲舍尔提出的几点主张引发了争议：第一，在保守派历史学家看来，德国无发动战争的罪责，它在第一次世界大战之前根本没有改变欧洲边界和称霸世界的计划。但菲舍尔认为，德国是毫无疑问有意识地利用了1914年7月萨拉热窝事件，挑起对俄法两国的冲突。德国当局对战争的爆发当负有全面的责任。第二，在保守派历史学家看来，德国政府及其总理贝特曼—霍尔维格奉行的是温和的战争目标政策，与泛德意志主义极端派的政策截然不同。而菲舍尔则论证了从多数派社会民主党到极右派在内的德国公众舆论都一致主张在欧洲和海外实行吞并政策。第三，在保守派历史学家看来，纳粹与普鲁士传统并没有任何历史联系，而菲舍尔则推翻了纳粹是德国历史中断的观点，认为从俾斯麦到希特勒的历史具有连续性，如德国在1914—1918年奉行的吞并政策有其历史渊源，它并不是在第一次世界大战中才突然出现的，而是体现在战争之前，深深植根于 19 世纪和 20 世纪初的德国历史中，同时又表明这种政策一直到 1945 年的德国历史中仍保持着它的有效性①。

1969 年，菲舍尔出版了另一部重要的著作《幻想的战争》，论证了大资产阶级和容克贵族的阶级利益是威廉二世扩张政策和反动内政的主要原因，指出德国统治集团早就认为德国应当动用武力摆脱同盟者，开辟通向世界霸权的道路。在后来发表的《19、20 世纪世界政治中的德国》和《第一次世界大战和德国的历史形象》中，菲舍尔贯彻和发展了同样的思想②。

菲舍尔发表的一系列著作引起世界性的反响，他的观点削弱了保守派史学的基本主张，同时也说明了像梅尼克和里特尔那种在思想文化领域去寻找纳粹兴起的根源的历史主义论证模式经不起历史事实的推敲。虽然菲舍尔在书中没有系统启用新的社会科学的方法，但他无疑指示了应该到威廉二世时代去追溯纳粹政权的根源。另一方面，菲舍尔的著作对促进新自由派史学的兴起也功不可没。

随着德国社会的逐步稳定和改革进程的推进，德国大学进行了机制改革，原有历史协会作了人事调整，各种新的历史协会纷纷建立，这些都表明德国史学界自由民主的氛围在扩展，这对历史学家解释历史无疑也会发生影响。埃德曼（Karl Diedrich Erdmann）创办的德国历史教育协会刊物《科学和教育中的历史学》（1950 年）和罗特菲尔德（Hans Rothfels）创办的慕尼黑现代史研究所刊物《现代史季刊》（1953 年）对于自由派思想发展起了重要作用。从 1957 年起，席德尔（Theoder Schieder）开始掌管著名的《历史杂志》，自 1958 年起，罗特菲尔德当选德国历史协会主席。

罗特菲尔德是新自由派的创始人，他的《德国的反希特勒派》和《论现代史》奠立了新自由派的基本理念。而他的学生康策（Werner Conze）、席德尔、埃德曼等人则将罗特菲尔德的思想作了

① 张广智、张广勇：《现代西方史学》，复旦大学出版社 1996 年版，第 134、135 页。

② 李兆雄：《当代联邦德国史学流派》，载《历史学》，四川人民出版社 1989 年版，第 206～207 页。

进一步的发展。他们借助“工业社会”等概念来给历史分期，并用来分析德国的近现代历史。他们认为，联邦德国的成立，标志着纳粹制度的消亡和“多元开放工业社会”的建立，终于克服了国家和社会的矛盾①。在方法论上，新自由派主张多元论、结构史和社会史，虽然极端的观点主张完全抛弃历史主义，但不少学者仍然主张结构史与历史主义的综合。新自由派给予经济结构问题持续的关注，他们强调对工人运动史中国家和工人阶级的调和，这些无疑更有利于他们给联邦德国的政策合法性作说明。

新自由派后来也出现了分化。其中大多数人主张需要重视传统的思想、精神和政治史过程，即所谓的转向“新历史主义”：在“事件史”和“结构史”的基础上复兴个别化方法和政治史。而另一派以韦勒（Hans-Urlich Wehler）和科卡（Jürgen Kocka）为代表，他们主张与德国传统历史主义的方法彻底决裂，形成了所谓的批判社会史学派。

其中，以希尔格鲁贝尔（Andreas Hillgruber）、希尔德布兰（Klause Hildebrand）、尼佩代（Nipperdey）和加尔（Lothar Gall）为代表的新历史主义表明，尽管在德国强调社会经济结构史的学派开始兴盛，但传统的历史主义依然非常强大。作为同样从新自由派史学衍生出来的派别，批判社会史学派与新历史主义发生了争执。比如韦勒的著作就受到尼佩代的尖锐批评。而尼佩代所著的《德意志史》论述了自法国大革命至第一次世界大战结束的德国历史，德国历史学界常把该书与韦勒的代表作《德意志社会史》相提并论。当然，社会史的兴起也迫使新历史主义学派进行自我修正。希尔格鲁贝尔与希尔德布兰就提出了“现代政治史”的主张，以区别于传统的典型的政治史，而更加注重借鉴结构史的模式。

批判社会史学派与新历史主义学派不同，他们主张对德国的政治发展进程持一种批判的态度。此外，他们更激进地主张彻底消除新自由派中残余的历史主义因子。一方面是历史主义的历史特殊论

---

①　李兆雄：《当代联邦德国史学流派》，载《历史学》，四川人民出版社1989年版，第195页。

无法达到社会批判的效果，另一方面也源于经济学、社会学、政治学、统计学等社会科学在方法论上提供了比历史主义大得多的阐释空间，而且这样做也更能把握现代世界的政治、经济和社会剧烈变革的脉动。1975 年创办的《历史与社会》杂志，标志着该学派的形成。

批判社会史学派的核心人物是韦勒。其主要著作有《俾斯麦与帝国主义》（1969 年）和《作为历史社会科学的历史》（1973 年）等。以他为代表的批判社会史学派的基本主张有：批判自己的自由派的老师忠心于德国史学的唯心论传统，只有在不威胁历史主义基本方法的前提下才接受社会科学的方法。而社会史学派把社会史看作是结合为一定形态的社会、政治、经济、社会文化和精神现象的历史，主要课题是研究和描述社会发展过程和结构，它的基本方法论是从跨学科原则出发①。批判社会史学派的特点是重视理论，给予历史过程中的社会经济因素以空前的重视。韦勒强调，历史连续性和社会政治连续性是统一的，如果不深入研究 1866—1871 年到 1945 年的密切联系，拒绝统一和连续的德国史，就可能煽动民族主义，低估了纳粹的根源②。

科卡是该学派的另一重要成员。他也是著名的“比勒菲尔德学派”的中坚力量。他的主要著作有《1847—1914 年西门子公司的企业管理和职员：关于德国工业化中资本主义与官僚政治的关系问题》（1969 年）、《战争中的阶级社会：1914—1918 年的德国社会史》（1973 年）等。科卡对近百年时间里西门子公司白领雇员同资方关系的发展进行了分析，他进一步使官僚化理论和社会分层理论同档案研究结合起来。而在《战争中的阶级社会》中，科卡企图以马克思的阶级理论（但脱离了马克思历史哲学的思辨方面）的冲突论来解释第一次世界大战的政治进程。科卡的这一著作超越

① 李兆雄：《当代联邦德国史学流派》，载《历史学》，四川人民出版社 1989 年版，第 214 页。

② 李兆雄：《当代联邦德国史学流派》，载《历史学》，四川人民出版社 1989 年版，第 218 页。

了菲舍尔及其弟子的研究，也胜于探讨经济利益集团的历史学家的研究成果。上述两派都曾继续依赖按文本解释的传统方法去理解经济和政治生活中主要人物的决定，而不是探讨变化本身的社会经济结构①。

批判的社会史学派极力强调研究社会经济过程，研究权力结构关系，抛弃传统历史主义的方法，综合运用社会科学的各种方法。就德国自身的特点而言，即使像批判的社会史学派那样的流派，它跟同时期其他国家的社会史所关注的主题和历史侧面还是有差别。以法国年鉴学派为代表的社会史学派更多关注前工业时代的中世纪时期，而德国的社会史学派一直着重关注德国的工业时代。这与战后德国的历史反思密切相关。另外年鉴学派更关注社会的物质的和经济的结构层面，而德国的社会史学派更关注政治和权力的层面。这一定程度上是德国的政治史传统的延续。

六、从妇女史、日常史到文化史

伊格尔斯在《欧洲史学新方向》中指出，在 20 世纪六七十年代，流行的历史研究模式是：历史学家基本上放弃历史主义的概念，不再强调叙述和事件，寻求建立一种有关结构和社会力量的“历史社会科学”。而到了 1970 年代末，西方史学又发生了一次转向：历史学家对社会科学的抽象概念和计量方法不再盲从，除了社会经济的宏大结构，社会阶层、文化和日常生活开始成为历史学家的新宠，他们在心理学和人类学的基础上，重新理解历史的丰富性。1979 年，英国历史学家斯通（Lawrence Stone）发表的《历史叙述的复兴：对一种新的老历史的反省》，提出向叙事史的回归。斯通的文章可视作西方史学新转向最鲜明的概括和展望。

在德国，1970 年代兴起了妇女史和日常史学派。在 1990 年代，各种新兴学派相互融合，在“文化史”学派的旗号下统一起

① 伊格尔斯：《欧洲史学新方向》，赵世玲、赵世瑜译，华夏出版社 1989 年版，第 132 页。

来。批判社会史学派作为传统史学的批判者，此时不仅需要面对新历史主义的对抗，还受到了妇女史、日常史和文化史诸学派的挑战，可谓腹背受敌。

总体上说，这些新兴学派的兴起和发展，与西方哲学社会科学的理论创新是密不可分的。比如 1960 年代以后在人文社会科学领域兴起的“语言学转向”，以格尔兹（Clifford Geertz）为代表的诠释学人类学的“厚描”理论，德里达的“解构”理论，以及在意大利和法国兴起的微观史学、历史人类学等都为这些新的学派提供了理论上的参考。

德国的妇女史学派在 1970 年代的兴起，与 1960、1970 年代女权主义在西方的兴起和发展是相呼应的，妇女史甚至可以看作女权运动在历史学界的反映。妇女史学派的兴起首先跟传统的史学派别贬低妇女的历史地位和作用有关。在传统的史学著作中，用以书写妇女在历史活动中发挥作用的篇幅十分有限，对专门涉及妇女的题材也不甚关注，写下的历史就成了男人的历史，妇女在其中至多扮演配角。

针对上述问题，在美国女权史学家的鼓励下，德国的女历史学家开始独立地组织研讨会，创办出版物。1992 年她们创办了自己的学术刊物《综合：妇女研究与女权主义实践杂志》。妇女史学派关注的主题也逐渐由上层妇女领袖转向普通妇女的生活。就她们所研究的时段而言，仍是魏玛和纳粹时期。妇女史的主要代表有豪森（K. Hausen）、库恩（A. Kuhn）、丹尼尔（U. Daniel）、博克（G. Bock）和弗雷菲尔特（U. Frevert）等。她们的重要著作有：豪森编的《妇女寻找她们的历史》（Frauen suchen ihre Geschichte），库恩的《妇女编年史》（Chronik der Frauen），博克的《纳粹时期的强行绝育：对纳粹政权种族政策和妇女政策的研究》（Zwangssterilisation im Nationalsozialismus：Studie zur Rassenpolitik und Frauenpolitik），丹尼尔的《战争社会中的工人妇女：第一次世界大战中的职业、家庭和政治》（Arbeiterfrauen in der Kriegsgesellschaft：Beruf，Familien und Politik im Ersten Weltkrieg）和弗雷菲尔特的《处于资民进步与新女性之间的妇女》（Frauen-Geschichte Zwischen bürgerlicher Verbesserung und Neuer Weiblichkeit)。

妇女史学派的成员要么原属社会史学派，只不过后来自立门户，跟社会史学派关系比较紧张；要么是社会史学派培养的学生，致力于在两派之间做一些沟通。在妇女史兴起的初期，体现了强烈的女权主义特征，她们的开会和研讨往往只面向女历史学家，而把大多数的男性历史学家排除在外。这就引发了该学派同批判社会史学派的论争，也即：谁更有资格来研究妇女史？到后来，妇女史学派也开始改变固步自封的立场，开始跟男历史学家合作，同时也在研究的课题和方法上有所改进。一方面，她们把“妇女史”研究转化为“性别史”，而且更多是社会性别的研究。要理解妇女的历史，需要把她们放到一个更加广阔的社会历史背景去考察，若不考察男子的历史，妇女史实际上也不可能成为完整的历史。批判社会史学派的核心概念是“阶级”，开始时妇女史学派为了把“性别”概念与“阶级”概念明确区分开来，抵制这一些列概念，但几经论争，她们还是接受了“阶级”概念作为妇女史学派的重要概念。总体上，就思想方法来看，妇女史学派基本上遵从了社会史学派的传统，尽管她们在观念上也接受文化史学派的理论支援。妇女史学派虽然属于一个相对独立的派别，但她们需要在社会史学派与文化史学派的理论和专题上的支援的情况下才可能获得进一步的发展①。

日常史学派在德国兴起于1970年代末和1980年代初。其实，在1970年代中期，日常生活史这一提法就获得广泛传播，被越来越多的社会史学派的历史学家所采用，并很快成为活跃展开的地方性讨论和研究中的口号②。日常史学派的来源和分支繁复，大致可分为专业内外两个部分。专业内，哥廷根的马普历史研究所是日常史学派的主要兴起地之一。日常史学派的主要代表有梅迪克（H. Medick）和吕德克（A. Lüdtke）等人。除了大学的历史专业和相

① 景德祥：《20世纪末联邦德国史学流派争议》，《世界历史》，2005年第1期。

② 埃利：《西德社会史发展的新方向》，王丽芝摘译，载《八十年代的西方史学》，中国社会科学出版社1990年版，第138页。

关研究所之外，德国还有大量的地方性的“工作室”(Geschichteswerkstatt)。他们主要是搜集地方性的书面或口头的历史资料，研究当地人的历史。这种非专业的研究方式的出现，据说很大程度上是1960、1970年代毕业的历史专业的学生找不到专业工作所引发的。就研究的重点来说，德国工人史和纳粹时期下层人民的历史是其重点。其中较有代表性的作品是许鲁伯姆（J. Schlumbohm)、里克特（P. Kriedte）和梅迪克（H. Medick）的《工业化前的工业化：资本主义形成阶段乡村的手工业商品生产》(Industrialisierung vor der Industrialisierung)，普科塔（D. Peukert）与罗科勒克（J. Reuklecke）合编的《非常一致的队列：纳粹时期日常史论文集》(Die Reihen fast geschlossen）等。

批判社会史学派要求与德国传统的历史主义方法的彻底决裂，大量运用社会科学的概念和方法进行宏观的分析。但这样的矫枉过正的做法，势必引起反弹。新历史主义学派与社会史学派的长期论争就是其中的一种表现。日常史学派的兴起实际上也是这种反弹的一种表现。如果说新历史主义学派与社会史学派的区别主要是在思想方法上的而不是在所研究的课题上的话，那么除了方法上的区别，日常史学派与社会史学派的另一重大区别是在所研究的课题上。从基本的方法来看，日常史学派受惠于德国的历史主义传统和诠释学传统，这样的方法对于理解普通人的日常生活非常有效。此外，人类学的各种观点，后现代主义提倡的对边缘历史的关注同样是日常史学派可享用的丰富资源。日常史学派关注下层普通群众的日常生活，使历史的面目变得鲜活生动，增加了人们对历史的形象了解。在这个层面，它与社会史学派所倡导的结构史、理论史、宏观史跟日常史学派格格不入。这样的思想方法和视角上的差异，也导致了两个学派对德国近两百年的现代化进程的评价产生了重大差异。社会史学派总体上持一种乐观态度，得出结论说是德国近两百年的进步，而部分激进的日常史学派则得出与之相反的结论①。日

① 景德祥：《20世纪末联邦德国史学流派争议》，《世界历史》，2005年第1期。

常史学派与社会史学派的争论非常激烈，其间有大量文章和著作问世。较有代表性的是吕德克编的《日常史：历史经验和生活方式的重建》（Alltagsgeschichite：Zur Rekonstruktion historischer Erfahrngen und Lebensweisen）和科卡等编的《"来自底层的历史—来自内部的历史"：关于日常史的争论》（"Geschichte von unten-Geschichte von innen"：Kontroversen um die Alltagsgeschichite）。

日常史学派弥补了社会史学派对历史的边缘和其中小人物的切身感受的忽视，发掘了不少重要的课题和资料，出版了很多为大众喜爱的普及读物，使历史研究贴近了读者的日常生活。但是日常史学派由于缺乏方法上的创新，一味沉迷于挖掘历史的细节而不能把历史研究推向新的高度。1980年代的鼎盛期过后，1990年代日常史学派就开始走下坡路了。

到了1990年代，受西方其他国家流行的新文化史的影响，德国的向社会史学派挑战的小派别聚集在"文化史"的旗帜下，形成所谓的文化史学派。文化史学派的观点是对那些小学派的一次高度综合，其中除了日常史学派的观点之外，还能看到新历史主义的影子。

就早期而言，德国的文化史学派主要是受西方其他国家所谓的"后现代史学"的影响。不过，这与1970、1980年代以来的整个世界的发展进程也密切相关。年轻的学者为取得大学教席而致力于创新也是其中重要的因素。

正如妇女史学派以"性别"概念与社会史学派的"阶级"概念分庭抗礼一样，文化史学派也以"文化"概念与社会史学派的"社会"概念相区别。文化史学派强调"文化"概念，是想去把握那些为社会史学派所忽略的主观世界，那些边缘的非理性的世界。社会史学派过于强调经济与社会的客观结构，无疑是招致非议的主要原因。文化史学派所融合的妇女史学派、日常史学派和新历史主义的部分因子或致力于微观世界，或致力于边缘世界，或致力于主观世界，这些都是社会史学派所忽略的。文化史学派对社会史学派的挑战是非常有力的，社会史学派也被迫进行理论上的修正。而文化史学派也不是十全十美，它主要还是局限在社会史学派所忽视的狭义上的文化史领域，对政治、经济等重要领域却片面轻视。长此以往，文化史学派就难以从历史人物的主观世界出发对历史作整体的综合分析①。

环境史学是以环境运动的派生物的形式在 1970 年代末期的德国兴起的。环境运动主要是一场反核技术的运动，德国环境史最初主要也是从技术的批评史发展而来。据纳得考（Joachim Radkau）的观点：文化史学派在环境史的发展进程中没有发挥任何作用，这也是本书将环境史学作为与文化史学有别的派别加以单独论述的原因。环境史和文化史作为不同类型的研究，它们的关系仍是一个未解的难题，所以需要给“环境史”下个定义。

纳得考认为：环境史是研究人类生活和再生产的条件的一部分。它分析人类怎么影响这些条件以及人如何应对因此而产生的麻烦和问题。在这个语境中，应该特别关注人类行为产生的长期无意识影响。在这些影响中，对自然进程的综合影响和对自然进程的连锁反应这两者是相关的。美国环境史研究的领袖人物唐纳德·沃斯特，则更强调把自然置于环境史研究的中心位置②。

纳得考是德国环境史学的重要代表，比勒菲尔德大学教授，主要研究领域是技术史、医疗史、精神史和环境史。其涉及环境史的著作主要有：《俾斯麦以来德国的工业和政策》、《动力、能源和工作：时代大变革中的能源技术和社会》、《德国核经济的繁荣与危机：1945—1975》、《木材：技术史中的一种自然原料》、《18 世纪以来的德国技术》、《神经质的时代：从俾斯麦到希特勒的德国》、《自然和权力：环境世界史》、《历史中的人与自然》等。从这些著作的名称就可以窥见环境史学主要关注些什么问题。

环境史有可能成为德国历史研究新的“增长点”。纳得考教授认为，在德国环境史研究中，对农业史、排水和灌溉史的研究仍有

① 景德祥：《联邦德国社会史学派与文化史学派的争议》，《史学理论研究》，2005 年第 3 期。

② 包世宏：《德国的环境变迁与环境史研究——访德国环境史学家亚克西姆·纳得考教授》，《史学月刊》，2004 年第 10 期。

许多工作要做：19 世纪以前的环境史，东欧、俄国和阿拉伯世界的环境史等都是环境史研究中有待探索的新领域。

七、战后德国历史理论的发展

20 世纪上半期，令人瞩目的世界性事件莫过于两次世界大战。这两次世界大战，是现代世界历史的重要转折点。尽管战争的爆发只是表面现象，但或许只有这显眼的现象，才能让一般人认识到世界历史已经发生了重大的变化。在第二次世界大战进行之时以及战后，不少人反思战争的爆发，并追溯其思想文化渊源。这一点首先在犹太思想家那里表现得最为明显。

在哲学领域，洛维特（Karl Löwith）的《从黑格尔到尼采》（1939 年）等作品，看似在批判德国思想中肇始于黑格尔的历史主义传统，实际上也是在批判他所谓的历史主义的现代代言人海德格尔。施特劳斯（Leo Strauss）在《自然权利与历史》（1953 年）、《何谓政治哲学》（1959 年）等论著中极力反对历史主义，他甚至认为德国历史思想是虚无主义的极端表现。在女政治哲学家阿伦特（Hannah Arendt）的《极权主义的起源》（1951 年）、《人类的状况》（1958 年）等作品中，历史主义也或多或少成了批判的对象。战时流亡国外的法兰克福学派的一些成员，如阿多诺（Theodor Adorno）和马尔库塞等哲学家，也对德国的传统思想进行了较为激进的批判，他们的目的也无非是想解析纳粹政权何以会在德国出现。

除了这些犹太思想家的反思之外，很多非犹太思想家也在反思。除了上文提及的梅尼克在《德国的浩劫》和里特尔在《权力的魔鬼：对当代政治观点中权力问题的历史和实质的思考》中的反思，海德格尔、伽达默尔和哈贝马斯等哲学家也进行了深入的反思。作为法兰克福学派的成员，哈贝马斯比伽达默尔等人更强调社会批判的意识。

尽管这两类思想家都在反思这些问题，但他们的立足点似乎有所不同。简单说来，一般的犹太思想家在纳粹时期所经历的伤痛以及他们在国外、特别是在美国受到的不同对待，促使他们把纳粹的行为归结为德国本身的特质，归结为德国思想传统的产物。他们之中不少思想家站在自由主义的立场上来批判德国的历史主义政治观念，但一些大思想家却看得更高和更远。施特劳斯这样的政治哲学家，虽然极力反对历史主义，但他也并不认同自由主义的传统，他心目中的理想政治模式是古希腊的共和政体。在这一点上他与阿伦特有共通之处。海德格尔和伽达默尔这样的哲学家，在考察问题时，远远超出了德国本身，他们把纳粹的产生归结为西方思想在近代以来所追求的理性主义的必然结果。洛维特和施特劳斯把海德格尔视作德国历史主义的极端表现，但海德格尔在《存在与时间》(1927 年）等著作中却根本不赞成文德尔班、李凯尔特、韦伯等历史主义代言人的观点。他认为新康德主义还站在传统本体论的立场上，把事物看成现成之物，而非历史性事物。新康德主义只是与理性的普遍主义相反的特殊主义而已。

德国的思想家对纳粹问题的反思，比起西方其他国家简单地站在自由主义的立场对希特勒的谩骂、对德国传统的简单否定要深刻得多。也正因为这样，这些思想家的观点在战后德国多少受到了批判，被称作思想的保守派，因为他们的批判很多不只是针对德国本身，也针对西方的整个思想传统。这样的考察，在某些极端的自由主义者和激进派看来，不能达到彻底批判纳粹历史的目的。

吕森曾在《史学理论的更新：历史科学理论研究》中指出：历史主义思想能借着建立传统，替社会的一些现状做出合理化的解释，它有使事物产生合理化的能力，却没有直接批判现状的能力。历史主义使价值的恒久性受到质疑，但也可以作为反对强权压迫的理论根据。这正是吕森等战后成长起来的德国学者与法国、美国的后现代主义者的根本分歧所在。吕森等学者作为战后一代依然背负着民族历史反思的任务，同时他们受德国战后整个向西方靠拢的倾向的影响，所以在历史理论上更强调的是历史的真实性和历史学的伦理教化功能。正是在这种大背景下，德国历史理论界围绕大屠杀问题展开了很多讨论。传统理论中的真实性问题、历史记忆问题、民族认同问题都在新的历史条件下得到全新的阐发。这些构成了战和理论家也强调大欧洲意识，强调世界的合作和跨文化的交流，康德、赫尔德、席勒等思想家的世界主义被吕森等学者重新阐发，这些都是为了破除狭隘的民族主义。

吕森生于 1938 年，属于生于战时长于战后的一代。1966 年于柏林布劳斯威格大学获得博士学位，研究的是德罗伊森的史学理论（Historik）。1994—1997 年任比勒菲尔德大学跨学科研究中心主任，1997 年 4 月后任埃森文化科学研究所所长。其主要著作有《概念史：德罗伊森历史理论的开创与建立》（Begriffene Geschichte, Genesis und Begründung der Geschichtstheorie J. G. Droysen）（1969 年）、《史学理论的更新：历史科学理论研究》（Für eine erneuerte Historik：Studien zur Theorie der Geschichtswissenschaft）（1976 年）、《史学理论的基本特征》的三部曲：《历史理性：历史科学的基础》（Historische Vernunft：Grundzuge erner Historik I, Die Grundlagen der Geschichtswissenschaft）、《过去的重构：历史研究的原则》（Rekonstruktion der Vergangenheit：Grundzuge erner Historik II, Die Prinzipien der historischen Forschung）和《生命的历史：历史知识的形式与功能》（Lebendige Geschichte：Grundzuge erner Historik III, Formen und Funktionen des historischen Wissens）以及《历史主义的历史》（Geschichte des Historismus）（与 Friedrich Jaeger）（1992 年）。现在吕森译成中文的著作是《历史思考的新途径》，此外还有一些零散的论文。

吕森的博士论文研究的是德罗伊森的史学理论，这一选择其实对他产生了不小的影响。一方面，他的研究中的重要部分就是德国 19 世纪乃至更早的史学理论。德国 19 世纪的史学理论蕴藏着丰富的宝藏，但是对兰克、德罗伊森等人真正意义上的研究要等到第二次世界大战之后。在这方面，吕森和他的学生在德国史学界发挥了重要作用。另一方面，正如吕森所说，德罗伊森代表的是跟尼采的历史观念相对的一方。德罗伊森更多是强调历史理性、历史方法论、历史知识及其社会功能。尼采是后现代主义的先驱之一，吕森在战后德国史学理论的反思中强调德罗伊森，显然是要与后现代主义模糊历史与文学的区别的立场去分开来。吕森的这一立场，在

《史学理论的基本特征》的三部曲中表现得非常明显。他所使用的一些关键词汇（尤其是他后来长期使用的 Historik），还有他的三分法都可以在德罗伊森的《史学理论纲要》一书中找到原型。

吕森的《历史思考的新途径》是本论文集。不看其具体论述，仅从一些文章的标题即可看出吕森的立场与战后德国史学理论的总体取向非常一致。如《历史文化——论历史在生活中的地位》、《欧洲的历史意识——预设、幻想、介入》、《跨文化交流——民族中心主义的挑战和文化科学的回应》、《危机、创伤、认同》、《对大屠杀的回忆和德国的认同》、《对历史负责——对历史的伦理维度的批判性思考》等。

吕森和海登·怀特等原创思想家对 19 世纪德国历史思想的研究，也促进了德国历史思想史研究焕发生机，这些研究的出现有利于我们重新审视德国当代的历史理论和后现代主义的叙述理论。近二十年德国历史思想史研究的新突破在 19 世纪上半期和启蒙时期的历史理论方面。值得一提的著作有：

布兰克和弗莱希尔汇编的《德国启蒙史学的理论家》。该书把 1750—1810 年间一些重要的历史理论论著整理汇编起来，研究者从中可清楚看出启蒙时期史学相关理论的发展状况。两人还合著有《启蒙时期与历史知识理论》，描述了启蒙时期历史理论发展的概况，例如考察了那个时代德国大学开设历史理论课程和相关论著出版的情况。

汉斯—尤尔根·潘德的《历史知识理论与教学》。该书分析了 1765—1830 年这段时期（他称作“后期启蒙主义—早期历史主义”）讲授历史知识理论课程常要涉及的概念和理论语言（作者的方法类似于概念史分析）。

约丹的《19 世纪上半叶的历史理论：在实用主义与历史主义之间的过渡时代（Schwellenzeit）》。该书选择了几十位 19 世纪上半叶为以往研究忽视的历史理论家作为分析对象，提出存在一个跟启蒙时期的实用主义和经典历史主义都有区别的“过渡时代”。他通过概念分析指出，像“理解”（verstehen）这类概念在过渡时代虽有人使用，但它还没有上升到方法论的中心地位。

乌尔利希·穆拉克的《人文主义时期和启蒙运动时期的历史科学：历史主义前史》以及耶格尔和吕森合著的《历史主义史导论》是有关历史主义发展史方面最权威的著作。

伊格尔斯在《介于学术与诗歌之间的历史编纂》中反思海登·怀特（Hayden White）的历史编纂方法时指出："我近年来的工作介于两个方面，从这两个方面我既汲取了重要的动力，也遇到了重大的困难。一方面是吕森和他的学生，特别是布兰克（Horst-Walter Blanke）和耶格尔（Friedrich Jaeger）的工作：他们试图把18世纪以来的史学著作放在学术的，或以他们自己的术语来说'科学'（Wissenschaftlich）的历史范畴中去研究。而另一方面，怀特则决心把史学著作主要作为一种文学形式来对待。这两种方法都有一定的道理，因为史学著作可以从学术或文学的角度来看待。吕森强调历史探索中科学及学术的一面，这种方法虽然不否认历史叙述的文学及美学的特质，但它的目的是重建过去的真实。怀特则试图缩小史学研究，历史的思辨哲学以及想像文学之间的界限。对他而言，任何一种以学术手段重建过去的尝试，大都只是一种'富于想像力的行为'。"尽管伊格尔斯的概括和评价不一定准确到位，但他揭示出了战后德国史学理论方面与后现代主义的差别。这种差别绝对不像我们初看上去的那么简单，二者的差别涉及更深的层次，值得我们进一步反思。

德国史学在19世纪独领风骚，在20世纪下半叶的反思也与众不同，至少与后现代主义历史观念有重要区别。后现代主义的解构倾向非常明显，而战后德国肩负的价值重建任务赋予其历史思想更多建构性特征。希望这种不同将成为德国历史思想迈向新高度的一个信号。

第四章　史学范型独领风骚
——20 世纪的法国史学

一、19 世纪的背景

毋庸置疑，谈论 20 世纪西方史学绕不过法国史学，当然不仅仅是《年鉴》所带来的影响，更多的是法国人文科学与历史学的融合带来了观念的变革。但如果要对 20 世纪法国史学的变化作追根溯源的探索，那么我们就不得不把目光投向 19 世纪的后三十年。那是 1870 年德意志击败法国时期，战役首先给法国带来了空前的民族耻辱与道德危机，如厄内斯特·勒南（Ernest Renan）就把这个事件视为公民意识、道德与思想松弛的征兆，并倡言法国人应报复德意志。但与其时的德国相比，法国的科学与国民教育的薄弱是不言而喻，又何谈报复？因此，教育或者说大学所应承担的任务就变得更为紧迫而繁重。在教育改革的过程中，历史作为一门学科可谓起到了关键的作用。当然不仅是因为史学家帮助它们制定了一系列有利的教育政策，关键在于法国的战败创伤赋予历史学科以特殊的重要性。法国不仅要从过去当中寻求安慰，同时还要在思想上重新武装民众。勒南、泰纳（H. Taine）、迪律伊（Victor Duray）、厄内斯特·拉维斯（Ernest Lavisse）与莫诺（Gabriel Monod）等历史学家在对大学课程的重新设置上可谓起到了关键的作用。如重新修订课程计划，以便突出学科专业训练；借鉴德国的“习明纳尔”（Seminar）制度来研究学术等。总而言之，这一时期的法国的历史研究受德国影响比较深。甚至可以说，在某些方面，德国的历史研究就是法国的一个典范。

首先是迪律伊，他受米什莱等历史学家的影响比较深。就学术上的贡献而言，他不仅撰写课本，还研究并出版了《罗马史》、《希腊史》、《法国史》等。更值得注意的是迪律伊任教育部长期间所倡导的教育改革，尤其是借鉴德国经验对历史学科所进行的改革，这为后来的史学发展奠定了一定基础。迪律伊所作出的贡献并不止这些，他还培养了一批年轻的追随者如莫诺、法尼埃（G. Fagniez）等。后两人曾效仿德国的济伯尔创办《历史杂志》，而于 1876 年创立法国的《历史评论》，以贯彻高等研究实践学院的历史教学计划。刊登的文章主要以实证科学与自由讨论为主，其大体风格在今天的《历史评论》中都可以看出并没有得到很大的变动。《历史评论》的创立曾影响了 20 世纪初的法国大约十几个历史评论刊物的创办以及历史学会的组织。史学在这种“实证主义”时尚风气下变得更为“科学”，而少了综合性。这就为后来的法国史学观念更新提供了突破口。

除了莫诺之外，拉维斯受迪律伊的影响也很深。他先任迪律伊的秘书，后来接替德·古朗治在巴黎高师的职位，旋即又出任巴黎大学教授，并于 1904—1919 年任巴黎大学校长。拉维斯除了对大学教育进行改革之外，他还着重对历史教科书进行重新撰写。因为他认识到历史教育在武装民众中的重要性，所以他一边撰写小学课本，一边编纂官方民族史——《法国通史》（18 卷）、《当代法国史》（9 卷）等。在他以及之后的许多历史学家的推动下，历史学在意识形态上建立起了学术威望，并试图从文学与学术的冲突中分离出来，以成为一门自律性的科学。于是方法论的问题便凸显出来了。

而在当时作为方法论教科书中最有影响的莫过于朗格诺瓦与瑟诺博司的《史学原论》（1898 年）。该书的作者们反对“历史是一门科学抑或是艺术；历史的职责与功用何在？”等话题的探讨，转而主张要学生“如何批判性地阅读文本”，并且作者们坚信：“研究者只要从文献资料中收集事实就可以得出一幅与过去事实相接近的画面。”不言而喻，朗格诺瓦与瑟诺博司所倡导的方法带有实证主义的特征，特别是拒绝对历史变革作出相应的解释/理解。因为这本书影响了“法国的几代学生”①，以至于后来的许多历史学家认为解释/理解对于历史来说是毫无益处的。

总的来说，这一时期的法国史学带有很强的“实证主义”。当然也有历史学家诸如卡波内（Charles Carbonell）反对这样一种概括，而更愿意称他们所代表的研究趋势为“方法论学派”（école méthodique）。不管对他们该如何称呼，至少我们可以这样认为：20 世纪初的一段历史时期，朗格诺瓦与瑟诺博司等人的研究代表了历史学研究的一种在方法论上、实践目标上都是强有力的模式，一种有许多人追随、效仿的范式。但是此后很少有法国历史学家写出一部具有《史学原论》这样广泛影响力的教科书。

另外，一些新学科在学术体制中也找到了其相应的位置，并获得了学界同仁的认可，尽管认同程度不一，如地理学、心理学、社会学等。首先，地理学在法国传统中与历史学家有着密切的关联。尽管地理学有诸多实用性，但在殖民运动的压力下，民族主义情绪的阻碍下并没有在学术界获得正统地位。而要谈论这门科学的最大贡献者，非维达尔·拉布拉什（还有后来的德芒戎［Albert Demangeon］）莫属。他编制教学计划、教学方法、专业词汇等，力图把地理学改造为一门独立的学科。其次，最引人注目而又最富争议性的乃是社会学。说其引人注目，是因为涂尔干以一套严谨的方式，整理出一系列概念供学者使用。特别是《社会学方法的准则》（1895 年）的出版，使得社会学在学界中获得了正统地位。说其富有争议性，乃是因为这门学科并未真正地在大学体制中占一席之地，因为社会学先以教育学（pédagogie），其后又作为哲学的一个分支而出现。更令人惊异的是涂尔干的职业生涯并不顺利，他于 1902 年才在巴黎大学获得教席。这种尴尬的局面可以看作社会学

① 伊格尔斯：《欧洲史学新方向》，赵世玲、赵世瑜译，华夏出版社 1989 年版，第 52 页。

处于困境之中的一个象征。

在反实证主义的潮流中，哲学界以柏格森为代表；社会学界以涂尔干为代表；历史学界以西米昂（François Simiand）以及受过柏格森影响的贝尔（Henri Berr）为先驱。

作为涂尔干的高足，西米昂通过一系列研究对地理学家以及实证主义史学家进行了严厉的抨击，如《工资、社会演进与货币：工资的实证理论研究》（1932年）、《16—19世纪价格一般运动的研究》（1933年）等。特别值得注意的是，他在1903年的《历史综合评论》上发表了一篇名为“历史方法与社会科学”的文章对朗格诺瓦与瑟诺博司的方法论进行了严厉的抨击，呼吁历史学家应摆脱三大偶像——个人偶像、政治偶像、编年偶像。西米昂认为，历史作为只发生过一次的事件来说，它不是也不可能是一门科学。历史只能通过接受其他科学的认识论标准才能达到科学的地位。史学家不应该继续把时间局限于线性编年上，而是应该把它视为一个研究变化、表现“存在”的实验场，并且在这个实验场中，人们可以用共时或历时的方法来研究“社会事实”（les faits sociaux）。总之，西米昂以“社会事实”的概念为名向实证主义史学家提出了挑战。不幸的是，在我们今天看来，其实西米昂对历史的认知依旧隶属于实证主义的范畴。

除了其著述外，由西米昂创办的《社会学年鉴》也对后来的历史学发展，特别是《年鉴》主张的提出起了很大的作用。《社会学年鉴》旨在于打破学科间分界的僵局，并对科学的根本前提进行反思。作为巴黎高师的学生，费弗尔与布洛赫后来谈道：“二十几岁时，我们带着崇拜与本能反抗的情绪拜读了《社会学年鉴》，其中最引起我们注意的是它不断修订与改写其概念框架的努力。此概念框架常因涂尔干及其合作伙伴在公开陈述、讨论与阐述中被一卷卷地重构。”① 最为重要的费舍尔等是把“以问题为导向”的历史学放在首要位置，同时关注所建构的研究对象，坚持使用计量与

① 见“Histoire, èconomie et statistique,” *Annales d'histoire économique et sociale*, n°2 (1930), p. 583.

比较的方法，希图统一“人文科学”的决心仍在于受到《社会学年鉴》的启发。此外，我们可以看出：法国史学的显著特征之一即在于，历史学不仅被认为是一门社会科学，而且很大程度上社会科学都是围绕历史学这一关键学科而组建的。这种情况至少到 20 世纪 60 年代仍没有得到改变。

除了西米昂外，贝尔对后来法国，甚至西欧的史学思想与史学实践的发展所作出的贡献也不容低估，特别是其《历史学中的综合》一书中所阐述的“历史综合”理论。

贝尔在《历史学中的综合》中寻求建立一个综合统一的历史概念。他认为历史学若要成为科学并且为现实提供可行性的解释，那么它就必须“包含人类生活的一切要素”，如政治、经济、文化等。在贝尔看来，我们只有把历史描绘为人类事实的总和才可以认清过去的历史画面。但是这种总和并不是简单的事实罗列，而是应该对资料进行系统地论述以及科学地分析。只有这样我们才可以认清历史发展的“内在理路”。

如果说《历史学中的综合》是其历史思想的一种阐述的话，那么贝尔于 1900 年创立的《历史综合杂志》就是其历史思想在实践上的一个体现。自不待言，《历史综合杂志》对后来历史学的发展包括费弗尔、布洛赫等历史学家的观念形成有着重大影响。例如，此时的费弗尔与布洛赫经常给《历史综合杂志》投稿，并且在《年鉴》创立后仍同贝尔以及《历史综合杂志》保持密切交往。另外，除了历史学家，《历史综合杂志》还跨越学科界限，同时向各类投稿者开放，并且留心当代社会变化、发展，置历史学于知识“综合体”的中心。这种把历史学作为社会科学或者人文科学的中心对今后历史学的发展起到了重要的作用，也为历史学的繁荣奠定了坚实的基础。

除了《历史综合杂志》与《社会学年鉴》外，《社会经济史季刊》对今后史学发展方向的定位也是不可忽略，特别是对《年鉴》的影响。1929 年 1 月《年鉴》创刊时，其标题就是取“经济与社会史”一词，把“社会”置于优先研究地位，并且历史学转变的中心即是研究“社会”的多样性（它通常由时代精神而引起的）①。也正是社会这个词语符合《年鉴》统一人文科学的雄心。正如费弗尔后来谈到的那样：“像‘社会’这样一个含混的词……用来作为一份并不想画地为牢的杂志的名称似乎是再理想不过。”并且从后来《年鉴》所刊发的一系列研究信息，对当代现实，特别是正在经历快速转变的社会进行反思而言，它们与《社会经济史季刊》不无关系。

二、危机与革新之间的历史学

1914—1918年的战争对法国史学来说是一个重大的转机。首先是《历史评论》的两位主编贝蒙（Charles Bemont）与皮菲斯特（Christian Pfister）要求重新组织科学的研究。1919年，他们的这些研究引起了时任倾向于进步与革新的斯特拉斯堡大学文学院近代史教席的费弗尔的不满。费弗尔认为四年的战争恰好导向了一种对历史学家意识的考验。他在一堂课上的开讲辞的标题就是“在废墟世界中的史学”，以对第一次世界大战后法国史学可能的情势进行分析②。此外也是在斯特拉斯堡大学，费弗尔遇到了教中世纪史的布洛赫。两人都为四年的战争所深深触动，于是决心改变目前的历史学研究方式。值得注意的是，1929年1月，费弗尔与布洛赫在科林（Colin）出版社的支持下合作创办了《经济与社会史年鉴》（即后来闻名的《年鉴》），并且他们以《年鉴》这份杂志为学术阵地开始了建立“新史学”的艰难历程。在创刊号的社论中，编者提出了两点主张：打破专业之间的壁垒，提倡跨学科研究，力图统一人文科学；通过实例与具体研究来展示理论创新等。但《年

① 《年鉴》杂志的先后名称为：《经济社会史年鉴》（1929—1938年）；《社会史年鉴》（1939—1941年）；《社会史文集》（1941—1944年）；《社会史年鉴》（向马克·布洛赫致敬，1945年）《经济·社会·文明年鉴》（1946—1993年）；《历史、社会科学年鉴》（1994—至今）。

② Lucien Febvre, L'histoire dans le monde en ruines, *Revue de synthese historique*, t. XXX, 1920.

鉴》创立之初并没有给学术界带来多大的影响，所以我们没有必要高估它在当时的重要性。即使在最初的几十年里，这份刊物也只有几百个读者，远比当时官方的《历史综合杂志》、《社会经济史季刊》、《历史评论》等杂志的读者要少的多。所以谈论《年鉴》是法国史学的主流，并强调其重要性等都是后来史学家追认的结果。

要谈论《年鉴》的影响，我们还是必须对两位创建者即费弗尔、布洛赫作一简要了解。费弗尔出身于上层知识分子家庭，接受的是法国传统的历史训练，即在一定程度上强调地理学的重要性。他的第一本书《弗朗士地区：弗朗士—孔泰》（1905 年）就是这方面的力作。而他最令人钦佩的著作则是其博士论文《菲利普二世与弗朗士—孔泰：政治、宗教与社会史研究》(1911 年)。后来，因不满于早些时候法国历史学家的政治解释，费弗尔转而关注他所谓的“多重行为的深刻原因”，并在随后又出版了《弗朗士—孔泰的历史》。他在第一次世界大战之后有一个更为总体的计划，即为贝尔 100 卷《人类的演进》系列丛书写一部《土地与人类的演进：地理历史学导论》的书。再后来，费弗尔从对地理学的兴趣转向对思想者的研究，这种新兴趣点的成果最先表现在《马丁·路德：一种命运》（1928 年）上。但在他所谓的“历史心理学”的探索上，最为成功的当数《16 世纪不信教问题：论拉伯雷的宗教》(1947 年)，这是一本把历史的兴趣点转向“心态”方向最重要的著作。也就是说，费弗尔要研究的是特定人或群体的价值观念、行为态度等，对拉伯雷的研究只是问题的一个切入点而已。书中通过对 16 世纪法国人民的心态观念考察，费弗尔得出结论：16 世纪缺乏不信神的根基，所以拉伯雷不可能不信神，进而言之，16 世纪是“一个需要信仰的世纪”。尽管这本书在相当程度上是原创的，但仍在贝尔主编的“人类的演进丛书”中列第 53 卷。贝尔在替费弗尔此书所撰写的前言中题为“集体心理与个人理性”，以总结费弗尔的主要观点，同时也表达了法国人是如何在第二次世界大战情况下表达一种“信仰”。

与费弗尔相类似，布洛赫也出身于上层家庭，其父为巴黎大学古代史教授。在专业训练上，布洛赫曾主修过历史学与地理学，所以他早期的著作即以地理研究为开端。1913年，布洛赫发表《法兰西岛》（L' Île de France），对中世纪社会里的法兰西岛进行地理学考察。第一次世界大战结束后，他在斯特拉斯堡大学获得教席，与费弗尔一起共事，同时也开始对地理与集体心理产生了兴趣。除此之外，他还从社会学研究中借鉴方法来研究历史，因为他认为社会学可以作为一种有效的方法，同时用精确的语言助益于历史研究，而这两项正是传统历史写作中缺乏的。除了上述研究法以外，他还钻研绘图法、考古学、农艺学、民俗学与语言学等，特别是对语言谱系的学习引导他向纵深发展。布洛赫还是比较方法与复归方法（regressive methods）的开拓者。关于比较方法，布洛赫在《法国农村的基本特性》（1931年）（中译本改名为《法国农村史》）等书中对英、法等国进行了详细比较，并且阐明比较方法的价值。就像他说的那样："法国的发展运动只有放到全欧洲范围内来考察才能显示出其真正意义。这种研究……是通过对比，在指出它们的共同性的同时指出其独特性。"① 但成熟并系统地总结比较史学方法则是在1928年国际历史学第六届大会上，布洛赫作题为《欧洲社会历史的比较研究》的报告，对后来的比较史学发展开启了大门②。而谈到复归方法的运用，布洛赫认为自己是受惠于英国法律史学家梅特兰（F. W. Maitland）。他说：如果认为，史学家考察历史的顺序必须与事件发生的先后完全吻合，那就错了。虽然，他们事后会按历史发展的实际方向叙述历史，但在一开始，却往往如梅特兰所言是"复归"的，这样更为便利③。布洛赫在此基础上对法国农村生活史进行实证研究。

---

① 布洛赫：《法国农村史》，张朋浩等译，商务印书馆1991年版，第2页。

② 关于布洛赫对比较史学的贡献，可参见庞卓恒：《当代西方比较史学》，载陈启能、何兆武主编《当代西方史学理论》，中国社会科学出版社1996年版，第378～382页。

③ 布洛赫：《历史学家的技艺》，张和声等译，上海社会科学院出版社1992年版，第37页。

布洛赫对集体心理的兴趣主要表现在《会魔术的国王们》(Les Rois thaumaturges, 1924 年)。英国历史学家彼得·伯克认为这本书是“二十世纪伟大的历史著作之一”, 原因为“该研究围绕创造奇迹的历史, 并对人们如何可能信仰一种‘集体幻象’进行详细讨论”。① 布洛赫对历史认识的主要贡献则是他对封建社会本质的探讨, 如《国王与农奴》(1920 年) 作为概览性的著作显示了布洛赫视封建社会为农民, 而非国王与侯爵的社会。但实际上对于研究中世纪的一些乡村共同体来说, 我们并没有多少 (甚至就没有) 直接书面文献资料可供利用。而布洛赫坚持认为: 史学家应根据现实所提出的问题, 试图用自己学科的手段与严谨的方法论通过研究历史而作出回答。也正是这个原因, 有人认为《封建社会》(1940 年) 是一本概览性的, 而非具有实证基础的著作。

再次回到《年鉴》话题上来。布洛赫面对最初十几年来杂志的不景气, 他与费弗尔一起邀请比利时历史学家亨利·皮朗 (Henri Pirenne) 任《年鉴》主编, 以扩大《年鉴》的影响, 同时也表明《年鉴》的开放心态与统一“人文科学”的决心。所以这里仍有必要对亨利·皮朗所作的工作与努力作一简要介绍。他是比利时当时最著名的历史学家之一, 长年在根特 (Ghent) 大学任教。因比利时于 1830 年才独立, 所以它并无多大的政治制度传统可供研究, 这或多或少地使其转向对经济、文化推动社会发展的研究。皮朗意识到都市化是 19 世纪晚期区别于以往时代的最主要特征之一, 因此他涉入到中世纪城镇起源的大讨论中。围绕这些问题, 他出版了《中世纪城镇的起源以及贸易的复兴》(1925 年)。皮朗在第一期《年鉴》上发表一篇论中世纪商人的教育问题, 同时对古典时代如何以及为什么会让位于“中世纪”问题进行论证。此时参与讨论这些问题的历史学家还有埃斯皮纳 (Georges Espinas)、福吉勒 (M. Fougères) 等。

阿隆 (Raymond Aron) 是法国 20 世纪重要的历史哲学家, 同

① Peter Burke, *The French Historical Revolution*: *The Annales School* (1929-1989), Stanford University Press, 1990, p. 17.

时也是最早介绍德国历史主义理论的学者。他早年毕业于巴黎高师并在那里获得博士学位。30年代初，阿隆曾在德国科隆大学教书，并在柏林研究现象学与德国社会学。他利用这种条件接触了德国许多的前沿理论，并把它们介绍至法国。1938年他同时发表了《历史哲学导论——论历史客观性的界限》、《批判的历史哲学——论德国的历史理论》。1950年出版《当代德国社会学》，书中的“历史社会学”部分对历史理论进行了详细分析①。后来出版社还刊出了他在巴黎大学的讲义《历史社会学大纲》。1961年，他出版了《历史意识的维度》。1973年出版《历史与暴力辩证法》。其后还有法兰西学院课程演讲《论治史》（1989年）结集出版。

马鲁（H-Irénée Marrou）是法国历史学家、法兰西学院院士。1939年，马鲁发表了《历史学家的悲哀——关于雷蒙·阿隆的学位论文》，以进一步批判实证主义史学，同时也使得作者成为了法国批判的历史哲学的又一重要代表。1954年，他发表了《论历史认识》，主张历史学家应对其自身研究工作进行反思和批判，并深入理解什么是历史真实、历史真实的程度与限度、历史与历史学家、历史的效用等问题。

在历史的真理观上，马鲁并不是完全否定兰克所代表的“科学”的历史学。相反，马鲁说：“历史学像人类的其他经验一样，代表着具有同样的可信程度的人类理性。过去在人的既有经验中同人相遇，这同样具有现实的价值。”况且“历史学是以某种客体的存在为前提的，它要求认识人类‘真正’经历过的过去。”但是，马鲁承认“这个人类‘真正’经历过的过去，人类的这种演变并不形成历史学。史学并不像康德以前的认识论所相信的那样，它不是人类演变的简单写照。人类的过去一旦在历史学家的意识中获得生命，它就变成了另一种东西，同另一种存在形式连接在一起”。②

---

① 可参见英译本 Raymond Aron, *German Sociology*, Illinois: Free Press, 1957, pp. 37-66.

② Marrou, *De la connaissance historique*, Paris: Éditions du Seuil, 1975, pp. 42-43.

对于马鲁而言，他否定勒米什莱关于让过去复活的公式，也否定了柯林武德关于历史重演（re-enactment）的公式。马鲁强调历史只能是一种“主体于客体无法拆解的混合”。他用数学公式来表达，即①：

$$H（历史）=\frac{P（过去）}{p（历史学家的现在）}$$

所以在马鲁看来，如果想要客观地认识历史实在是不可能的，任何历史理解都带有主观性，即历史认识需要“理解”。但在马鲁看来，这种“理解”（comprendre）又与德国诠释学传统中的“理解”（verstehen）涵义不同，即前者认为历史的理解需要与因果律相结合，并以此对社会现象进行解释。从马鲁对“理解”问题的看法来看，他与费弗尔对“理解”的认识相一致②。马鲁认为：由这种“理解”带来“历史认识的本质在于它不允许有概率性的认识积累。从理论上来看，这种概率性的认识可以获得某种表面的确定性。总而言之，历史认识是以某种信仰活动为基础的。……历史认识就是起源于某种信仰活动”。③

另外，在对历史概念的理解上，马鲁认为：城邦、资本主义、阶级、阶级斗争等所有的历史概念都不是对客观存在的社会结构的反应，而只是具有“严格唯名论性质”的“纯理念”，任何“夸大这种思维工具的本体论价值都必然导向纯幻象主义历史学的产生”。而其他一些“真正的历史概念”如文艺复兴、法国大革命等，作为确定历史实在的具体部分的特殊概念，它们也是“不能精确地界定”。这些概念只是历史学家借以回顾重要的历史综合理论的单纯象征。马鲁最终的结论是：“真实性，历史的真理从各个方面都受到束缚着人类生存状态的依附性的限制……一个自然的结论是不可能有某种来自经验的，更一般地说，具有科学依据的历史

① *De la connaissance historique*, p. 41.

② 关于费弗尔对“理解”的看法，可参见伊格尔斯《欧洲史学新方向》，赵世玲、赵世瑜译，华夏出版社 1989 年版。

③ *De la connaissance historique*, pp. 133-134.

哲学。从其古典意义来说，所谓历史哲学就是希图揭示人类长期演变的意义或普遍规律的学说。"① 总而言之，马鲁的历史认识带有主观主义色彩。

三、法国史学的中兴时期

诚如所言，第二次世界大战结束前的《年鉴》影响力并不是那么大。布洛赫尽管有一些年轻的门徒，但在第二次世界大战结束前也不是特别有名气。第二次世界大战结束后，《历史杂志》走出纯政治史、事件史的旧程式，开始注重经济、社会史的研究。真正给法国史学带来重要影响的则是拉布鲁斯（C. Ernest Labrousse）、乔治·勒费弗尔（Georges Lefebvre）、布罗代尔（Fernand Braudel）。前两者是坚定的马克思主义者，并且与《年鉴》并无多大的直接关联。而布罗代尔则是费弗尔于1936年在巴西邂逅之后的得力助手与《年鉴》主编职位的接班人。

乔治·勒费弗尔早年的学术训练较为业余，其第一份工作主要为制度史家斯塔布斯（W. Stubbs）的门徒杜泰利（Charles Petit-Dutaillis）作翻译抄写。但杜泰利的三卷本《英国制度史》（1907—1927年）的出版使得他的名字得以出现在封页显赫位置上，同时也使得勒费弗尔声名鹊起。期间，勒费弗尔出版了他的第一本书《法国大革命时期的南部农民》（1924年），也正是这本书奠定了他后来的兴趣发展，即钻研法国大革命时期的法国农民。勒费弗尔的重要性一方面体现在对法国大革命的解释，如《1789年的大恐慌》（1932年）；另一方面体现在他用确凿的档案资料去分析阶级斗争关系，并注重历史叙事。关于对历史学的系统总结与反思主要体现在他的《现代历史学的诞生》（La Naissance de l'historiographie moderne，1971年）、《对历史的反思》（Réflexions sur l'histoire，1978年）等书中。

与勒费弗尔不同，拉布鲁斯把自己视为西米昂的继承者。拉布

① *De la connaissance historique*, p. 49.

鲁斯在布洛赫谢世后接替了他在巴黎大学讲授“经济与社会史”的职位。拉布鲁斯以《略论十八世纪法国的税收与价格运动》(1933 年）与《旧制度末期与法国大革命初期的经济危机》(1944年）两本书而成名，他改变了以往经济与社会史的概念与方法，诸如他用情势（conjoncture)、结构、计量方法来研究历史。作为法国学术中心的巴黎大学的伟大导师之一，他还网罗了许多年轻出色的历史专业学生到他手下做论文，并在 1950—1970 年掌控了历史教学的主要领域。因为他替经济与社会史建立了一套可复制的模式，所以他对史学工作者的启发远远超出了法兰西。1955 年，他在罗马历史科学国际会议上所提出“18、19 世纪西方资本主义史”的方案就是最好证明。

除了拉布鲁斯之外，布罗代尔的贡献也值得重视。布罗代尔在专业领域内并非作为一个改革者而开始。事实上，他在巴黎大学的学位论文论述的是西班牙国王菲利普二世时期的外交政策——“菲利普二世与地中海”，而这个论题在外交史上是一个普通事件。毕业之后，沿袭法国惯例，他通过教师资格会考（agrégation）取得资格证，前往阿尔及利亚执教于一个中学。他在一篇论外交政策的文章中显示出他已经远离了传统外交史学研究的路径。他批评了前辈学者的关注点，转而关注驻阿尔及利亚的西班牙士兵的生活，并且关注在欧洲没有战争的情况下，北非军营是如何部署、调度。在这种视野下，他走访了西班牙的锡曼卡斯（Simancas)、热那亚、佛罗伦萨、威尼斯以及克罗地亚的杜布罗夫尼克（Dubrovnik）等地方，用那部美式相机拍摄了大量文献档案。1935 年起，他在巴西教学两年，在回国的途中与费弗尔相遇，并结下了不解之缘。费弗尔在后来的《16 世纪不信教问题：论拉伯雷的宗教》一书就是“怀殷切期望献给布罗代尔”的，从中我们也可以看出费弗尔对他的导引。谈到论文的选题上，费弗尔建议他把关注点从“菲利普二世与地中海”转向“地中海与菲利普二世”。我们可以看出，虽然两者只是词语位置的变换，但却显示了两种不同的研究路径，特别是后者与费弗尔、布洛赫等强调地理学有关，同时也与亨利·皮朗的观念相连，即后者强调地中海周围的穆斯林与基督教早年对抗的重要性。

布罗代尔收集了大量第一手资料，不幸的是他还没有动笔，第二次世界大战就爆发了。在军队服役期间，他不幸被德国军队俘虏。他凭着令人难以想象的记忆力，在练习本上写下了《地中海与菲利普二世时期的地中海世界》（以下简称《地中海史》）这部著作的大部分，并寄给费弗尔。该书于 1947 年送交审查，并于 1949 年出版之后成为了“新史学”的旗帜。同年，他入选法兰西学院，并于 1957—1975 年任《年鉴》主编。

《地中海史》洋洋六十万余言。在这部著作中，布罗代尔不仅要问“个人规模的历史”是如何发生的，而且还要追问“群体和集团史……这些深海暗流怎样掀动了地中海的生活”，更重要的是追问“人与他周围环境的关系”是如何发展变化的①。这种历史写作方式反映了布罗代尔所感兴趣的过去是如何产生以及彼此相关联的。该书也因主题而分为三个独立的部分，即：地理与生态环境的时间、文化与心态结构的时间、经济与社会结构的时间；社会、人口、经济运动的时间；政治、军事、人物活动的时间。他在这里对“时间”概念的运用是隐喻式的，即他实际上指的是三种不同变化的不同速度，也就是说，对应的三种速度为“几乎静止的”——长时段、“节奏缓慢的”—— 中时段、“短促迅速与动荡的”—— 短时段。当然，对时段理论阐述较为详实的应该算他于 1958 年所写的《历史与社会科学：长时段》一文②。

但布罗代尔的这种时间观念受到了许多思想史家的批判，如阿尔都塞与保罗·利科。阿尔都塞认为：历史学家的观念中“只存有不同的时代，有着各种各样的时代，短期的、中期的、长期的”，他们只是局限于记录“各个时代的相互关系，并把这种关系

① 《地中海与菲利普二世时期的地中海世界》，唐家龙、曾培耿等译，商务印书馆 1998 年版，第 8-9 页。

② 中译文见何兆武主编：《历史理论与史学理论》，商务印书馆 1999 年版；蔡少卿主编《再现过去：社会史的理论视野》，浙江人民出版社 1988 年版。

看作为各个时代相遇的产物”，“他们没有把各个时代作为不同的时代同整体的结构联系起来，而整体的结构却直接支配着各个不同时代的产生”。① 利科则在《哲学史与历史性》（1955 年）一文中谈到“历史摇摆于结构与事件之间”仍是个亟待解决的问题②。而系统地反思布罗代尔的时间观则在其《时间与叙事》的第一卷。利科认为，布罗代尔在把历史作为研究对象的同时，排除了作为历史研究最为重要的一个方面：“叙事。”

另外，作为费弗尔的继承者，布罗代尔很少讨论“心态”，但在使用“叛逆”这个词来指称那些加入贵族行列的资产阶级成功者上，布罗代尔又是一个十足的马克思主义者，尽管他并不以马克思主义者自居③。在这方面，他或多或少地受到了同行拉布鲁斯的影响。1966 年再版《地中海史》时，布氏对全书作了大量修订、增补和改写。从这次修订上来看，有两点值得注意：首先，他加入了大量图表、插图等可计量因素④。一方面反映出他受到拉布鲁斯的启发；另一方面反映了这一整代法国历史学家清理出来的数据是何等丰富。其次，他删除了第一部分的“结论：地理史学与决定论”（Conclusion：Géohistoire et determinisme）⑤。对于布氏为何要在再版时删除这一部分，我们应该从他的观念转变，即他对“世界”、“时代”、“合一性”（unity）等的看法上来考察。布氏的“世界”，即“合一性”的意义及其本质何在？我们可以认为，从

① 阿尔都塞：《读〈资本论〉》，李其庆、冯文光译，中央编译出版社 2001 年版，第 106 页。

② 利科：《历史与真理》，姜志辉译，上海译文出版社 2004 年版。

③ 关于《年鉴》与马克思主义之间的关系，拉杜里曾说：“特别是在 20 世纪 50 年代至 70 年代，非教条化的马克思主义对《年鉴》起到了积极的影响。”见 E. Le Roy Ladurie “Les mousquetaires de la ‘nouvelle histoire’”, *Le Nouvel Observateur*, n°791（1980）, p. 59. 关于布罗代尔与马克思主义之间关系，可参见布罗代尔《论历史》，刘北成译，台北五南图书公司 1988 年版。

④ 《地中海与菲利普二世时期的地中海世界》，唐家龙、曾培耿等译，商务印书馆 1998 年版，第 13-16 页。

⑤ 原文可参见 F. Braudel, *La Méditerranée et le monde méditerranéen à l'époque de Philippe II*, Paris: Librairie Armand Colin, 1949, pp. 295-304.

他对《地中海史》的修改中表现出布罗代尔并不是像伊格尔斯认为的那样“是一位彻头彻尾的历史主义者”①，而是一位十足的反历史主义者。对图表的使用除了在修订时有所表现之外，他还在布氏的第二部主要著作——《15—18 世纪的物质文明、经济和资本主义》中大量运用计量方法，并且从量上来说，明显多于第一部。从原初观念上看，本书仍受费弗尔启发。因为当布氏专注于物质生活史时，费弗尔正在构思一卷“思想与信仰”的书。正是在费弗尔的启发下，他开始撰写三卷本的《15—18 世纪的物质文明、经济和资本主义》，讨论资本主义的世界体系。在这一点上，后来美国学者沃勒斯坦的研究与布罗代尔的观点有着直接的继承关系，尽管沃勒斯坦对布氏也时有批评。

谈到布氏之后的发展，有几点值得注意。（一）布氏写了一部“全球史”的著作，所涉及的范围从非洲到亚洲、美洲等。（二）布氏以其国际威望影响了一批学者。尽管他在法兰西学院没有通常意义上的学生，而有的只是读者。同时，他在高等研究所也没有学生，因为此时的研究所仍是一个边缘性的机构，不能授予学位。但在读者群中，有如皮埃尔·肖努、古贝尔、莫罗（Férdéric Mauro）、德吕克（Jean Delumeau）、拉杜里、芒德鲁等都或多或少地受到他的影响。有些后来与布氏共事，有些如芒德鲁则与他分道扬镳，转而关注传统的心态、观念等。（三）更名后的《年鉴》表现出对经济问题十分关注。但若从马克思主义的历史唯物主义观点来看的话，其肤浅之处就显而易见。对于一个正在重建家园的国家，一个在美国的援助下匆忙进入现代世界的国家来说，人们更加应该对经济史的基础进行反思。从这些反思的内容来看，其基本理论有些是源自梅纳德·凯恩斯（John Maynard Keynes），有些则出自于库兹涅茨（Simon Kuznets）、佩鲁（François Perroux）、夏普特（Joseph Schumpeter）、列梯夫（Wassily Leontieff）、罗斯托（Walt Rostow）与马尔契夫斯基（Jean Marczewski）。在他们著作的影响

① 伊格尔斯：《欧洲史学新方向》，赵世玲、赵世瑜译，华夏出版社 1989 年版，第 49 页。

下，1945—1965 年期间，史学作品中变化最为明显的莫过于对经济的分析了。在这段时期内，拉布鲁斯的《旧形态中的经济》、让·默弗莱（Meuvret）①与皮埃尔·古贝尔（Pierre Goubert）（*Beauvais et le Beauvaisis de* 1600 *à* 1730，1960 年）、维拉尔的《近代西班牙的加泰隆尼亚》等作品中都试图通过引入人口统计变量来分析“前工业经济模式”。而在总结一代人的工作上，拉杜里的《朗格多克的农民》（1966 年）几乎是典范性的阐释。该书重构了一个长期的，从 14 世纪延伸到 18 世纪的农业循环阶段。在这一阶段中，增长与衰退同时交替出现，而且其中的变量阻止任何彻底的变革。问题出在何处？对这个问题的阐释交给了布罗代尔之后的更多的历史学家。

四、1968 年之后的法国史学

布罗代尔因其个人才华在法国史学史上获得了崇高的威望。但他的书并不像拉布鲁斯的书那样易于效仿，并且有一套可以复制的模式，因而后来的许多历史学家并未追寻布氏，转而向传统复归。从这一点上看，对战后法国史学起重要影响的是布洛赫、费弗尔、拉布鲁斯、勒费弗尔。战后史学家普遍关注心态，如乔治·迪比、勒高夫、拉杜里、马克·费罗（Marc Ferro）等。

要对这种转折进行分析，首先必须对萨特与列维—斯特劳斯在史学上的争论作一个大概的清理。只有这样我们才可以看清楚此后历史学的发展方向。一般来说，人们往往以三个人物来代表 20 世纪法国的三段时期，即巴雷斯（Maurice Barrès）——德雷夫斯事件至第一次世界大战；纪德（André Gide）——两次大战之间；萨特——解放运动之后②。萨特，对中国学人来说可谓是评论最多、对现实生活的影响和渗透面最广的学者之一。令人遗憾的是，在其

---

① Jean Meuvret, “Les Crises de subsistances et la démographie d'Ancien Régime,” *Population*, n°4（1946）, pp. 643-650.

② Wichel Winock, *Le Siècle des Intellectuels*, Paris: Seuil, 1997, p. 7.

自称为“存在主义的马克思主义”语境中，萨特又是一个遭到许多误解的人，而且在国内学者所书写的思想史中没有其相应的地位①。关于萨特的历史观，萨特在其“反对共产党的”②、“关于历史社会学说”③ 的《辩证理性批判》中有清楚的表述。作者在《辩证理性批判》开篇就说：本书是要为“任何一种未来的人类学的绪论”奠定基础，其直接目的是“创立一种生成的（constituent/constituante）和历史的人学”。④ 在詹明信看来，这种观点是“以真正萨特的方式”改变了《存在与虚无》⑤。众所周知，后者主要讨论存在与认知的辩证法，但当把这种辩证法的因素纳入到人的学说之后，历史的“人的真理”也将以总体化的方式呈现在我们面前⑥。谈到历史的可理解性，萨特认为“历史的总体化与总体化的真理之间的关系”提出了知识本身的可理解性问题。用萨特的话来说，这是一个“辩证理性”的问题⑦。萨特认为：要坚持真正的马克思主义，就必须先抛弃“先验论”，从具体的分析与研究中得出判断，其中的方法论转换则来自于精神分析学与微观社会学⑧。关于历史的意义，萨特认为：“历史的各种意义的多样性，

① 关于萨特的评论，最为深刻的当数弗雷德里克·詹明信（Fredric Jameson）。具体可参见詹明信：《马克思主义与形式》，李自修译，百花洲文艺出版社 1997 年版，第 174～258 页。

② 萨特：《七十自画像》，载《生活·境遇——萨特言谈随笔集》，上海三联书店 1990 年版，第 43 页。

③ 陈宣良：《萨特》，载《当代西方著名哲学家评传·人文哲学》，山东人民出版社 1996 年版，第 245 页。

④ 萨特：《辩证理性批判》，商务印书馆 1963 年版，第 2 页。

⑤ 詹明信：《马克思主义与形式》，李自修译，百花洲文艺出版社 1997 年版，第 176 页。

⑥ 这里有必要区分总体性与总体化两个概念，最主要的区别之一即在于前者强调静态，后者强调动态。

⑦ 萨特：《辩证理性批判》，商务印书馆 1963 年版，第 3 页。

⑧ 从总体上来说，萨特许多方法的理论来源于马克·布洛赫、乔治·勒费弗尔，如复归—渐进法。可参见《辩证理性批判》，商务印书馆 1963 年版，第 39～63 页。

只有在一个将来的总体化的基础上……才能发现自己和自为地设定自己。……那时，历史将只有一个意义，历史也将会消解在共同创造历史的具体的人们之中。"① 从这里我们可以看出，萨特既关注历史的总体，又探究构成这个历史总体的个人。这种人学色彩的辩证理性其实就是历史理性，因为"只有人才能创造辩证法，但又受辩证法的制约"。历史的"惟一可理解性是……在其真实基础是匮乏的具体历史中，只能作为一种对抗的相互性表现出来"。② 从这一点上看，萨特的历史观表现在其存在主义立场之上是悲观主义的，是一种"绝望的哲学"③。正是这种辩证因素在里面，所以萨特还认为：我们还可以看见"部分地区性的成功"，这是"一定程度的进步"④。

萨特以文学想象和逻辑推论对社会历史进程构造了一幅理念的图式，也正是这一点遭到了列维—斯特劳斯的批评⑤。斯特劳斯在其《野性的思维》一书中专辟一章来讨论萨特《辩证理性批判》中关于历史存在主义的观点。如前所述，萨特重视历史，主张以个人为本位参与历史与社会实践。斯特劳斯则批评萨特"把历史看作高于其他人文科学并形成了一种几乎神秘的历史概念"，转而主张我们应"尊重历史，但不赋予它优先一切的价值。同时，还应把历史设想为一种对自己的工作的补充研究：历史在时间中，人种学在空间中，展开了人文科学这帧扇面"。⑥ 与此同时，他还激烈

---

① 萨特：《辩证理性批判》，商务印书馆 1963 年版，第 69 页。

② 萨特：《辩证理性批判》，安徽文艺出版社 1998 年版，第 1000 页。

③ 阿隆森：《萨特的个人主义的社会理论》，载《西方马克思主义批判文选》，台北远流出版事业有限公司 1994 年版，第 294 页。

④ 萨特：《今天的希望》，载《萨特哲学论文集》，安徽文艺出版社 1998 年版，第 179 页。

⑤ 关于列维—斯特劳斯的生平，可参见王炜：《列维—斯特劳斯》，载《当代西方著名哲学家评传 · 人文哲学》，山东人民出版社 1996 年版，第 347 ~ 354 页。

⑥ 列维—斯特劳斯：《野性的思维》，商务印书馆 1997 年版，第 292 页。

地反对萨特的人类中心论，并认为只有把社会看成一个结构整体，同时对其作共时性考察，才有可能对人的意义给予理解。相反，“把历史过程想象为一种连续的发展不仅是虚妄的，而且是矛盾的”。① 斯特劳斯区分了两种历史时间，即大家熟知的共时性与历时性。但从本质上来看，这种时间观仍是以黑格尔的历史时间为基础的②。对历时性历史观的批判目的在于取消“野性”的原始人与我们之间的区别③。

当然对于萨特的主张持反对意见的不仅仅是斯特劳斯，同时还有福柯。福柯对法国史学的贡献自不待言，而且国内对其思想的介绍也颇多。在所有的“结构主义者”之中，福柯在许多方面是最接近历史学家的。有一段时间他还将自己置于历史的根基之上，以便同历史学家一道工作来与他最初研究的学科——哲学保持距离。但他从事历史研究的方式类似于康纪劳姆（Georges Canguilhem）处理心理学，以尼采的方式从历史学的内部来“解构”（déconstruction）。他的作品与立场因不可避免地误读或理解不清而遭到许多历史学家的谩骂，比如他的《知识考古学》与《规训与惩罚》、《词与物》④。为了摧毁传统历史学家所倡导的大写历史，福柯批判观念史的三大主题即起源（Ursprung）、连续性、总体性，转而主张间断性、断裂界限、裂口等用以怀疑历史、否定实践、取消主体。而诸如历史、实践、主体等恰恰是萨特、《隐蔽的上帝》作者戈德曼等思想家所重视的，因为只有这些才能保证“历史分

① 列维—斯特劳斯：《野性的思维》，商务印书馆 1997 年版，第 297 页。

② 可参见阿尔都塞：《读〈资本论〉》，李其庆、冯文光译，中央编译出版社 2001 年版，第 106 页。

③ 列维—斯特劳斯：《野性的思维》，商务印书馆 1997 年版，第 307 页。

④ 对此书的评论可参见 Michel de Certeau, *Histoire et Psychanalyse, entre science et fiction*, Paris: Gallimard, 1987；又见 Roger Chartier, *Au bord de la falaise, L'histoire entre certitudes et inquiétudes*, Paris: Albin Michel, 1998.

析成为有关连续性的话语”。① 正如萨特在反驳福柯的《词与物》时说道：“他并未告诉我们……每种观念是如何构建起来的……要做到这一点，他就应该让实践、历史参与进来，但他排斥这些……（他）用一系列的静止来取代运动。”②

如果说福柯是从本体论上反驳萨特③，那么梅洛—庞蒂则是从目的论上与萨特持不同意见。1950 年朝鲜战争爆发之时，庞蒂公开批评苏联模式，特别是“劳改营制度”。1955 年庞蒂发表了《辩证法的历险》以对萨特的“超级布尔什维克主义”进行全面的批判。在莫斯科审判案中，庞蒂发表了他的看法：历史充满偶然性与危险。个体在具体的历史条件中不是命定的，而是无限开放的可能，具有不确定性。换言之，历史并非科学家的“实验室”，并且历史根本不可能成为一门科学。

从历史背景来看，1968 年 5 月风暴对法国乃至欧洲社会都有着非常大的影响。从五月风暴与历史学的关系来看，有一点就在于它动摇了结构主义的反历史倾向，并且有可能使得结构与历史达到和解。表现最为明显的就是历史学家重新关注语言学、人类学、精神分析等，并希望从中汲取思想资源以供历史研究。最值得注意的是 1971 年《年鉴》以“历史与结构”为标题出版了一期专号，以表明未来一段时期内历史学家可能走的路线。在这种精神的指导下，历史学家再度沿着列维—斯特劳斯、葛德利尔（Maurice Godelier）、斯珀伯（Dan Sperber）、佩舒（Michel Pêcheux）等伟大学者所研究的方向努力。

列维—斯特劳斯引毛斯的话说：“社会科学如果处处追随语言

① Michel Foucault, *L'archéologie du savoir*, Paris: Gallimard, 1969, p. 22.

② Jean-Paul Sartre, Jean-Paul Sartre répond, *L'Arc*, n°30 (1966), pp. 87-88.

③ 关于福柯与萨特之间的争论，还可参见 S. Legrand, Le marxisme oublié de Foucault, *Actuel Marx*, n°36 (2004), pp. 27-44.

学的指引，肯定会进步得快得多。”① 谈到对人类学的借鉴，贡献最大者首推乔治·迪比。迪比于1919年生于法国。他是在1937年的一次哲学研讨班上发现了马克思主义对他从事历史研究的有效性，并坦言自己深受马克思主义者如阿尔都塞、巴里巴尔（Étienne Balibar）等人的影响。具体而言，迪比后来所用“意识形态”这一概念就是取自他们的阐释。迪比曾经对马孔地区（La région máconnais）的经济与贵族革命作过研究，撰有《11—12世纪马孔地区的社会》（1953年）。但是他最有影响的著作并不是刚才提及的那本书，而是《三种秩序或封建主义的想象》（1978年）。他在该书中把中世纪社会分为三种“秩序”，即神父（Oratores）、贵族（Bellatores）、农民（Laboratores），并相应地承担着“三种功能”的作用。迪比以卡洛林王朝为范例对西欧中世纪社会进行分析，并把这种秩序界定为封建主义革命的产物。从这里我们可以看出，迪比受语言学家杜梅泽尔的影响也很深，“三种功能”即源于杜梅泽尔（G. Dumézil）。只是迪比最终颠覆了杜梅泽尔提出的三种功能是印欧心理特有结构的观点。

勒高夫（Jacques Le Goff）是继布罗代尔之后的又一位重要的史学家。他于1971年被选为高等实践研究院院长。他著述甚丰，如《中世纪的商人与银行家》（1955年）、《中世纪的知识分子》（1957年）、《中世纪的想象》（1986年）、《圣路易》等。但他对法国史学的反思还是集中于他与诺拉等历史学家主持出版的三卷本《研究历史》（Faire de l'histoire，1974年）中。在“新史学”这一篇文章中，他首先回顾了“历史学的特殊地位”，“年鉴学派”的诞生，并且提及了“新史学”的几大祖先——伏尔泰、夏多布里昂、基佐、米什莱、西米昂等，最后他指明了新史学“将来可能又必然的发展的三个方面，即新考证研究的大力推进……向总体史学与想象史迈进……对概念与理论的关心”。对于史学的前途，他在文中提出了下面三个假设，即“或许继续向其他人文科学渗

① 陈启伟主编：《现代西方哲学论著选读》，北京大学出版社1992年版，第837页。

透……或许是史学、人类学与社会学这三门最接近的社会科学合并成一个新学科……或许是坚守一个新的领域，同时实行一次新的‘认识论上的断裂’”①。对于“心态”，勒高夫指出：“心态史最吸引人的地方即在于其模糊性：可用之于研究别人置之不顾的资料。”②

拉杜里（Emmanuel Le Roy Ladurie）于 1973 年进入法兰西学院继承布罗代尔的职位。在就职仪式上，他发表了题为“静止的历史”的演说，以指明当下历史学研究的发展方向。1975 年他出版其最有影响力的《蒙塔尤，讲奥克语的乡村》。该书对乡村物质文化的研究以及乡村村民的心态研究都是非常到位的。在此之后，他还出版了影响力不如《蒙塔尤，讲奥克语的乡村》的《罗曼斯的嘉年华》，结集的论文命名为《历史学家的领域》。

阿古贡（Maurice Agulhon）则着重阐述了至今仍流行的概念——“社会性”（sociabilité），以用来指称那些聚集政治观念的网络与团体。而对于这一时期的法国来说，年鉴学派传统中很少涉及的政治史的“回归”更具有独特意味。这种“回归”与其说是传统意义上的政治回归，还不如说是各类史学家把政治分析重新融入到他们著作中的一种努力。阿古贡在二十多年前调查社会形式在政治文化移植中的作用时，就给出过一个精彩的例子。而这次他既使用了“社交”的传统形式，又创造了新的结构。因此对于阿古贡来说，政治仍然深深地扎根在社会中。但是，如果说阿古贡谈论的是古代政治史的话，那么韦尔南则是在努力地践行这些主张，尽管两者之间存在着差距。

韦尔南（Jean-Pierre Vernant）早年研究哲学，对柏拉图的哲学很有兴趣。韦尔南的导师是梅耶森（Ignace Meyerson）。1940 年

---

① 勒高夫：《新史学》，载姚蒙编译《新史学》，上海译文出版社 1989 年版，第 1 ~ 40 页。

② 勒高夫：《心态：一种模糊的历史学》，载勒高夫等主编《史学研究的新问题、新方法、新对象》，郝名玮译，社会科学文献出版社 1988 年版，第 265 页。

韦尔南认识了梅氏，在梅氏指导下研究希腊神话等。1948 年加入国家科学研究中心（即 CNRS），对柏拉图思想进行研究，撰有《希腊思想的起源》（Les Origines de La Pensée grecque，1962 年）。他以自己的实践影响了一大批历史人类学家，如维达尔—纳盖（Pierre Vidal-Naquet）、马塞尔—德田恩（Marcel Detienne）、阿通（François Hartog）、罗饶斯（Nicole Loraux）、伏隆提兹等。也就是说后来的大多数历史学家都或多或少地借用了人类学的概念与方法。换言之，他们现在是用一种新的方法来解决老问题，并且产生了显著的效果。但历史学与人类学的合作并不是唯一的跨学科实践。此时仍有人试图重新系统地解释历史学与语言学的关系，如福柯、诺拉。

诺拉（Pierre Nora）既作为历史学家又作为出版家活跃在法国史学界。他受福柯的影响比较深，但也是对福柯质疑比较多的历史学家之一。他与勒高夫等主编了《研究历史》、《历史科学词典》等，并促成了新史学的发展。而作为领导者之一，他领导的伽利玛（Gallimard）出版社在今天成为了法国最有名的几大出版社之一。诺拉的贡献，除了其自身研究以外，最为重要的是主编了《记忆中的场所》一书，并获得了巨大的反响。

除此之外，勒努万（Pierre Renouvin）所开创的国际关系史在当时法国史学界的地位也不容小觑。他因著有《第一次世界大战的近因》而一举成名。随后，由于一系列优秀著作的问世，他的声望与日俱增。如今，勒努万被认为是当代第一流外交史家之一，并培养了一批国际关系史家。虽然他早期受的是实证主义式的训练，但是他对国际关系的解释却是与实证主义相去甚远，而是从政治、经济、心态（精神状态）与“意识形态”（这里所说的是非一般意义上的意识形态）等方面来入手。从这一点可以看出，“集体表象”或列维—布留尔的“原始思维”等概念在这一时期仍有着不可低估的影响。

有人把这一时期的法国史学称为“历史人类学”时期，依据则是诸如“心态”、“历史心理”等问题在法国再度复兴。举例来说，这一时期许多史学作品涉及与心态相关的主题，诸如论“性爱”、“死亡”、“家庭”、“恐惧”、“儿童” 等。尽管对 “性爱” 的谈论早就已经开始，如费弗尔有过关于爱情与性欲的专题研究，但在被称为 “历史人类学” 时期，较为重要的是福柯的《性意识史》(Histoire de la sexualité)。此外，与 “性爱” 相关的如 “避孕” 等问题也进入历史研究的视野；关于 “死亡” 这个主题，古贝尔在 1952 年专论 17 世纪法国布维地区时对儿童死亡问题有过研究，但此期最为主要的代表性历史学家是米歇尔·伏维尔、阿里埃斯 (Philippe Ariès)、肖努等。随着 “语言学转向” 的发展，以前我们问 “什么是死亡?” 如今人们更多的是问：“死亡在话语论述中该如何表达 (représentance)?” 但对死亡的存在论探讨 “不在历史思考的范围之内”①。也就是说，历史学家并未从哲学的高度来审视诸如死亡、罪恶、惩罚等问题。正因为这些原因，德里达批判了那些研究死亡的历史学家诸如米歇尔·伏维尔、阿里埃斯 (Philippe Ariès) 等②。此外，与 “死亡” 相关的如健康 (包括亚健康)、卫生、疾病等问题都纳入历史研究范围。论 “家庭” 的有路易斯·亨利 (Louis Henri)、阿里埃斯、弗朗德亨、比尔基埃 (André Burguière) 等。特别是路易斯·亨利，他于 1956 年提出了家庭重组法，利用历史上教区关于受洗、结婚、丧葬等记录来重建过去的家庭结构。与 “家庭” 相关的如婚姻、代际关系、住宅、隐私等话题也成为了历史学研究的中心话题；论 “恐惧” 的有让·德吕莫；论 “儿童” 的有阿里埃斯。

而在这一时期，从根本上把历史哲学与历史编纂结合起来思考有其独到之处的学者当数保罗·利科。其《历史与真理》就是这一时期的代表作，尽管利科离被当时史学界所承认尚有一段距离，但其影响仍不可低估。

① Ewa Domanska, Toward the Archaeontology of the Dead Body, *Rethinking History*, Vol. 9, No. 4, 2005, p. 403.

② Jacques Derrida, *Aporias*, trans. T. Dutoit, Stanford University Press, 1993, pp. 43-50.

五、历史的碎化？

如果说20世纪60年代中后期至70年代末这一段时间是法国史学家对诸如布罗代尔等人的反思，那么80年代是法国史学随整个西方史学潮流而动的时期。如1979年劳伦斯·斯通发表《叙事史的复兴：对新的传统史学的反思》一文。该文提出了以“新叙事史”来调整、反思“新史学”。我们“研究的问题应该从经济、人口转向文化、情感……研究对象应该从集体到个人(l'individu)……研究方法应该从分析到描述……”除了斯通之外，意大利史学家金兹伯格提出了一种“以各种迹象（traces）为研究依据的范式，主要观念是可以通过分析遗留下来的痕迹与迹象来理解模糊不清的事实”。由此观之，他强调历史写作的叙述性以及通过“迹象”的分析来把握历史研究。难能可贵的是他以《奶酪与蛆虫》实践了这一主张，并引起了学术界的广泛好评。

1. 叙事史的复兴

一直以来，历史学家对文学理论并不怎么感兴趣；与此同时，文学理论家对史传的兴趣也比较低。但是随着叙事主义与语言学转向的兴起，人们似乎扭转了这种看法，并且两者之间也互有借鉴，特别是20世纪70年代初，海登·怀特肯定解释是由“情节构成”所产生，这种借鉴就更为明显。在《元史学》一书中，怀特分析了一种由史学家与历史哲学家（米什莱、兰克、托克维尔、马克思、布克哈特、尼采、克罗齐）撰写的论著。怀特清楚地显示出“历史思维进路的形式主义趋向”。对怀特而言，历史是另一种文学；小说是不折不扣的历史，是对现实的一种认知形式。总的来说，在怀特看来，历史不可能是一门科学，其中之一就在于它利用了日常语言。

说实在话，倘若结合五六十年代的萨特、列维—斯特劳斯、福柯等对历史学的反思，并且把目光放到稍后的几位学者，如罗兰·巴特、保罗·韦纳、德·塞尔多（1925—1986年)、保罗·利科等，我们就可以发现，他们把历史哲学与历史编纂结合起来思考一点也不比海登·怀特逊色，并且在某种程度上来说，前者还远远超出了后者，只不过后者即怀特在英美世界的声誉比他们大而已。

这里说怀特的主题不新，证据在于：远一点来看，保罗·瓦莱里（Paul Valéry）早就认为：小说与历史是两种属于游戏、虚构的相似体裁。近一点看，如罗兰·巴特就认为：事实只不过是一种语言学式的存在。同时他还强调"虚构叙事对立于历史叙事是有极大的正当性"。巴特之后的历史学家保罗·韦纳，早怀特三年就出版了《如何写历史》（Comment on écrit de l'histoire，1971年）一书。该书的主题是完全否认历史的全部科学特征，并且他还说"历史是小说"。历史根本就不是一门科学，它属于偶然性，是一种情节叙事。历史只能重建"如何可能"，而不能解释"为什么可能"的问题。可以看出，韦纳远可以推到受亚里士多德的影响，近可以推到受福柯的影响。不过这里他肯定的是历史以叙述的方式来解释。不管怎样，韦纳厘清了历史是一种"真正的小说"，至少来说是一种"真实的报道"①。

对韦纳的首次回应应该是德·塞尔多（Michel de Certeau）。1975年，德·塞尔多出版了《书写历史》一书，用以从根本上反思历史写作该如何进行②，并对他的"历史运作"进行详细解释与发挥。他说：人们能够在"历史运作"中，在探索性实践与书写之间，具有一种歪曲的现象。这是由实践时间的书写所导致的结构。一方面，历史书写按照编年方式安排，以最为久远的事物为起点，以事物的更迭代替了其因果性；另一方面，书写实践又试图在探索性的时间中重现过去。他从中区分出"历史运作"的两个阶段：文本被封闭了，但研究始终未完成；文本是完全的，但隐藏了研究中的各种空隙。此外，他还在本书中对福柯关于话语、权利的观点进行了尖锐的批评。

---

① Paul Veyne, *Comment on écrit de l'histoire*, Paris: Seuil, 1971, p. 10.

② Michel de Certeau et l'écriture de l'histoire, *Vingtième Siècle* 78 (2003), pp. 145-156.

德·塞尔多还补充到，历史书写与历史研究两者是密切不可分割的。犹如巴特所说的那样，德·塞尔多认为历史书写像是“层叠状的”。也就是说，历史书写本身是不断地以多元的方式参考了各种原始材料、档案。在《书写历史》一书中他写道：“我们承认，作为历史学的论述‘包含’了它的他者，即编年、档案、文献等。也就是说，论述那些在一个层叠状下被组织的文本。从那个文本中，正在延续的一半是依赖于已经断裂的另一半。”①

在法国，德·塞尔多是对历史书写提出深入分析并付诸实践的第一人，尽管此前的韦纳对历史书写所作的贡献也非常大，但他并没有像德·塞尔多那样透彻地分析。德·塞尔多以其哲学与心理分析的实践阐明了历史书写的重要性。从另一个视角来看，利科完全以另外一种方式介入这场争论，如《历史与真理》以历史、《活的隐喻》以文学、《法国史学对史学理论的新贡献》以历史学与历史编纂学、《时间与叙事》兼论历史与文学来探讨历史写作。利科这位哲学家在当时执教于美、法两国，而且他早年对德国的胡塞尔、海德格尔颇有研究，所以在一定程度上，他调和了美、法、德三国的历史（或历史哲学）思想。在他的《时间与叙事》（三卷）中，他详细地探讨了叙事主义者与海登·怀特的论文，从中也追溯了韦纳与德·塞尔多的著作。他关于叙事的观点直到20世纪80年代末才被接受。如1988年，《年鉴》提出关于“批判性转向”的编辑导言，并主要讨论了“历史书写”问题。文章提道：“……必须认真地考虑历史书写的诸种形式。历史书写有其根深蒂固的传统。在每一个时代里，它对外在形式，特别是叙事的建议是十分敏感的。”② 我们可以看出利科在这方面的贡献。

不过，话又得说回来，20世纪80年代以来，关于叙事的争论主要在非史学界展开，也就是说主要集中于如《争鸣》（Le

① Michel de Certeau, *L'écriture de l'histoire*, Paris: Gallimard, 1975, p. 111.

② Histoire et sciences socials. Un tournant critique? *Annales* ESC, 2 (1988), p. 293.

débat)、《精神》(Esprit)等其他非史学类的刊物中，史学类的期刊对叙事这些问题的探讨则少之又少。具体来说，1989 年，《争鸣》曾出版一期名为《文学中的问题》，对历史与虚构之间的复杂关系提出种种疑问并作出相应的解答。1996 年，该杂志再度回到这个主题上进行论战，只不过这次在形式上稍有变更。《精神》也曾出版利科专号，以阐释利科对当代人文科学（包括史学、文学、哲学等）的贡献。夏蒂埃在《伫立在悬崖边缘》(*Au bord de la falaise*, 1998 年）中以一场“关于历史的争论”来比喻“历史、叙事”这个话题。

2. 社会文化史以及妇女史

面对着叙事史或语言学转向，与此相关的诸如事件史、政治史再度复兴起来。史学界对先前的历史研究方向如“总体史”也有更多的反思，相应的批评声也不绝于耳，如“史学危机”、“历史已经碎化”等。而在此时受到史学界关注的还是新文化史。谈到法国新文化史，人们认为主要是受福柯、德里达、布迪厄（Pierre Bourdieu)、德国社会学家伊利雅斯（Norbert Elias)、美国人类学家吉尔兹（Clifford Geertz）以及历史哲学家海登·怀特（Hayden White）等思想家的影响①。而在这一时期的法国，比较受关注的新文化史家主要有勒韦尔（Jacques Revel)、夏蒂埃（Roger Chartier)、道斯（François Dosse)。

勒韦尔于 1942 年生，早年毕业于巴黎高等师范学校，获巴黎大学历史学博士学位。曾任巴黎高等社会科学院院长（1995—2004 年)、《年鉴》杂志编委。他专长于历史编纂学、16 世纪至 19 世纪西欧社会史与文化史等两大领域，代表作品有《语言的政治：法国革命与方言》(Un politique de la langue. La Révolution française et les patois [与 M. de Certeau、D. Julia 合著]，1975 年)、《16 至 18 世纪欧洲大学生社会史》(les universités européennes du XVIe au

① Victoria E. Bonnell and Lynn Hunt, “Introduction”, *Beyond the Cultural Turn*, Berkeley: University of California Press, 1999, pp. 1-5.

XVIIIe siècle: Histoire sociale des populations étudiantes [与 R. Chartier、D. Julia 合著],1986—1989 年),《大众的逻辑》(Logiques de la foule. L'affaire des enlèvements d'enfants[与 A. Farge 合著], 1988 年)。他曾主编过诸如《法国史》(Histoire de la France,4 Vols., 1989—1993 年);《多元历史:法国对过去的建构》(1996 年),《社会的建构》(La construction du social [与 L. Hunt 合编], 1996 年)、《比例尺的通用:实验下的微观分析》(Jeux d' échelles: la micro-analyse à l'expérience, 1996 年);《布罗代尔与历史》(Fernand Braudel et l'histoire, 1999 年);《过去的政治用途》(Les usages politiques du passé, 2001; 2002 年);《从个案中反思》(Penser par cas, [与 J. Passeron 合编], 2005 年)。他熟悉福柯的著作,并了解福柯思想的特质,所以在思维方式上两者有共通之处。勒韦尔最大的思想特色就在于对微观史学的关注,显而易见他关注微观史学的思想来源一方面是福柯,另一方面是勒比蒂特(Bernard Lepetit, 1948—1996 年)的启发。此外,与勒韦尔一样关注微观史学的学者还有塞乌蒂(S. Cerutti)、格里包狄(Gribaudi)、法吉(Arlette Farge)等。

只要对新文化史有所了解,我们就可以发现夏蒂埃的重要性。他是巴黎高等社会科学院的教授,经常往返于法、美等国之间,所以对法国之外的历史学发展动向有着深刻的了解。他的重要性除了体现在新文化史方面的影响以外,引人注目的还是他对历史理论的反思。首先如 1989 年第 6 期的《年鉴》上发表的《作为表象的世界》(Le Monde comme représentation)① 一文。此文标志着年鉴史学在认识论上的重大转折。夏蒂埃先是陈述了《年鉴》编辑群所

① 在哲学史中,"représentation"这个词的意思比较含糊,因为它涉及与认识论、心理学等领域内诸多概念之间的关系。而从利科使用该词的意义上来讲,它是承接胡塞尔而来。在德文中,其相对应的是"Vorstellung",即胡塞尔所指表象为知觉、记忆、预期等单射线行为。因此,这里不主张把这个词翻译为"表现"或"再现"、"复现"。对于这个问题的探讨,可参见胡塞尔:《纯粹现象学通论》,李幼蒸译,商务印书馆 1996 年版,第 576-577 页。

说的转变中的史学界之态度与论点，即批判了布罗代尔的几个致命问题，如“总体史”中没有政治、事件；结构史中没有主体的位置；叙述中所隐藏的追求普遍史的保守主义动机。夏氏在文中提出：历史学必须重新审视自身的研究主题、交流对象及历史认识的架构问题；同时要以对政治本质的追究为原点进行重新架构，同时赋予政治学及法则论优先权，抛弃结构主义与马克思主义的主导范式。夏氏认为，历史学应该通过伊利亚斯（Norbert Elias）所倡导的“实践”（pratique）来建构社会差异。基于此，夏蒂埃认为，要与20世纪60年代以来支配“新史学”的历史认识原则即“总体史”视野保持一定距离。夏氏宣称要放弃布罗代尔范式，不必区分经济、社会、文化等人的活动性质，也不必对时间性进行等级划分，而是通过形成社会的各种联合与对立关系对社会进行重新阅读。此外，夏氏还认为：要对文本进行批判性阅读与研究；把以文字为交流的一切视为历史文本，同时分析其不同用法与意义的生成与实践。因此可以看出，夏氏认为史学家的历史认识乃是一种社会的“集体表象”（représentation collectif）。夏氏同时在主体与意识上拒绝了后现代，也标志其在历史认识论上反叛“新史学”。

除了对史学的发展方向开出了“一剂良药”外，夏氏的重要性还体现在对法国大革命的解释上，即在《法国大革命的文化起源》（1991 年）中从大革命的“文化”发生学上解释了法国大革命为什么会在这个时期爆发。而在其他一些场合，夏蒂埃还曾表示过他无意于仿效《年鉴》建立什么“学派”，因为他认为学派的建立往往是为了争权夺利。对于学术方向与学派存在的关系，他在其德文版文集《未完成的过去：历史和世界解释的权力》中曾提道：“思想争辩往往只是（在学派、专业、民族传统之间）隐蔽的权力冲突。”①

在法国，最先提出“历史已经碎化”的是青年学者道斯。他的研究领域主要有历史编纂学（Historiographie）、认识论

① 转引自 J. M. 布洛克曼：《结构主义：莫斯科—布拉格—巴黎》，李幼蒸译，中国人民大学出版社 2003 年版，第 192 页。

(épistémologie)、思想史(Histoire intellectuelle)等。研究的主题主要集中于如德鲁兹(Gilles Deleuze)、瓜塔里(Félix Guattari)、利科、人文科学、历史与记忆之间的关系等。在他的结构主义史专著出版前,他就以其对《年鉴》史学认识论问题的深刻批评而引人注目。1987 年,他发表了题为《支离破碎的历史——从年鉴到新史学》的著作,以对《年鉴》以及其所代表的“新史学”理论进行研究、反思。除此之外,他的两卷本的《结构主义史》阐明了从第二次世界大战以来法国结构主义与历史学发展之间所纠缠的关系。他于 1997 年出版了《保罗·利科》(Paul Ricoeur:les sens d'une vie)一书,对利科的历史哲学(史学理论)进行反思。作者认为利科所选择的路径代表了法国历史哲学家对 20 世纪史学理论的一种深刻反思,而这种自觉的反思很少被专业历史学家意识到。作为思想史家,道斯的学术背景为史学理论,但研究领域却遍及文、史、哲各个领域,这也体现了法国的历史学不是一门传统意义上的学科。

谈到妇女史,众所周知,这是一个受到国际社会广泛关注的话题。在法国,其女性主义的宗旨就是要理解女人,确定女人的身份,将女人的“原形”显现出来。第二次妇女解放运动的核心人物有:波伏娃(Simone de Beauvoir)、依利加雷(Luce Irigaray)、西苏(Hélène Cixous)、克里斯蒂娃(Julia Kristeva)等。她们所倡导的女性主义可认为是解构父权中心制、为处于边缘的女性说话的理论。尽管妇女史不止一种类型,每种类型都形成于它们特有的文化、社会与经验背景当中①。

如果女性主义值得关注,我们还不应该忘记女性历史学家。因为此时的女性历史学家在学界得到了一定的认可,她们的社会地位也随着第二次妇女解放运动的开展而得到了提升。在妇女史学家中,目前法国史学界比较受关注的主要有:阿诺德(Arnold)、法吉(Arlette Farge)、福葛(Fouquet)、科尼比尔(Knibielher)、莱

① C. Dauphin, A. Farge, G. Fraisse (et al), “Culture et pouvoir des femmes: Essai d'historiographie,” *Annales* ESC 41 (1986), pp. 271-294.

葛（Laget）、福热（Martin-Fugier）、奥佐夫（Mona Ozouf）、帕特拉根（Patlagean）、佩洛（Michelle Perrot）、瓦林斯（Valensi）、布伐尔特（Vincent-Buffault）等学者。她们虽然主攻的史学方向各有不同，但是都为历史学的推进，特别是女性主义史学的发展作出了其应有的贡献。

国内介绍较多的是奥佐夫，特别是她对法国大革命的节日的研究。但我们不应该忽视其他的女性历史学家，如佩洛。佩洛是拉布鲁斯的学生，她早年关注 19 世纪法国工人史。20 世纪 70 年代，第二次女性主义运动高潮的时候，她希图以跨学科的方法研究妇女问题。她精心研读福柯的著作，倡言妇女也有自己的历史，同时妇女们不应该沉默，而应该发出自己的声音。1991 年，她与迪比一起编撰了五卷本的《从古代至今日的西方妇女史》（*istoire des femmes en occident*），以梳理西方妇女史学的发展，并对其进行反思。另外，法吉是芒德鲁的学生，曾经与福柯共事多年。她对福柯、德里达、德鲁兹等学者有着相当深入的研究，并撰写了大量的著作，特别是对中世纪的妇女有着独到的见解。

3. 日常生活史

日常生活经常被许多历史学家认作为一种质疑传统史学的范畴。英国有“自下而上看历史”的传统，如 E. P. 汤普逊；德国的“日常生活史”（Alltagsgeschichte）传统不仅仅关注精英人物、教会、政权首领的事迹，而且关注那些已经被历史所湮没的人群的事迹。它主要以成人教育、艺术馆、当地出版等形式促进了本地史学的发展，更确切地说，它旨在关注德国工人的日常经历以挑战传统的宏观结构分析。而在法国，布罗代尔也关注到“日常史”，即他把日常生活与普通工人生活两方面结合起来，强调普通人的生活或物质文化是独立于市场经济之外。尽管以上三者风格迥异，但他们都有一个共同的关注主题即日常生活史，而且在每一个个案分析中都会涉及普通人所从事的活动。但法国史家所关注的点还是稍有不同，具体表现在亨利·勒费弗尔、让·鲍德里亚、德·塞尔多等人的作品中。

亨利·勒费弗尔与右派的交往促进了他对马克思主义和现代性问题的思考；而与左派的交往过程则使得勒氏的思想直接引发了1968年的法国学生运动，这场运动即从勒氏所任教的巴黎十大（Nanterre）开始的。他早年对黑格尔的极大兴趣导致了他对马克思的关注。他曾翻译过马克思的《1844年哲学—经济学手稿》以及列宁注释黑格尔的《小逻辑》等书。1939年，亨利·勒费弗尔出版了他的第一部著作，名为《辩证唯物主义》。第二次世界大战后，他撰述了《日常生活批判》，以进一步延伸拓展《辩证唯物主义》。1958年勒氏退出法国共产党后，创办《论证》（*Arguments*）杂志；1968年出版《现代世界的日常生活》，以对日常生活问题进行反思。勒氏的著作主要分三类，如从马克思主义路径来解释历史；从社会学视角来研究法国城市生活；关注美学、文学等主题——研究拉伯雷。在亨利·勒费弗尔看来，日常生活不仅仅与普通人、工人阶级相关，而且与现代性、社会变动有着密切的辩证关系，所以亨利·勒费弗尔的日常生活史更多地涉及历史、时间、记忆、现代性、革命的可能性等问题。

饶有兴味的是，从勒费弗尔的关注点来看，他反对当时法国的正统哲学，因为它们是与生活无关的一堆抽象的理论，同时他又反对日常生活的平庸、乏味的重复。因而，他选择了边缘化、选择了决裂，希图在生活中实现总体性、统一性以及生活的意义。勒费弗尔首先区分了日常生活（la vie quotidienne）与日常性（le quotidien）两个概念。他的视点集中于现代性中那些并不起眼的人物如农村的家庭主妇、城市的边缘白领等，而不是那些有着无穷魅力的领袖人物。从他对草根阶层、移民以及郊区贫苦大众的描述中，勒费弗尔认为日常生活展现了资本主义未完成的革命，即急剧的工业、科技、商业变革并未与普通大众的生活水平提高相匹配。除此之外，勒费弗尔还论述过语言、身体、空间、想象等问题。勒费弗尔对日常生活的批判理论直接影响了让·鲍德里亚（Jean Baudrillard）的写作思路①。另外，我们从这些史学家的论述中也

---

① Mike Gane (eds.), *Baudrillard Live*, Selected Interviews, London & New York: Routledge, 1993, pp. 2-3.

可以看出法国马克思主义者所探讨的两大主题，即重读马克思、批判资本主义。

与亨利·勒费弗尔、情境主义者如德波、瓦尼根（Raoul Vaneigem）相比，德·塞尔多异于他们的地方是明显的。除了名著《书写历史》之外，他的另一个着眼点在于对日常生活史的反思，其中最主要是表现在大众文化与精英文化对现代性的影响之争中。关于这个争论，远可以上溯到18世纪如托克维尔、尼采、T. S. 艾略特等，近可以涉及左派思想家如阿多诺、霍克海姆等。他对日常生活的看法则体现在1984年出版的《日常生活的创造》（*L'Invention du Quotidian*）一书中①。从书中可以看出，德·塞尔多对日常生活的讨论拓展和深化了亨利·勒费弗尔、德波等人的观点。他以历史学家的视角对日常具体实践进行观察，把历史实践的重心向下移，所以许多学者把他的研究与英国社会史家如理查德·贺佳特（Richard Hoggart）、雷蒙·威廉斯、E. P. 汤普逊等人相提并论。德·塞尔多忠实于威廉斯的"文化是普通人的"这一看法②。此外，德·塞尔多还在书中表达了一个中心主张，即"阅读"与"言说"的运作可以延伸到其他实践领域中去，也就是说延伸到某些更宽广的社会实践网络中去，如居住、行走、形象消费（the consumption of images）等。

另外，历史学家对日常生活的重视，还可以从历史与记忆两者之间的关系这样一个层面来反思。依照这个视角来看，日常生活的重要性一方面体现在它作为一个现代与历史残余共存的领域，其中显示了现代性的普遍化过程；从另一方面来看，日常生活的重要性就在于它开启了"微观史学"与"公共史学"的发展。

4. 历史遭遇记忆

许多重大历史事件，诸如纳粹大屠杀、南京大屠杀等，都主导

① 关于此书的评论，可参见J. Frow, Michel de Certeau and the Practice of Representation, *Cultural Studies*, No. 5（1991），pp. 52-60。

② 雷蒙·威廉斯：《关键词：文化与社会的词汇》，刘建基译，三联书店2005年版，第101～109页。

了当今历史叙事话语中最前沿的集体意识。它们并没有远离我们，乃至于还深深地植根于我们血液之中。因此我们就得思考：历史以一些事件的代价来诠释或着重记忆另外一些事件是否可能？历史的真实如何表现？历史与记忆之间的关系到底如何？

历史与记忆之间的关系非常复杂，几乎可以说是人言人殊，如重构主义者、建构主义者、解构主义者各有其观点（见表 1）。同时，由记忆变成历史或民族认同也有一个很复杂的过程（见图 1）。

表 1　**记忆的认识论假设**

	重构主义者	建构主义者	解构主义者
记忆	1. 对过去来说，各种记忆是一种障碍。同时，记忆也是过去的资料库 2. 记忆与遗忘隶属于不同类型 3. 真相与谎言是一组绝对值	1. 记忆可以揭示真实	1. 记忆在对话中产生积极性的建构 2. 记忆与遗忘是一体的两面 3. 真相与谎言是一对陈旧概念

资料来源：Douglas Booth, Evidence Revisited: Interpreting Historical Materials in Sport History, *Rethinking History*, Vol. 9, No. 4, 2005, p. 469.

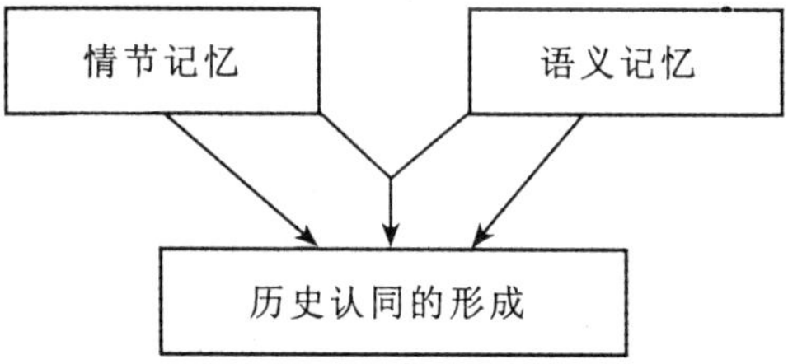

图 1　记忆变成历史的形成过程

一般来说，传统史学对史料的要求强调书面材料、编年顺序与历史事实。而当今历史学家更倾向于把记忆作为强调潜在文献的一种方式。

如前所述，历史与记忆的一个维度是由日常生活史开辟的。但在过去的三十多年里，人们对历史与记忆这个问题的兴趣点从开始探讨纪念形式转到对公共记忆的政治性以及“传统的发明”，即探讨历史与政治之间的关系。正如史学家穆勒（Jean Müller）所说：“当今的问题是记忆如何与政策的制定相关联，也就是说集体记忆与个人记忆如何影响当下的建构。”① 而对集体记忆与个人记忆进行了最系统思考的莫过于哈布瓦斯（Maurice Halbwachs）②。

哈布瓦斯在《论集体记忆》一书中对集体记忆与社会权力之间的关系进行了详细解析。依照哈氏的“建构论”来讲，集体记忆是可塑的，但这种可塑性必须依赖一定的社会媒介，诸如：雕塑、纪念碑、纪念仪式、文献、教科书、电视、电影、戏剧、海报等。而对于这些媒介的话语分析就涉及权力。换言之，集体记忆的变化，受制于人们当下的利益；而且人们所记忆的过去在一定程度上受到当权者操控，所以谁控制了这些文化媒介的权力，谁就把握了集体记忆本身，所以对于传达与保存集体记忆的传媒，如收音机、电影、电视、电脑等发布信息的渠道的分析显得尤为必要。因此研究集体记忆的一项重要任务就是探讨权力结构如何影响文化媒介的价值趋向。由此观之，哈布瓦斯对历史记忆的探讨有别于以往的传统社会史研究。

众所周知，布罗代尔对社会与环境等的强调使得政治因素变得并不那么重要。但从 20 世纪 80 年代末以来，许多学者强调设计不好的纪念物将严重误导记忆，并给历史记忆带来长久的不良影响。在这个过程中，一些关于历史重构的基本预设便遭到质疑，其中与历史叙事相连的集体记忆便首先提上了议程。

而把记忆作为中心问题讨论影响最大的莫过于皮埃尔·诺拉。

① Jean-Werner Müller (ed.), *Memory and Power in Post-War Europe: Studies in the presence of the past*, Cambridge University Press, 2002, p. 25.

② Nathan Wachtel, Memory and History: An Introduction, *History and Anthropology* 2 (1986), pp. 207-224.

三卷本《记忆中的场所》（*Les Lieux de Mémoire*）就是明证。该书集合了50多位著名历史学家对法兰西民族记忆以及法国大革命的思考。该书以一种隐含的方式表达了对法国大革命的记忆而不是告知我们现代历史的趋向。历史学家应该到别处去寻找历史与民族认同。该书以谱系学的方式考察了法兰西民族认同，因此把记忆多样化、多元化，并且记忆之间并不存在连续性的叙事。他以历史的潮流（tide）来引喻对过去的记忆。在诺拉看来，对过去的多元记忆就好比“记忆的潮水退却之后留在沙滩上的海贝”。① 历史学家可以以多种形式去构思法国历史。诺拉还主张记忆与历史在根本上是对立的。前者是感性的、自发的，并且为当下与过去传统之间提供了联系；而后者在狭义上是思想性的、线性的，并且把当下与过去之间视为断裂。此外，他还主张现代记忆如仪式、纪念碑，以及象征物如埃菲尔铁塔、巴士底狱等都是有目的、有意图的纪念形式。诺拉还对“真”与“假”记忆进行区分。这种对“真”、“假”的区分就牵涉对日常生活的探讨。而在这方面的探索，我们还是应该把德·塞尔多的观点与诺拉的观点作一对比，才有助于我们理解记忆。

然而仅仅靠记忆并不能解释清楚反映各种利益关系与相关问题，因为对这个问题的讨论牵扯民族认同、历史编纂等复杂现象。记忆当然可以揭示被遮蔽或被压制的历史，特别是涉及不幸与耻辱时则表现得更加明显②。记忆也可作为探索集体共性（或特性）的工具③。如在《记忆中的场所》这一大型集体项目中，诺拉试图通过对民族记忆的彻底清理来满足人们对历史记忆的关注，因为人们不确定其未来。民族认同另一方面与民族史的编纂相关，具体

---

① Pierre Nora, “Entre mémoire et histoire: La problématique des lieux”, Pierre Nora (ed.), *Les Lieux de mémoire*, vol. 1: *La République*, *Paris*, 1984, pp. xxiv-xxv.

② 可参见 L. Valesi and Nathan Wachtel, *Mémoires juives* (Paris, 1986); Henry Rousso, *Le Syndrome de Vichy de* 1944 à *nos jours*, (Paris, 1987).

③ Pierre Nora, “Entre Mémoire et histoire: La problématique des lieux,” p. xvii.

表现在对“法国史”的思考上。正如莱科斯（Antonis Liakos）指出的，任何民族叙事都“应该有内在逻辑一致性，而且没有时间性的断裂”。① 人们可能认为《年鉴》并不提倡“法国史”复兴这种“宏大叙事”，而实际上其中相当部分出自于《年鉴》阵营。布罗代尔至死未完成的伟大著作《法兰西的特性》确实不同于任何其他一本法国史。就此而言，几年后勒韦尔与比尔吉埃共同构思编纂的《法国史》也是如此，因为这两部作品都刻意排斥了在本质上与该流派成一体的目的论叙事传统②。然而该项目最引人注目的地方在于：法兰西的特性或法国的同一性不是被看作回答，更不是一种解释，而是一个需要分析的问题，一个人们应试图去说明的现实。所以尽管法兰西的多变性得到了过去的确证，但今日史学家所做的工作却不是要对传统与连续性进行确保。这种必然的转折与当代的重新估价是密不可分的，而这种重新估价是现代历史编纂学最显著的特征之一。更为值得注意的是它冲击了一个传统，一个长期把重点归于发生在前工业社会中的缓慢变化的传统。在勒韦尔之后，1999 年拉鲁斯出版社出版了迪比（Georges Duby）主编的法国史（三卷本），第一卷是《民族的诞生，从起源到 1348 年》（Naissance d'une nation, des origines à 1348）、《诸王朝与革命，从 1348 年至 1852 年》（Dynasties et révolutions, de 1348 à 1852）；第三卷为《新时期，从 1852 年至今日》（Les temps nouveaux, de 1852 à nos jours）。这种对法国史的编纂对塑造集体记忆起着非常重要的作用。

自不待言，对于这种记忆的探讨牵扯到其对立面——遗忘。“遗忘实际上属于记忆与回忆，这一点长久以来未受到充分重视。”③ 关于这些方面的反思，尼采早已先行。如他在《历史对于

① Jacques Revel and Giovanni Levi (eds), Political Uses of the Past: the Recent Mediterranean Experience, London and Portland, Frank Cass, 2002, p. 28.

② Pierre Nora, "Comment écrire l'histoire de France," in Pierre Nora ed., *Les Lieux de mémoire*, Vol. 3: Les France (Paris, 1993), pp. 11-32.

③ 伽达默尔：《真理与方法》，洪汉鼎译，上海译文出版社 1999 年版，第 19 页。

人生的利弊》中就指出“遗忘不仅是一种缺失……也是精神的一种生命条件”。① 他还批判了人们对待历史可能的三种态度，即为：历史的（Historisch）——人们把过去当作一件实在的事物放在面前；一种是无历史的（Unhistorisch）——遗忘过去，并割断现在与历史的联系；还有一种是超历史的（Überhistorisch）——处于超然的地位静观过去。而在法国，对于遗忘与历史记忆的探讨，保罗·利科所做的贡献不可低估，其《记忆、历史、遗忘》就是这方面的总结之作②。

《记忆、历史、遗忘》因其主题和方法论而分为三大部分。利科首先从现象学的研究路径来处理历史与助记（mnémonique）③ 的关系。作者所强调的问题是一种即时记忆如何可能成为某种缺失，同时也成为一种过去。第二部分通过重新讨论历史知识的本质及其真理问题来评述史学家最近所撰述的著作。利科探讨了历史学家（通常他们自认为是可以撰写一部记忆的历史）是否能够真正地破除那些所有依赖于记忆，包括多维记忆而抵制表象（représentation）的行为。第三部分，所探讨的是有关把遗忘作为记忆的一种情形的必要性，以及思考是否可能存在着与快乐记忆相平行的快乐遗忘。全书在仔细和认真研读亚里士多德、柏拉图、笛卡儿、康德、哈布瓦斯与诺拉（Pierre Nora）等诸多重要思想家的文本基础上来考察三个主题之间的关系，并深刻阐明了作者的主张。然而，从这个角度来看，本书与作者的另外两部重要著作即《时间与叙事》（*temps et récit*）、《作为他者的自我》（*Soi-même comme un autre*）以及作者谢世前反思伦理、责任、表象问题的作品，提供了关键性的联系。正如利科在前言中所指出：“《时间与

① 尼采：《历史对于人生的利弊》，姚可昆译，商务印书馆2000年版，第4页。

② 另可参见 Paul Ricoeur, L'écriture de l'histoire et la représentation du passé, *Annales* ESS55（2000），pp. 731-748.

③ “mnémonique”，又译为“记忆术”。即采用特殊的方式对对象进行识记，人为地改善识记效果的技巧与方法。这种方法巧妙地运用言语与表象对识记材料进行适宜的组织。

叙事》与《作为他者的自我》是把时间经验与叙事操作直接联系起来。而记忆、遗忘是时间与叙事之间的重要媒介。"① 具体到三者之间的关系，有一个共同的问题承载了（现象学中的）记忆、历史认识论、（诠释学下的）历史的境遇，那就是如何表象过去的问题。而对于遗忘，利科指出：遗忘是记忆与历史的"共同敌人"②。然而遗忘又与宽恕（le pardon）相联系。两者都应当纳入到我们的研究视野中来，尽管遗忘相对应的是记忆以及如何忠实于过去的问题，而宽恕是与有罪以及如何调和过去相关。

而在 20 世纪把历史与记忆相区别开来，并把对记忆的兴趣运用到洞察历史叙事的当代危机之中，我们认为在这里强调利科的贡献尤为重要，因为他从"助记忆主义"（mnemonism）而非诸如前面提及的历史主义者那样的视角来看待历史、过去与记忆的关系。在谈到历史主义时，其最为典型的特征就是历史写作有哲学作为根基，有如 19 世纪的历史主义先驱黑格尔、米什莱、马克思、克罗齐。而且在历史主义者那里，他们通常把过去概念化为一种连续性的叙事，即它有一个起、承、转、合的过程。但利科从这里可以看出历史主义与记忆主义之间的断裂，所以我们不得不把利科提出的问题重新重视起来。更加值得注意的是，近年来法国出版历史与记忆的书籍越来越多，这正证明了历史与记忆的重要性③。

对历史与记忆的关注引起了我们对历史编纂的关注。在主导 19 世纪的历史主义叙事话语中，文献史料是连接历史与记忆两者之间最主要形式，如法律文书、契约、政府公文、政客间通信的信笺等。也就是说：从某种程度上来看，在历史主义的视野下，文献档案（史料）是记忆与历史的中介，即记忆⟷文献档案（史料）⟷历史。但是在重新考察历史多元叙事（narratives）下的

---

① Paul Ricœur, *La Mémoire, L'Histoire, L'Oubli*, Paris: Seuil, 2000, p. Ⅰ.

② Paul Ricœur, *La Mémoire, L'Histoire, L'Oubli*, pp. 374-375.

③ 比如 Fatima Ahnouch, *la langue, la mémoire et le corps: l'articulation de l'imaginaire culturel*, Paris : Harmattan, 2004; Françoise Mayer, *Les Tchèques et leur communisme : mémoire et identités politiques*, Paris: EHESS, 2004 等。

"助记"图式中，文献史料这个概念就愈发复杂。诺拉与利科两人的观点其实也是在提醒我们从历史主义到"助记忆主义"的视角转变了历史编纂的角色。也就是说，当历史编纂作为一个"新"的因素被提及并介入到历史学研究中，前面的程式就相应地改为：记忆⟷历史编纂⟷历史。这也就是历史编纂为什么在我们今日的历史学研究中占据如此重要地位的原因之一①。所以历史编纂在今天所针对的不仅仅是历史研究中的诸种策略问题，而且还应作为一种"修辞表象"问题来研究。

历史学研究并不是，也不可能做到"价值无涉"（韦伯语），因为历史学家的审美趣味、价值判断影响了他的选择，同时每个人选择过去图景是建立于他自身认为重要的基础之上，并且把这种图景作为一个过程。由此观之，我们对历史的理解在某种程度上是我们理解当下自身的条件，而这种理解也影响到我们对未来的期待（promesse）②。换言之，我们应在历史中探求什么某种程度上取决于我们的期待。如果说期待是从时间上来看的话，奥古斯丁将时间分为"过去的现在、现在的现在、将来的现在"是有其依据的。在奥古斯丁看来，过去事物的现在便是记忆；现在事物的现在便是直接感知；将来事物的现在便是期待③。也就是说，所谓期待，它并不是完全着眼于未来，而它本身即为一种现在，同时这种期待本身是实在的东西。这种期待如同一个"誓言"（promesse），用宗教的话来讲，那就是犹太—基督教中的弥赛亚（Messia）。其中，期

---

① 关于"批判的历史哲学"与历史编纂学结合起来进行论述较为可观者，首推法国学者雷蒙·阿隆与马鲁，通过布罗代尔到保罗·韦纳、德·塞尔多再到保罗·利科。但在英、美国家的传统中，对历史编纂问题阐释较为透彻的最先应算是柯林武德与亨佩尔（C. G. Hempel），再到后来的闵克（Louis O. Mink）与海登·怀特、穆兹（Peter Munz）、费恩（Haskell Fain）等。

② *La Mémoire*, *L'Histoire*, *L'Oubli*, p. 642.

③ 奥古斯丁：《忏悔录》，周士良译，商务印书馆 1997 年版，第 247 页。最近对期待与记忆的论述可见 Tzvetan Todorov, *Hope and Memory: Reflections on the Twentieth Century*, London, 2003.

待与记忆之间的关系是“所期待的东西，通过注意，进入记忆”。① 而我们在这里考察历史与记忆之间的关系，以及两者所经历的斗争历程，不是一种灌输，应是带着问题意识，通过考察前人(不仅是法国历史学家) 所“记忆”或“遗忘”的“历史”，并在自己的“道”上不断地开启自己。正所谓“东海西海，心同理同”大概说的正是这个。

对于法国史学界来说，“九十年代是‘巨星’光环淡出后中青年一代纷纷对六七十年代进行反思与总结的时期。两代人之间在精神能量上的落差是显而易见的”。② 在这一时期，重要人物除了前面提到的拉杜里、勒高夫、勒韦尔之外，还有一些国内并无多少介绍但又非常重要的人物，诸如 Jocelyne Dakhlia, Marc Ferro, 《年鉴》杂志现任编辑部主任让-伊夫·格尔尼埃 (Jean-Yves Grenier), André Orléan, Pierre-François Souyri, Laurent Thévenot, Lucette Valensi, Michael Werner, Jacques Poloni-Simard, Georges Métailié, Jean-Pierre Drège 以及《历史评论》的前任主编 Jean Favier、René Rémond 与现任主编 Claude Gauvard、让-弗朗索瓦·西里奈里 (Jean-françois Sirinelli) 等。

六、反思法国大革命与法国马克思主义

法国大革命虽然已经过去两百多年，但历史学家和其他学者一如既往地探讨、寻求其产生的历史意义，以及大革命在法国人的追忆中和法兰西民族集体认同形成中扮演的角色。伴随而来的是马克思对法国大革命的思考。夸张一点说，倘若没有法国大革命就没有马克思主义。法国大革命不仅造就了马克思主义者对历史的思考，也造就了后来的“西方马克思主义”。法国大革命的重要性还体现

① 奥古斯丁：《忏悔录》，周士良译，商务印书馆 1997 年版，第 255 页。

② J. M. 布洛克曼：《结构主义：莫斯科—布拉格—巴黎》，中国人民大学出版社 2003 年版，第 180～181 页。

在对人类的前景发展，如社会、政治、文化观念等造成了重要影响，而且它为历史编纂以及历史认识论研究提供了许多素材。

在20世纪初的历史学家中，思考这些问题的主要有索莱尔（Albert Sorel）、奥拉尔（Alphonse Aulard，1849—1928年）等。索莱尔对19世纪末法国史学的贡献自不待言，其八卷本《欧洲与法国大革命》即是一部研究大革命时期欧洲国际纠纷的经典之作。该书最大的贡献在于他从各国档案馆爬梳资料，以对全欧洲的革命进行论述。

奥拉尔是第一个在巴黎大学担任革命史讲座教授的历史学家。他是当时研究法国革命史的权威，在政治上是积极的共和党人。在思想行动上，他以丹东为自己的“理想范型”，以区别于当时以罗伯斯庇尔为崇拜偶像的历史学家马迪厄等。因为他们所代表的阶级形态不同，所以在对法国大革命的解释上也各异其趣。1888年，他创立了法国革命史学会与《法国革命》月刊，同时出版了许多学术著作，如《法国革命政治史——民主政治和共和国的起源与发展》（简称《法国革命政治史》）。该书以政治史为主线阐明民主原则的发展历程，但对经济、外交、战争等重要内容却忽略了，因而在真正解释革命问题上显得有点苍白无力。除《法国革命政治史》之外，他还有《法国拯救委员会会议记录汇编》二十六卷（1889—1923年）、《雅各宾俱乐部会议记录》六卷（1889—1897年）、《热月党反动时期和五执政内阁统治下的巴黎》五卷（1898—1902年）、《执政官统治下的巴黎》四卷（1903—1909年）、《关于法国革命的学术著作与教材》九卷（1893—1925年）等。他在法国革命史方面所作出的贡献为20世纪的革命史学奠定了坚实的基础。

饶勒斯（Jean Jaurès，1859—1914年）是法国大革命方面的领军人物。他的主要著作有《社会主义史》（1901—1904年）、《法国革命中的社会主义史》（1922—1924年）。饶勒斯主要从经济、社会等方面来解释法国大革命，并且认为法国大革命是经济与社会长期演进的结果。当然从经济方面来解释的还有马迪厄（Albert Mathiez，1874—1932年）。如前所述，马迪厄等因为以罗伯斯庇尔为崇拜对象，所以一般被称为罗伯斯庇尔派。因为他们又大多为社会党人，所以他们从社会党人的观点来撰写革命史。在研究重点上，马迪厄主要着眼于大革命时期的经济社会史，以区别于遗忘的大革命政治史研究。1908 年，他创立了“罗伯斯庇尔研究会”，并且创办了《革命年鉴》杂志（即后来的《法国革命史年鉴》）。马迪厄的主要著作有《法国革命》（1922—1927 年）、《恐怖时期的生活昂贵和社会运动》（1927 年）等。马迪厄的最大贡献在于以雅各宾派的经济和社会政策为中心，考察了下层民众的生活状况与斗争。其结论在于城市下层人民在大革命中起到非常重要的作用。从这种观点可以看出，马迪厄在一定程度上受到饶勒斯的影响，而在另一方面又启发了乔治·勒费弗尔。

乔治·勒费弗尔在 1932 年马迪厄谢世后出任罗伯斯庇尔研究会主席、《法国革命史年鉴》主编、巴黎大学革命史讲座教授等职。在 20 世纪二三十年代中，对马克思主义贡献较大的应该属于乔治·勒费弗尔。1939 年，勒费弗尔出版了他的《八九年》（Quatre-vingt-neuf）。1951 年，他出版了其最有影响力的著作《法国大革命》。勒费弗尔在著作中特别是 1958 年出版的《无套裤汉》（Sans-culottes）结合了拉布鲁斯著作的观点。勒费弗尔是以心态史与计量史研究而闻名的，他着重在于探索社会结构的客观现实等。《法国革命时期的诺尔郡农民》以经济、社会为着眼点，详细分析大革命时期诺尔郡的农民生存状况及其历史变迁，其内容包括土地分布、封建权利、国有财产、最高限价等。对于法国大革命的研究，虽然他并没有加入法国共产党，但他在《旧制度末期土地所有权与土地经营权的分配》（1928 年）、《国有财产的出售》（1928 年）、《法国大革命与农民》（1933 年）、《恐怖时期的土地问题》（1932 年）等著作中，以丰富的史料、精确的统计说明了革命的最终原因是由资产阶级的兴起而造成的，并且强调大革命是一场以取消封建权利、什一税、贵族免税特权与土地所有权转移为标志的社会革命。除注重经济与社会解释外，在对社会结构的探索上，勒费弗尔以集体心理或心态史的方法来解释社会现实，所以后来有人认为他也是心态史学方法论的先驱之一。如其《1789 年的大恐慌》

(1932年)就是用一个全新的、为人广泛接受的概念而探究法国大革命的著作。他认为：革命心理的三个主要方面——恐惧、防御反应与惩罚愿望构成了描述法国大革命的关键。从对心态史的关注来看，勒费弗尔是受惠于1928年至1937年在斯特拉斯堡大学与布洛赫等学者的交流，况且斯特拉斯堡大学本来就是支持思想创新与易于跨学科观念交流的地方。

乔治·勒费弗尔1959年谢世后，罗伯斯庇尔研究会主席、《法国革命史年鉴》主编等职即由其弟子索布尔(Albert Soboul, 1914—1982年)继承。索布尔作为勒费弗尔与拉布卢斯的学生，在学术上坚守了他们两位历史学家的思想，对法国大革命时期的下层民众着手研究。他提倡社会历史方法，具体表现在他关于无套裤汉(sans-culotterie)的《共和二年的巴黎无套裤汉》(Les Sans-culottes parisiens en l'an II)等著作中，同时也表现在他发表于《年鉴》的一系列文章上。他探讨了巴黎下层平民的社会构成，论证了"无套裤汉"是法国大革命的主要动力之一。

20世纪60—80年代法国历史学界掀起了一场关于大革命之意识形态的争论。菲雷(François Furet)参与了这场争论。在20世纪60年代初期，年轻学者菲雷、瑞切(Denis Richet)就开始涉足这一主题。1965年，两位历史学家出版的奠基之作《法国大革命》两卷引起了对法国革命理解的争论①。菲雷、瑞切提出要把大革命事件放在整个18世纪经济增长的长时段语境下来看待。在该书中，他们表达了这样一种观点，即认为法国大革命是在受启蒙运动影响的贵族和资产阶级优秀人物在共同的思想基础上联合起来反对专制主义的革命。其中革命的主要推动力就是意识形态。他们还认为法国大革命在1789—1791年已经接近尾声，但城市平民与农民的起义使得革命出现了"偏移"(dérapage)，即革命偏离了正道，直到热月政变后才纠正过来。"偏移"这个词字面上的意思是"打滑"，意在暗示革命有点"失控"。也就是说在菲雷看来，大革命只是历

① François Furet and Denis Richet, *La Révolution française* (2 vols), Paris, 1965-1966.

史中的一个偶然事件罢了，它根本未带来任何根本的变革。然而在法国，革命史作为法国史上的一个最重要问题是受到严格保护的领域，也就是说它们并不是对所有的探询者开放。虽然“在法国和意大利这类国家中，马克思主义不过是各种不同学术团体的一员”。① 但是在对待法国大革命这种问题上，史学家的立场是不能含糊的。菲雷与瑞切在本书阐发的观点因此招来了索布尔、戈德肖（Jacques Godechot）、马佐里克（C. Mazauric）、卡撒诺瓦（Antoine Casanova）、伽罗（Max Gallo）等革命史家的强烈谴责。一般来说，这种对法国革命理解的论战属于社会史阵营内部的问题，但随着论战的展开，后来论战逐渐带有政治性攻击的成分。因为索布尔是共产党的活跃分子，而菲雷与瑞切已经在 1956 年退出了法国共产党，因而被索布尔等人认为是“变节者”。这种变节从另一方面来说就是意识形态上的问题。

20 世纪 70 年代，菲雷对大革命的解释已经得到全面发展，并于 80 年代得到进一步完善。具体体现于 1973 年菲雷与瑞切合作的《法国革命史》。1978 年菲雷出版了其力作《反思法国大革命》。在菲雷谢世前的十五年里，他采取了一种更为激进的方法，努力去表明政治的某种自律。他早期关于大革命的著作仍属于拉布鲁斯派的传统，然而从《反思法国大革命》开始，菲雷开始钻研政治理论史与哲学史，这是因为他认为如果要解释法国大革命的动力，如果仅仅分析社会力量是不够的，而且要分析政治行动本身的内在逻辑②。菲雷在完成《反思法国大革命》之后开始与传统社会史决裂。《反思法国大革命》的出版，既引起了极大的震动，又极其富有争议性，因为其书与法国大革命史学的惯常解释相冲突。另外还有《马克思与法国革命》（Marx et la Révolution française，1986

① 伊格尔斯：《欧洲史学新方向》，赵世玲、赵世瑜译，华夏出版社 1989 年版，第 137 页。

② Furet, *Penser la Révolution française* (Paris, 1978); *La Révolution, 1770—1881* (Paris, 1988); 与 Mona Ozouf (eds.), *Dictionnaire critique de la Révolution française* (Paris, 1988). 又见 Marcel Gauchet, *La Révolution des droits de l'homme* (Paris, 1989)。

年)、《大革命（1770—1881 年)》等都是对法国大革命研究有着独到贡献的著作。此外，在对法国大革命的解释上，与菲雷与瑞切采取相似立场的还有奥祖夫、高塞（Marcel Gauchet)、戈尼费(Patrice Gueniffey）等人。

索布尔卸任巴黎大学革命史讲座教授后，其职位由米歇尔·伏维尔（Michel Vovelle）担任。如前所述，伏维尔的兴趣主要在于“心态史”，即他认为马克思主义史学家若局限于经济史与社会史未免过于狭隘，史学若要有新发展必须借鉴新方法来开辟新的途径与新的领域。他在“心态史”的思潮下以社会的经济为基础，从人类的物质生活出发来揭示大革命时期人们的心态。在具体的论述上，他对一定时期人民群众的宗教，对生与死的态度及其价值观念进行深入研究，出版了《大革命的精神状态》（1985 年）等书，对大革命是一场深刻的社会革命予以了充分的肯定。当然，我们不应该忘记之前的维拉尔（Pierre Vilar）对马克思主义史学所作出的贡献。

七、法国史学的现状及其未来

荷兰历史学家赫伊津哈（Johan Huizinga）曾说：“对于历史而言，问题永远是：往何处去?”往后的历史学该往何处发展？有学者喊出了“小写历史之后？大写的历史！”（After history? History)① 换言之，史学界有一种“回归”的风气。

1. 当代史

如果按法国的档案的时间性归类来看，法国史学界一般区分出四个时代，即早于 1790 年为古代；大革命时期即 1790—1800 年列为一个时代；1800—1940 年 7 月 10 日为近代；1940 年 7 月 10 日起至今为当代。而目前法国史学界有相当一批学者主要从事当代史（或者说现世史）研究，也就是说，当代史是目前研究的一个热点。

① Joan W. Scott, After history? *Common Knowledge*, No. 5 (1996), p. 26.

当代史领域最先由新闻记者所占领，历史学家只是一个后来者(latecomer)。如果说过去人们把我们生活的时代称为“现时史”，即一个相当靠近的过去是托付给新闻记者的话，那么今天的历史学家似乎倾向于重新夺回那段历史。也就是说，如果 20 世纪 90 年代以前法国历史学家在总体上倾向于选择中世纪、近世史为题材，那么当下的法国史学家更着重对 19、20 世纪史（包括中国问题），特别是当代问题进行研究。关于这一点，一方面，我们可以从近年来出版的书籍与学术论文中可以看出（具体见表 2、表 3）；另一方面我们可以从史学家参与历史塑造中看出。

表 2　　**近期论法国史的文章**　　单位：篇

年份与卷期 \ 时代		一般及其他	古代与中世纪	1500—1774 年	法国大革命与拿破仑	1815—1870 年	第三共和国	1940 年—现在
1999	01	43	13	26	24	13	28	21
	03	38	35	32	7	14	28	27
2000	01	25	29	28	20	19	23	31
	03	13	35	30	42	11	26	29
2001	01	21	41	31	28	25	29	25
	03	24	25	27	30	23	14	21
2002	01	19	18	33	19	19	26	33
	03	35	23	23	32	16	39	18
2003	01	24	32	25	25	24	12	35
	03	21	21	20	31	17	27	24
2004	01	70	25	89	48	27	40	50
	03	47	15	54	19	25	35	21
2005	01	41	33	48	22	12	27	29
	03	49	15	38	36	18	44	39
	总计	470	360	504	383	263	398	403

资料来源：《法国历史研究》(*French Historical Studies*)。整理者 Jean-Pierre V. M. Hérubel。另因该杂志另有一栏“目录、参考刊物与档案”，笔者在归类时已并入相应栏目，故统计有少许误差。

表 3　　近期论法国史的著作　　单位：本

年份与卷期 \ 时代		一般及其他	古代与中世纪	1500—1774 年	法国大革命与拿破仑	1815—1870 年	第三共和国时期	1940 年—现在
1999	02	35	31	72	36	29	58	52
	04	35	30	66	42	28	44	60
2000	02	26	42	21	23	21	28	53
	04	14	35	24	29	30	23	44
2001	02	23	25	13	13	23	29	40
	04	29	34	28	28	29	17	23
2002	02	35	24	14	24	15	13	29
	04	27	30	27	43	27	23	37
2003	02	30	26	16	35	21	20	40
	04	21	27	20	46	19	27	26
2004	02	33	24	54	46	18	38	47
	04	39	27	49	34	23	25	50
2005	02	26	48	46	50	18	34	48
	04	30	39	50	64	11	20	68
	合计	403	442	500	513	312	399	617

注：资料来源同上。整理者 Thomas Schaeper。

从上表可以看出，史学家的著作与论文主要集中于对法国大革命以及 1940 年以后的当代史进行研究。法国大革命对法国的影响自不待言，所以在这方面的研究尤其多；而对“当下史”的解释，或者说对这些历史题材的研究因为将涉及一系列诸如现代性、民族认同等重要问题，所以也是目前研究的着力点。况且，与其把历史托付给“回忆”，不如有意识地先对“当下史”进行编纂与清理，包括重视历史教科书、历史教育问题。

另外，笔者在统计过程中发现，当今主要历史学家对“现时史”的关注主要集体中于如重估德雷夫斯事件、第二次世界大战时期的法国抵抗运动与沦陷或第二次世界大战灭犹行动（即包括Vélodrome d'Hiver）。前者主要表现在一些杂志上，如《现当代史评论》（Revue d'histoire moderne et contemporaine）、《反思历史》（Réflexions Historiques）、《年鉴》、《法国问题》、《争鸣》（Le débat）、《精神》、《二十世纪》（Vingtième Siècle）等期刊杂志曾刊出专号以讨论“德雷夫斯事件”的当代意义。之所以重新提德雷夫斯事件，是因为宗教、种族的杂糅与认同仍然是当今法兰西政治与社会生活中的一个主要问题。在这方面，布恩（Michael Burns）、伊曼（Paula Hyman）两位历史学家提供了某些重要的参照。

至于维希史，对它的关注最为直接的是一场“Le chagrin et la pitié”（《忧伤与怜悯》）（1971 年）电影的上映。其次是美国历史学家帕克斯顿（Robert Paxton）在其《维希时期的法国》中（1972 年）试图证明 1940 年贝当是如何获得支持，同时在第二次世界大战过程中，抵抗运动扩展的原因。这种观点得到了艾里亚斯（P. Jakez Hélias）、加拿大历史学家玛鲁（Michael Marrus）的声援。但是随着讨论的深入，帕克斯顿的这些观点遭到了现世史研究机构（Institut d'Histoire du Temps Présent，IHTP）内的年轻历史学家如郝索（Henry Rousso）——《维希综合症》（1987 年）、纳盖等人的挑战。于 1978 年在国家科学研究中心（CNRS）内成立的 IHTP 的历史学家试图重估沦陷时期的法国成为了“当下时期主流学术的主要呼声”。① 这种历史研究的问题意识其实是“新政治史”或“现时史”的一种延伸。

但是也有人反对这种“现时史”，因为当人们讲述一段很近的历史的时候，一定会因缺乏距离感而导致历史的失真。不管怎样，依照笔者看来，对这种“现时史”缺乏信任的理论框架并未超出

---

① Christopher Flood and Hugo Frey, “History Writing: From the Annales to the Institut d'Histoire du Temps Présent,” *Currents in Contemporary French Intellectual life*, ed. Christopher Flood and Nick Hewlett, Basingstoke, 2000, p. 63.

黑格尔所说的“原始的历史”与“反省的历史”之间的差别。

不言而喻，当代史的资料来源似乎发生了变化。也就是说，随着后现代思想的深入，对史料的界定的放宽，许多历史学家把属于专业历史学之外的题材或体裁纳入到历史研究的视野中来。因此一些诸如古代音乐史、绘画史、雕刻史之类的著作都堂而皇之地进入历史学家的视野，即在他们看来，凡是人类的活动以及经验都应纳入今日历史写作的视野，而并没有什么“子历史”(sub-histories)。

2. 公共史学

公共史学是随着微观史学的发展而延伸出来的一个新兴研究点。对公共史学的理解与法国的传统有很大的关系，例如从传统上来说，政治史与文化史学并没有明显的区别，特别是伏尔泰、孟德斯鸠、米什莱、屠尔哥等人，在他们的著作中就会把史学与社会、政治结合起来。

如果说“解构公共领域”是针对意识形态的话①，那么相反，当下的历史发展所要做的工作正是构建“公共史学”。谈到公共史学的发展，让我们回忆起20世纪50年代的萨特，他在《什么是文学》中提出当代文学应该摆脱唯美主义与语言游戏，从而转向对社会和（广义上的）政治的承诺，也就是说，文学应该介入社会与政治。正因为如此，史学家勒韦尔指出“当代史学也应该介入社会与政治，并且发现史学的政治用途”。尽管这种观念并非新颖，但是在当代语境下，勒韦尔指出这种结合的重要性对历史学的发展有其积极意义，如表达了历史学的社会公用等。史学的这种介入意味着表达或者创造意义，并且历史学家应该与意义打交道。历史写作应该是一种介入，使主体（历史学家）表达的一种形式。换言之，历史学家写作历史的责任一方面在于再现世界，并且作为其意义的直接见证人，另一方面阐释这个历史世界所产生的意义。令人遗憾的是，“公共史学”仍然是个模糊的概念，可能用更确切

① Ross Mckibbin, The Destruction of the Public Sphere, *London Review of Books*, Vol. 28, No. 1, 2006, pp. 3-6.

的词来说是“应用史学”。

目前法国史学界对“公共史学”的兴趣受哈贝马斯的影响。哈贝马斯在其“历史学家争论”（Historikerstreit）中对“历史的公共用途”（the public use of history）一词进行了详细阐述。从一定的程度上来说，这个术语是哲学式的，但在“过去的 25 年里，所发生的事情已经显示了历史的公共用途远远超越了哲学”。① 特别表现在“近年来，对历史的社会化用途的广泛讨论在法国、意大利、西班牙已经导致了学校课程设置上的深刻变革”。② 勒韦尔与阿通指出，我们不仅要关注专业历史学家所书写的历史，更重要的是关注公共领域所产生的历史，并且知道两者是如何相互影响。以作者的观点来看，他们在使用“政治用途”这个词语时，更少地是在指代历史，而是更多地面向“过去”（passés）。两位历史学家还倡言：历史学家不是要捍卫“真实”（true）历史，而是要“向引起上述问题的历史性国度（régime d'historicité）提问”。③

从方法上来说，法国史学家运用“形象学”的方法来探讨公共的历史，即特别注重从“形象”上对历史问题进行研究。这种研究的复现不仅表明形象学是法国文学中的一个重要传统（法国 19 世纪的历史学是文学的一个分支），而且展现了当下历史学与文学的融合，特别是对传统史学方法的肯定。

3. 写史的时态

倘若当下对“公共史学”、当代史有所侧重的话，那么这些历史学家所推崇的写史时态则是直陈式现在时（présent）。也就是说，在现代历史书写中，法国历史学家逐步放弃过去式而保存现在式，特别是直陈式现在时。因为历史学家并不是先知，他只能用现在式或过去式的时态，而不是用将来时来撰写历史。美裔法国文论家兼

---

① Jacques Revel and Giovanni Levi (eds), *Political Uses of the Past: the Recent Mediterranean Experience*, London and Portland, Frank Cass, 2002, p. 5.

② *Political Uses of the Past: the Recent Mediterranean Experience*, p. 65.

③ *Political Uses of the Past: the Recent Mediterranean Experience*, p. 6.

历史学家在其《新史学的诗意：从布罗代尔到夏蒂埃》一书中强调当今的历史叙事时指出：我们当今的新史学是“现在式主义”，但是这种“叙述的现在式”并不是“历史现在时”。从对“现在时”的强调来说，我们至少可以认为，利用它来写作历史的方便之处在于：（一）它是法语的所有时态中最为简单的一种。（二）法语中的现在时不仅可以表示说话者说话时所发生的事或动作，而且从时间观念上它还可以上下延伸。（三）在“解释和分析时，例如我们叙述一本有历史性的戏剧，为了使得我们所叙述的那本戏剧好比正在读者或听者眼前，现在一幕又一幕地演出，用现在时式以替代过去时式是一种明智的选择”。① 也就是说，叙述与解释的力量促使了历史学家对现在时的运用。另外，历史学家希望在写作历史的时候，不出现形式上作为主体的历史学家。也就是说，没有“我”（Je），“我们”（Nous），“我们”（On）的出现。他们希望把过去描写为一系列个别事件。历史学家除了挑拣、描述事件以外，并不对这些事件发表任何看法或评论。在叙事方式上就接近于托波尔斯基的“平淡叙事”（plain narrative）。但反过来我们可以看出，当今法国史家在历史写作中用现在时，并不可能达到不标示历史学家的存在。因为我们可以肯定：历史学家并不可能做到“价值无涉”。这种克服静止性，排除绝对性是新时代至关重要的转折，也是当今历史学家必须面对的迫切问题。因为当代历史学家对待过去的责任（responsibility）也容易成为一种对待未来（或当下）的责任。

总而言之，当下法国史学的有口述史学（L'histoire orale）、微观史学（La microstoria）、德国史学（L'historiographie allemande）等“新途径”；另外有社会认同史（L'histoire de l'identification sociale）、移民史（L'histoire de l'immigration）、企业史（L'histoire des entreprises）、妇女史（Histoire des femmes）、类型史学（histoire des genres）等“新对象”（De nouveaux objets）。这些“新

① 张以文：《法文文法大全》，台北众文图书股份有限公司1983年版，第247页。

途径”、“新对象”仍然可以代表目前历史学的发展方向。

综观 20 世纪法国史学，其跨学科方法论绝非一种折中主义的“拼凑”或简单的“复归”，而是面对时代的学术理论危机之际，以高度审慎的方法论在各个维度上的突破。其价值在于：在人文科学整体内提供了有益的解答尝试并启迪了诸多国家的史学工作者。

第五章　经验主义史学传统的活力
——20 世纪的英国史学

英国是个具有优良史学传统的国家，但其历史学发展引起域外广泛关注却是相对晚近的事件。在 20 世纪以前的众多英国著名史学家中，就具有国际性影响的史学思想而言，众所周知的就是爱德华·吉本及其巨著《罗马帝国衰亡史》二百余年来为世人传诵而经久未衰。客观来说，国际学术界较为关注的还是 20 世纪英国史学及其重要成就。时间的流逝总是毫无停滞地记录着人类历史的发展进程，英国史学在 20 世纪的发展历程也是如此。越过 21 世纪的门槛，我们来回顾和总结 20 世纪英国历史学的基本情况和趋向，总会发现许多史学大家的名字，他们的史学成就和史学思想让人铭刻在心。这些英国史学界前辈，凭借各自辛勤的劳动和在史学领域的耕耘，在曲折艰难中将 20 世纪英国史学研究推向了繁荣，他们所取得的学术成就，不仅使其在西方史学大潮中扎下深厚的学术根基，而且也形成了为世界所瞩目和成员为数不少的英国历史学派。在英国，历史学和历史学家在国家社会生活和国际史学界中都拥有重要的地位和影响。作为 20 世纪英国学术文化和思想体系的重要组成部分，英国史学在这个世纪的每一次史学思想的理念更新，每一轮史学研究的价值取向，都同那个时代国内外政治的形势转换、经济和思想文化的总体变革紧密相关。其中，尤为重要的是，英国历史学在其发展的过程中，既受到了国内社会文化和学术文化传统的影响，也受到了各种学术流派的影响。特别是第二次世界大战以后，英国史学随着整个当代西方史学发生了深刻的变化。

在世界历史发展进程中，曾经号称“日不落帝国”的英国虽然结束了令人羡慕的黄金时代，但借助工业革命的率先成功和由此带来的巨大社会经济发展，它还是较早地进入了现代化发展的历史轨道。进入 20 世纪，伴随着社会经济的发展，作为西方社会科学发源地之一，英国也成为历史学比较发达的国家。纵观 20 世纪百年历史，英国史学也发生着革命性的社会变革，取得了丰硕的实践成就，表现出自身独特的发展趋势和学术特色。从史学发展的运行轨迹来说，20 世纪英国史学既是在继承与发展 19 世纪史学传统的基础上重组，也是在保守与进步的史观更替和思想冲突的基调下确立，总的发展趋势出现了其历史上不曾有过的变革路径：一是，以资产阶级史学思潮为主的非马克思主义史学内部出现了党派纷争学派并立的局面，19 世纪以来占据英国史学领域主流地位的资产阶级自由主义史学派影响逐渐削弱，史学正宗地位的根基被动摇；二是，在激烈的社会变革和科学思潮的背景下，受到经典马克思主义理论指导，学术渊源上主要来自马克思主义历史理论的当代英国马克思主义史学思潮逐渐形成，在相当长的一段时间内不断成长壮大，昭示着西方马克思主义史学流派发展的进步历程。

具体来说，从学派性质和史学研究价值取向的角度上看，在 20 世纪英国社会政治和社会文化背景之下，经由长时间的优胜劣汰和学术力量的重组，英国史学的发展历程大致以第二次世界大战为界标，分成前后两个阶段，一是第二次世界大战前以资产阶级史学为主潮的非马克思主义史学内部三大史学派别（包括自由派史学、保守派史学和工党派史学）的学术纷争和影响，成为此时英国史学发展的主要内容；二是第二次世界大战以后，当代社会科学和自然科学中不断出现的新领域、新学科、新范式，对英国史学产生了巨大的冲击，传统史学逐渐成为明日黄花，战后新史学思潮和进步史学思潮也就应运而生。文化形态史学派，历史人口学派，经济社会史学派，英国马克思主义史学派的崛起，都为当代英国史学的重新定向，做出了巨大的努力。总之，中西方学术界普遍认为，早在 20 世纪六七十年代，英国的历史学已经发展到了战后新时代，叙事史的复兴说明新史学的发展获得一种返璞归真的新途径，微观史学与新文化史学的出现实属史学研究中的新现象，此后又受到后现代思潮的影响，英国史学的发展呈现出多姿多彩的局面。

本章主要阐述和介绍20世纪英国史学领域中的主要学术流派、主要著名历史学家、代表性作品及其表现出来的重要史学思想。本章叙述的重点在20世纪80年代以前的英国史学家及其优秀成果，此后英国史学由于受到更为复杂的因素影响，如同整个西方史学的情况一样，变化更为频繁，但具有国际性史学大家的人物并不多见，因此不纳为重点考察对象。

一、屈维廉与资产阶级自由派史学

英国资产阶级自由派史学萌芽于17世纪末期，到19世纪最为盛行，因为其史学研究中带有强烈的辉格—自由党人政治思想色彩，故称为辉格—自由主义历史学派。在英国17世纪以来的近代历史上，曾存在辉格党（Whig）和托利党（Tory）两个对立政党，后分别发展成英国社会政治经济舞台的举足轻重的政党自由党（Liberal）和保守党（Conservative），在英国历史上，它们轮流执政，分别执行着自由主义和保守主义政策。从19世纪初期开始，在英国历史学的职业化和现代化过程中，政治上属于辉格党的一些史学家，从辉格党的利益出发，通过历史研究和史学著述的途径，运用历史工具来论证辉格党的政见。其中，1827年辉格党人英国著名历史学家哈兰（H. Hallam）的代表作《英国宪政史》，是一部具有深远影响的英国近代政治史著作，开创了辉格派史学传统。另一位有代表性的著名辉格派历史学家麦考莱（Thomas Babington McAulay，1800—1859年）则更明确地指出，在相当长的历史时期里，所有辉格党的历史学家都渴望证明，过去的英国政府几乎就是共和政体的象征；而所有托利党的历史学家都要证明，过去的英国政府简直就是专制的代名词，由此形成了泾渭分明的二元对立史学研究传统。必须指出，就英国历史学后来发展的主要趋式来说，总体上而言，辉格式历史学略具上风，托利式历史学家却据势力争以图分庭抗礼。需要强调的是，辉格派历史学也奠定了后来的英国资产阶级自由主义历史学派传统，直至20世纪，如像屈维廉

(George Macaulay Trevelyan，1876—1962 年）这样的百分之百英国自由主义历史学家，在其著作的史学价值倾向自是鲜明，但在历史观方面，却也继承了这种辉格党人的史学传统。虽然长期以来英国史学界不乏批判辉格派史学观的史学家，比如，20 世纪中期，英国史学家中的纳米尔和巴特菲尔德等人就对辉格派史学家进行了系统抨击，认为他们为了争夺一党私利而不惜美化党派争斗，打着自由宪政的旗号，实质上却是持歪曲历史的主观模式化研究取向。如前所述，进入 20 世纪以来，辉格自由主义史学观念倾向仍然具有广泛的潜在影响。因此，作为当代英国资产阶级自由主义学派史学最著名的代表人物屈维廉，值得重点介绍和了解。

屈维廉于 1876 年 2 月 16 日生于维尔康的一个贵族家庭，而辉格自由派中影响最大的史学家托马斯·麦考莱是其母系叔祖，屈维廉可说是有自由主义史学传统的家学渊源。屈维廉早年就读于剑桥大学三一学院，曾是英国史学界“剑桥学派”著名史学家阿克顿的学生，在某种程度上，可以说也深受其“客观主义史学”影响。比较而言，屈维廉著作的风格倾向和历史观更明显地带有辉格党人的史学传统。只是他在继承辉格派史学传统的时候，有所修正和发展，使之适合于新的时代，这体现于其一系列的史学著作中。屈维廉的政治倾向是，认为英国民族具有反对独裁的精神，但却善于妥协，主张尊重公民自由，但这种自由应该通过选举和商谈的方式，而不是革命法庭和巷战的形式，这些具有鲜明政治倾向的史学观念，使他获得了 20 世纪麦考莱的称谓。

屈维廉早在 1904 年即发表其成名作《斯图亚特王朝英国史》。随后，他潜心研究意大利民族英雄人物加里波第，思如泉涌，成果丰硕，相继出版了《加里波第保卫罗马共和国》（1906 年）、《加里波第及其红衫军》（1909 年）和《加里波第和意大利的统一》（1911 年）等三部曲式的英雄人物传奇历史。此后更是屡发不辍，相继写成了《威克利夫时代的英格兰》、《改革法案的格雷爵士》、《19 世纪英国史，1782—1901》、《英格兰史》、《威廉四世的七年》等。屈维廉于 1913 年撰写了史学理论名篇《克利奥：一位史学女神》，从史学与自然科学之间的对象差异入手，试图论证历史学不可能是科学的学科属性，认为史学研究无论是方法还是表达手段都与自然科学有极大不同，主张历史学家只能在充分证据的基础上灵活运用想象的翅膀和逻辑推理的能力，对历史进行富有哲理的分析和文采飞扬的叙述，才能够恢复历史学的本来面目。屈维廉一生也颇具传奇经历，第一次世界大战期间他曾任前线野战军医院的指挥官。战争之后，其学术研究方向也发生转变，集中于英国历史和英国社会史的研究。1922年出版了《19世纪英国史》，1926年出版了分量最重的国史作品《英国通史》，1927年到1940年接替柏雷担任剑桥大学近代史讲座铁定教授，赢得更加显赫的声誉。1940年到1951年担任剑桥三一学院院长，其间的1950年被选为达勒姆大学校长，任职至1958年。1930年到1934年，屈维廉又出版了三卷本的《安妮女王时代的英国史》，随后《1688年英国革命》（1938年）和《英国社会史》（1942年）也付梓发行。屈维廉认为英国民族具有善于妥协、尊重公民自由和社会主义的多重特性；英国历史发展过程呈现出一种和平式而缓慢演变的进化性特征。当然，他在本国史的著作中，也极自然地热情歌颂英国的历史传统和英国制度的无比优越性，特别是对近四个世纪英国经济发展和社会文化成就，表现出高度赞赏的态度。另外，屈维廉极具文学天赋，擅长历史叙事和描绘事件，写出的《约翰·布莱特传》、《格雷勋爵的生平及其改革》和《乔治·奥托屈维廉爵士》等人物传记，文笔生动，情节引人入胜，作品脍炙人口。屈维廉坚持辉格派的历史观点，主张历史或史学是哲学和诗意的完美结合。事实上，正是屈维廉善于用高度文学性再现手法，来描述历史事件的能力，使得他成为文学学派的代表性人物。当然，国际学术界也同样关注和肯定屈维廉在开创英国传统社会史研究方面的贡献，认为其堪称英国传统社会史研究旗帜性人物。

屈维廉的史学思想很明显地带有资产阶级自由主义史学风格倾向，也许正因为其母系中那位苏格兰贵族家庭出身而具有辉格自由主义倾向的叔祖托马斯·麦考莱的缘故，他在历史认识和史学认识方面无疑继承和强化了19世纪辉格历史学派史学家们的自由主义史学传统。从史学思想的贡献方面看，他的史学思想集中体现于如下两方面：

首先，关于历史的社会功能和史学学科性质的认识。屈维廉认为历史这种人文科学学科，不会对社会的实际进程产生多大的推动作用，历史研究也得不出什么普遍适用的规律，不能够如自然科学那样产生促进社会生产力发展的实际效用，根本上说是没有什么实际的社会意义和社会功能。但是屈维廉却非常强调历史的教育功能，认为教育确实造就了一大批人，他们因会读书而阅历丰富，但非常遗憾的是这些人却存在着一个起码的价值判断问题，他们甚至还不会区别什么样的书才值得读，什么样的东西才值得去重视。在那篇颇受人关注的《克利奥》名文中，他干脆说历史的真正价值就在于教育方面，因为它能够使人们回忆起过去的经验和一切，从而育人心智启迪心灵。在屈维廉那里，历史能培养人们的同情心，增强相互之间的情感，加强其心理认知的程度，培育道德良知，从而孕育民众的政治判断力。历史能够通过颂扬不在场的过往优秀人物的高尚品质来鼓舞和培养人们奋发向上的道德情操，能通过历史情境和历史事件教导我们理解过去，把握现在，着眼未来。

屈维廉在论及历史是科学还是艺术这个原初而现实的话题时，虽然表面上的观点含糊不清，模棱两可，但是细微体察，还是能够看出他流露出的“历史是一门不折不扣的艺术”的观念倾向。于此屈维廉触及历史学的性质和任务时，就断然宣称，在他看来历史可以归纳为承担了三种不同的任务：科学的、想象的或推测的和文学的。与此相应，从事史学研究和历史研究的人们需要大力做好以下三个方面的工作：首先是收集资料和检验证据，这方面的工作属于科学范畴；然后，在充足资料的基础上继续深入，凭借主观能动性，对相关的问题做出必要的假设、推测和概括，这在程序上是属于想象推测和逻辑推理的过程；最后，从大众化历史的角度，以一种能吸引读者和普遍教育的方式，把科学和想象工作有机结合，整理研究结果并最终形成文字，通过文字表达思想呈现给大家，这种工作属于文学加工性质，因而具有艺术性创造的特征。屈维廉以形象式的比喻来说明历史的学科地位，比如你可能借助解剖某个人身体，从而论证其他人身体的一般构造。但是你却不能通过解剖一颗心脏而论证其他心脏。历史是关于人类活动的记载，研究历史同样是关注人类的复杂活动，历史学从来就不能忽视人文价值和忘记人文精神。因为人是一切社会活动的主体，而人的活动离不开人的主观感情，而这确实是自然科学无法真正把握的东西。屈维廉认为历史学不变的性质"就是讲故事，历史学永远是叙事的艺术"。这从他对兼具散文家和历史学家身份的托马斯·卡莱尔（Thomas Carlyle，1795—1881年）的史学思想高度评价的言语中，也可看出其对于史学学科性质的基本态度：历史并不是一种科学的演绎，而是一种对于最可能概括的想象的猜测。

除了卡莱尔史学风格的影响，屈维廉还更多地受到具有血缘和学渊双重关系的前辈马考莱史学思想的熏陶，马考莱所主张的历史学哲学与诗意两者完美结合的观点，其作品中叙述生动细致描述的风格，直接促使屈维廉终其毕生精力写下大量文笔生动受人欢迎的著作。

其次，屈维廉的史学研究显然还受到英国的实证主义史学传统和阿克顿的客观主义治史方法的影响。英国史学界对社会史的关注时间较早，屈维廉应该是位开拓性的社会史学家。现在我们知道，社会经济和社会生活、社会变动三者之间的关系是密不可分的。难能可贵的是，屈维廉始终认为经济状况是构成社会生活的基础，而社会生活又为社会政策事件提供了必要的依据，他甚至认为没有社会史，经济史便是无本之源，无价值可言，政治史则像一笔糊涂账让人无法理解。而对于社会史的定义，他说得更为干脆，认为社会史即是"摒弃政治的历史"集合，虽然这种主张对政治的忽略来写作社会史的态度常常受到批评。西方学者普遍认为，英国社会史刚刚兴起之时，自由主义历史学家屈维廉提出的那个"排除了政治的人民史"的含蓄定义，虽然经常为人引用，却不断遭到非议与批判，但迄今为止能够充分理解它的人并不多。尽管屈维廉关于社会史的定义和他社会史研究的实践引起了不同倾向的反响和批评，然而英国随后产生的相当一批成绩卓著的新社会史学家及其丰富的新社会史研究成果，不能不说是受到屈维廉的启发和影响。劳伦·斯通对欧洲家庭史的研究、爱德华·汤普森对英国工人阶级形成和民众习俗的社会文化史研究等，都来自屈维廉的影响。D. 加纳迪认为，即使霍布斯鲍姆的研究也深受屈维廉的熏陶。就某种意义上而言，屈维廉在英国可称得上既是最后一位伟大的传统社会史学家，也是新社会史学的第一位开创者。当然，在屈维廉的著作中，很难看到这种包罗万象主题的具体研究，因为必要的研究工作才刚刚开始。他提倡的社会史研究的目标与任务，更多和更大程度上是留待了后来的新社会史学者承担。后来的新社会史家已经重新发现了政治在社会历史中的位置，从全新的视角来研究社会的历史，不过以更大的努力追求集中于政治态度和政治实践：包括普通人与精英人物，地方政治与中央政府的社会史。

二、群星璀璨的工党派史学

当代英国工党派史学的理论基础，是经过英国社会主义者、费边社组织的创始人、英国经济史学家韦伯夫妇（Sidney James Webb，1858—1943 年；Beatrice Webb，1859—1947 年），和经济学家出身的英国经济史学家哈蒙德夫妇（John Lawrence Hammond，1872—1949 年；L. Barbara Hammond，1873—1961 年）共同努力工作奠定的。

作为著名的英国社会活动家和费边社会主义理论家，韦伯夫妇从事着频繁的社会活动，经常调研工人阶级状况和合作社问题。他们曾经在有关妇女和工人问题的皇家委员会里工作，1914 年双双加入英国工党。S. J. 韦伯在 1915—1925 年间还代表费边社参加了工党全国执行委员会，曾经分别在第一、二届工党政府中任贸易大臣和殖民地大臣，长期担任伦敦郡议会议员和下院工党议员，1929 年以帕斯菲尔德男爵身份进入英国上院，具有一定的政治影响力。韦伯夫妇还密切合作从事社会科学活动和学术研究，1895 年共同建立伦敦经济学院，1913 年共同创办了《新政治家》杂志，学术影响日益见长。1894 年合作出版了《英国工会运动史》的第一部分，1897 年又发表了巨著《工业民主》，精心设计了一条英国式社会主义道路，主张以渐进方式，在实践中把社会主义“渗透”到资本主义制度的每个层面，还重点描述了英国合作社运动与工联运动之间的关系，指明了英国工人运动和社会发展方向。此外，他们还有《英国的地方政府》、《资本主义文明的衰败》和《苏维埃共产主义——新的文明?》等著作问世。除了对社会主义发展理论的探讨外，在当代英国史学史上，韦伯夫妇还确立了工运史学科的方法论基础。英国早期劳工史研究在方法上主要继承了德国历史主义的史学传统，注重对于劳工领袖、劳工组织和相关重大历史事件的叙述，带有非常强烈的政治性和意识形态色彩，这为第二次世界大战后，英国马克思主义史学家霍布斯鲍姆和汤普森等以马克思主义史学传统和“自下而上”的研究视角从事新型劳工史的研究奠定了基础。

可以说，19世纪末20世纪初的资产阶级工党史学家，更加重视普通下层劳动者集团的工作状况和生活经历的研究。1911年到1919年间，哈蒙德夫妇出版《城市劳工》、《农村劳工》和《熟练劳工》三部曲，加上另外两部著作《近代工业的兴起》和《自由主义与大英帝国》，集中探讨的主题就是工业革命对那些在工业化过程中被迫转变为工人阶级中的手工业者、家庭劳工、城乡劳工的消极影响，丝毫不回避工业资本主义发展造成英国人民的严重贫困和不幸，这实际上是深刻揭露产业革命时期资本主义加强剥削和劳动者状况恶化的现实。

曾经担任费边社主席的英国经济基础学家乔治·道格拉斯·科尔（George Douglas Howard Cole，1889—1959年）和英国经济史学家、社会批评家理查德·亨利·托尼（Richard Henry Tawney，1880—1962年）无疑是当代英国工党派史学最主要的代表人物。如许多英国历史学家一样，科尔在牛津大学接受了高等教育，早年加入费边社，1931年参加费边研究部，从事工人运动活动和工运史的研究，因为出色的工作很快崭露头角，成为工党的著名理论家和实践领导人，积极倡导基尔特社会主义运动。后来由社会运动回归校园，1944—1957年间受聘为牛津大学教授，从此终身专事教育和科学研究，桃李满天下。科尔史学研究成就集中于工运史方面的研究，为拓展英国早期工人运动史的研究领域做出巨大贡献，代表性著作主要有《劳工世界》、《英国工人阶级运动简史》、《费边社会主义》、《合作的世纪》、《英国人民》、《工党历史》、《社会主义思想史》、《战后英国状况》和《阶级结构研究》等。

就党派内部而言，由于政治理念倾向于工党左翼，加上激烈的政治见解和独特的思维观念，科尔与工党右翼领导人之间分歧明显，矛盾重重，或许这是他最终回归学校的原因之一。科尔政治和史学思想丰富。他承认英国社会阶级差异与不平等状况的客观存在事实是基于资本主义内部矛盾的存在，他坚信人类社会从资本主义演变到社会主义是必然趋势。同时，他也看到，这种演变或者过渡在不同国家有各自特色，这取决于它们采取的途径和方式。对英国来说，他主张作为社会主义政党的工党，应当积极地推动在议会的各种活动，争取获得议会的多数从而取得议会的大力支持，与此同时，要不失时机地推进社会主义政策，最终达到和平地渐进地实现从资本主义向社会主义转变的目标。科尔通过引经据典和周密论证，得出的结论就是，英国超阶级性的议会制度为这种“自上而下”的和平转变提供了可行性必要条件。

然而令追随者遗憾的是，科尔政治思想的理想境界和价值追求，乃是一种“基尔特社会主义”模式。这种类型的社会主义本质上否认社会主义国家机构的必要性，它提倡“工业民主”，主张“劳资调和”，拒不承认阶级斗争。在科尔的社会主义模式中，基尔特作为最基本单位负责组织生产，国家俨然以消费者代表自居，协调消费者与各个基尔特单位之间的关系，统筹产品分配和销售问题。应该说，科尔虽然以同情工人阶级处境的救世主出现，但是对工人阶级革命性及其历史创造精神却持怀疑的态度，从而根本上否定马克思主义阶级斗争理论。

即便如此，科尔关于“基尔特社会主义”的设想和模式并非一无是处。如在历史观上，他认为现代工人运动的产生同产业革命紧密相联，除此就不可能引发真正意义上的工人运动，这种关于工人运动性质的判定，就颇具激进意识和创新意义。基于这种理论预设和理性思维，科尔重点分析了自 18 世纪到第一次世界大战前几个历史阶段中英国工人运动波澜起伏的丰富经历，提出许多颇具新意的观点。

科尔关于早期工人运动的历史观念及其研究成果，成为 20 世纪 30—50 年代英国工人运动史论坛的主流观念，甚至成为英国史学界一种普遍追随的研究范式，对英国史学的发展产生了重大影响。

比较而言，托尼关于英国工人运动的见解就更为激进，人们干脆称之为历史学家出身的政治改革家。托尼毕业于牛津大学贝里奥学院，旋即担任伦敦大学经济学院经济史教授，学术成就卓著，政治立场鲜明。他以基督教社会主义者的角色出现，成为现代英国工人运动的精神领袖，毕生倾力宣传社会平等，主张削除贫富差距，严厉谴责资本主义制度的种种罪恶。

就学术成就方面来说，托尼也是著作宏富，号称英国史学界创学派人物。作为工党政治背景的历史学家，托尼是 16 世纪英国经济研究学派的创始人，以研究 1540—1640 年英国经济史著称，主要著作有《16 世纪的土地问题》、《贪得无厌的社会》《乡绅的兴起，1558—1640》、《宗教与资本主义的兴起》和《中国的土地和劳工》等。托尼的著述可以说部部堪称上乘精品，是英国史学界相关领域中不可或缺的传世文献。比如在 1926 年出版的《宗教与资本主义的兴起》中，托尼从宗教因素与资本主义经济发展相互关系的角度，以恢弘的视野，运用绚丽的文字描写，考察了宗教改革前夕至 17 世纪末叶经济生活逐步摆脱神学理论控制的过程，尤其详细分析了英国清教的产生、发展和转变历程，认为神学理论本身发生的变化，造成了对社会经济的影响，成为推动资本主义发展的动力。该书无疑是马克思·韦伯《新教伦理与资本主义精神》的重要批评、修正和补充。而这种学术观点，也是对 1920 年发表《贪得无厌的社会》基本论点的进一步延伸，在这早年的著作中，他已经一针见血地指出，资本主义社会的贪得无厌是道德败坏的原动力，它使富人和穷人都受到腐蚀，显示出最初的资本主义经济伦理解释倾向。

托尼的学术研究取向，曾经作为甚至现在仍然成为英国史学界不可忽视的一种基本元素，受到许多史学家的重视。当然，他的学术观点也引起了不同政治立场学者的批评。比如，托尼试图从经济与社会的因素入手解释英国革命，提出从内战以前一个世纪的社会背景出发，注重分析基层社会中乡绅势力的兴起对英国革命产生的影响，主张考察农业经济在封建所有制向资本主义所有制过渡历程中所起的作用，最终寻求英国革命的根源所在。这种可取的学术创见，却遭到以特雷弗-罗帕为代表的英国保守派历史学家的激烈批评，由此，引发了第二次世界大战后英国学术界一场关于乡绅兴起与英国革命的起源的学术论战。

撇开政治纷争不论，就学术影响力而言，托尼的史学成就应该受到尊重。他关于英国革命问题的研究，拓宽了人们关于社会历史发展的基本视野，丰富了专业史学家对英国内战前一个多世纪英国社会经济发展状况的认识，某种程度上，充分揭示了那个时期英国社会历史运动的内在规律。当时的英国史学界，就历史研究的对象和主题来说，有关乡绅势力的兴起与贵族阶层的没落、宗教的产生与资本主义兴起等话题倍受关注，也成为史学界最为热门的社会史、经济史和思想史研究课题的重要内容。“乡绅风暴”和“英国革命”等关键词引发的学术大争论，延绵持续数十年。对那个时代来说，托尼独具慧眼地呼吁关注农村经济问题的史学研究方式，成为史学界开始关注农村基层社会研究的号角，也开启了后来英国史学研究的重点方向：“自下而上”历史学研究取向。总之，由于托尼的精心推崇和潜心研究，英国学术氛围日趋活跃，学术成就引人注目，这一切都使得英国历史自宗教改革至内战爆发前近百年时间的历史过程和丰富内容，以一种完全不同于传统史学家描绘的样子，全新地展现在人们眼前。惟其如此，托尼的学术思想和成就足可用“辉煌”二字加以形容，托尼当之无愧地成为 20 世纪英国经济史研究中极为著名的学者之一。更有甚者，有人把托尼史学研究所及的英国百年历史称为“托尼的世纪”，这是作为历史学家的一种殊荣。

三、纳米尔与英国保守主义史学

20 世纪 30 年代开始，长期占据英国史坛主流地位的资产阶级自由主义历史学派的史学传统越来越受到质疑，辉格-自由主义史学传统日益受到其他学派的批评，而这种批评的声音主要来自保守派史学家。刘易斯·纳米尔（Lewis Bernstein Namier，1886—1960 年）作为该学派最杰出和权威性政治史家，在 20 世纪英国历史学家中占有一席之地。他以批判辉格派自由主义史学传统的角色出现，长期耕耘于政治史领域，重视对政治事件和精神人物的社会背景与行为利益的分析，开创具有托利党派风格的托利主义史学传统。

纳米尔也具有牛津大学高等教育背景，从 1915 年到 1920 年在外交部任职，在 1931 年到 1953 年，把曼彻斯特大学作为自己的学术活动阵地，从事教学和研究。在自己最擅长的政治史研究领域中，纳米尔几乎花费毕生精心，大量涉猎 18 世纪到第二次世界大战期间的欧洲政治历史，撰写了大量蕴含真知卓识的学术著作，创立了一个具有纳米尔风格的新学派，即纳米尔批判学派。其代表性著作有《乔治三世在位时期的政治结构》、《议会史》、《外交序曲：1938—1939》、《历史的途径》、《美国革命时代的英国》、《知识界革命》和《权力的抉择》等。纳米尔认为，政治行为的合法性是后设的，是经过特定专家精心作过论证的，也就是说，它只是在其行为之后才被政治观念和政治理论赋予其合法性。进一步说，在政治原则或者政治观念与政治行动之间的关系问题上，政治行动从未完全由赋予其合理性的原则所推动，政治理论仅仅是在政治行动之后被赋予了某种合理性。

在《乔治三世在位时期的政治结构》这部书中，纳米尔从否定历史中存在着的激烈社会变革立场出发，通过观察历史的继承性，运用丰富的史料，深入分析 18 世纪 60 年代英国政治历史，透视 18 世纪那个时代英国国会、内阁构成和选举制度的完整运作过程，意在说明和强调 18 世纪英国政治制度的长期稳定性和合理性。这种政治理念和史学价值取向，挑战辉格学派传统观点，锋芒直接指向辉格派自由主义史学派的政治价值观念和社会历史观。

纳米尔在史学研究上的重要建树，还体现在史学方法上的创获，某种意义上说，是他开创了史学研究中的“集体传记法”，通过研究群体人物传记的方法，分析群体人物所处特定历史进程的本来面貌。实际上，“集体传记”这个术语在 1743 年作为一种历史技巧已经存在，它是基于传记合集或类似的史料考察历史的一种方法，其特征就是利用相关共性事件资料作为素材的基本来源。在劳伦·斯通（L. Stone）看来，集体传记就是通过对历史中群体生活的集体研究，对共同背景特征的一种探索方式。其具体方法，就是先确定某个研究的范围，针对性提出一组系列问题，如围绕着特定时期的家庭问题，通过对有关生卒出身、婚姻家庭、财产继承、教育背景、宗教信仰和职业经历等系列环节问题的组合或信息分析，特别是通过数量和变量的考察，重点研究包括这些变量内在的行为和行动方式之间的相互关联。最初的集体传记方法作为政治史研究的某种扩展和工具，目的是用来解决政治史的两个最基本问题：其一，政治行动的根源问题，以此揭示在政治行动背后更深层的利益趋向、分析政治集团的社会经济来源和政治活动的运作机制。其二，关于社会结构和社会变动的问题。主要分析在社会中有特殊地位的集团角色和这些角色随时间变化的基本状态。

纳米尔主张的集体传记法同传统的人物传记不甚相同。他认为一般意义上的传记作为一门伟大艺术而存在，实际上是最容易写作的历史形式，因此他对传记比其他历史书籍更为畅销而略感愤愤不平。纳米尔某种程度上贬抑一般传记，自然有其显著目的。他认为“集体传记法”强调的是群体性，关键是通过研究群体传记来理解社会制度及其变革意义，而不是如一般传统意义上的传记那样单纯地记载喜闻乐见的事情，只关注某个著名人物的生平事迹，要么过度地拔高所谓精英人物的创造能力，要么把这种人物等同成历史发展的主要动力和创造者，观点难免失之偏颇。在《乔治三世在任期间的政治结构》中，纳米尔根据英国国会中的许多普通议员群体传记的研究，考察那个时代的政治结构特征，被称为具有集体传记研究里程碑意义的研究成果。纳米尔采用“集体传记”研究方法考察历史的动机在于，通过综合研究系列细微方面的问题，试图揭示问题所属的某个社会阶层各个方面的真实状况，比如通过探索英国国会议员群体平时的言谈举止，旨在揭示政治行为背后的真正动机。

由此，可以清楚地看到，纳米尔“集体传记法”实际上在扩大历史研究的视野，客观地反映当时社会的真实面貌，有着相当重大价值。事实上，纳米尔曾于 1950 年亲自组织伦敦大学历史研究所国会史课题组，专门采用“集体传记法”来编纂有关英国国会系列成果而卓有成效。随着新史学的发展，应该说这种史学研究方法的创立与运用，对当代西方史学的发展必然起到积极的促进作用。

英国保守主义史学派的另一位重要代表人物，则是 20 世纪英国杰出的史学大家赫伯特·巴特菲尔德（Herbert Butterfield，1900—1979 年）。作为英国剑桥大学的高才生，巴特菲尔德一生著述甚丰，被认为是英国学派（国际政治与国际关系史学界）的奠基人，因为他曾经发起成立了英国国际政治理论委员会，其国际关系思想是一种倾向于理性主义的现实主义，以基督教信仰为出发点，以深刻的历史理解为背景，以人类发展和国家政治关系中的安全困境及其制约因素为主要内容，表现出对国际秩序和人类命运的深刻道德关切，这种解释方式足以为我们理解现时代中的国际关系，特别是国际间战争与和平问题提供了独特的宏大视野，从而开创了英国学派的源流。当然，巴特菲尔德的思想不可避免地带有着内在的保守主义缺陷，但是，他在史学研究领域的成就和在史学界的声望越来越受人重视。

在巴特菲尔德的众多学术著作和论文中，除了主要关于 18 世纪英国政治史或欧洲近代史内容的专题性历史研究著作如《历史的辉格解释》、《历史学的起源》和《近代科学的起源》之外，主要是侧重国际关系史学理论方面的《基督教与历史》、《人类论述其过去：史学史研究》和《乔治三世与历史学家》等专著。不过，其中最有影响的还是多年来不断重印的有关史学理论方面的经典名著《历史的辉格解释》一书。虽然巴特菲尔德这部著作的内容本身只涉及政治史与宗教史，但是其影响却波及整个历史学界。因为自此以后“辉格式的历史”这个词语俨然成为历史学界进行史学批评的标准专业用语。从此以后相当长时间内，没有哪位英国历史学家愿意成为（或被人称为）辉格式的历史学家。由此可见巴特菲尔德有关辉格式历史研究法的批评，已经在英国史学界造成深刻影响。

在《历史的辉格解释》一书出版了近二十年后，巴特菲尔德又对科学史产生了兴趣。当 1949 年巴特菲尔德出版重要的科学史著作《近代科学的起源》的时候，他仍然坚持反对辉格式历史学的重要倾向。这直接引发了 20 世纪 70 年代中后期以来，英国史学界对于反对辉格式研究传统的问题再次反思思潮。

值得一提的是，作为英国现代国际关系史学派的精神领袖，巴特菲尔德主要关注历史学、政治学和国际关系史学的发展，但他在神学史、科学史和外交史等领域也成就卓著。

四、剑桥大学历史人口学派

19 世纪以来的英国剑桥大学是英国史学的学术重镇，它培养了英国众多的专业史学家，决定着英国史学研究的重要发展方向，形成的享誉国际史坛的“剑桥学派”至今还广为人知，影响深远。

对于“剑桥学派”及其史学成就，在通常意义上，人们更为关注的主要是学派精神祖师阿克顿（Lord Acton，1834—1902 年）效法兰克史传统开创的客观主义史学。1886 年，当著名的史学杂志《英国历史评论》创刊，阿克顿以题为《历史学中的德意志学派》的论文为号角，揭开了英国近代史学崇尚“客观主义”的治学态度和“科学方法”研究历史的序幕。不过，令人遗憾的是，1895 年就作为剑桥大学近代史钦定教授的阿克顿，终身鼓吹兰克史学传统，生平治学甚勤，但除了一些零散论文外，这位享誉国际的史学大师竟没有留下一部像样的著作。聊以慰藉的是，最终依靠集体力量，以客观主义态度撰写的标志着英国近代史研究最高成果的十四大卷《剑桥近代史》的出版，则归功于阿克顿的倡议和首先精心编纂。实际上，“剑桥学派”中重要史学家可谓不少，1902 年后，布瑞（John Bagnell Bury，1861—1927 年）继承阿克顿的遗缺到剑桥大学任教。此后二十多年间，他主持剑桥大学近代史讲座之余，又全面负责主编由许多历史学家分头执笔撰写的多卷本的

《剑桥古代史》和《剑桥中世纪史》。《剑桥古代史》、《剑桥中世纪史》和《剑桥近代史》等系列成果也成为西方史学界通力协作的标志性成就，为世人铭记和效法。

当20世纪客观主义史学思潮日益式微的时候，剑桥大学历史学派能够引人注目的东西似乎并不多见。值得重视的就是剑桥大学历史人口学派了，它重新促进了剑桥史学的繁荣，引起20世纪的英国史学界越加重视关于人口问题的研究，代表着当代英国史学的一个发展方向。大体上说，人口史是隶属于历史学的一门特殊的分支学科，但却与其他许多分支学科有着千丝万缕的联系。某种程度上，它不仅是沟通经济史和社会史的纽带，也成为联结历史学和人口学的桥梁。就跨学科角度来看，历史人口学主要研究历史上的纯粹的人口学现象及其实质；人口历史学则关注一定社会和经济背景下的人口行为及其历史意义。这里考虑到专业对象，我们忽略两者间细微的差别，侧重从历史人口学角度说明英国史学的独特作用。

从学术渊源上看，法国历史学家路易·亨利1950年代首倡和运用“家庭重建法”（Family Reconstruction）模式，从人口学与家庭史学相互关系的角度，根据教区登记资料，撰写了《诺曼第教区克卢莱的人口》，重建了西方历史上的家庭模型，得出了很多人口统计数据，展示了历史人口学的最初成就，成为当代历史人口学的开端和经典性著作。

一般认为，历史人口学对家庭史的研究影响极大，实际上两者存在着一种相辅相成的关系。不过，在亨利那里，家庭史只是手段，人口史才是目的。而家庭史之所以居于人口史的前提地位，主要原因是法国当时存在着丰富的历史人口资料，特别是农村人口的历史资料，这些史料大都是各地教会有关教民子女家属洗礼、婚礼和葬礼的登记簿册。这种收藏地区广泛、记载历时久远和前后体系一致的史料，成为研究区域历史上人口变化与社会变迁的最好原始数据资料。换言之，历史学家在进行人口史研究之前，必得作家庭史的研究，才能够更好地通过特定时期的区域家庭史追述和综合相应的人口消长与社会变迁历史。随后，这种研究模式和方法为欧美的人口史学家和家庭史学家广泛采用，极大地影响了有关16、17

世纪后至现代人口统计以前的欧洲人口和家庭史，由此形成了欧美历史人口学，一批历史人口学成果得到广泛传播。

20 世纪英国的历史学家却后来居上，主要在法国历史人口学的成果基础上，使得英国历史人口学的研究呈现突飞猛进之势。典型事件就是，英国剑桥大学在 1964 年建立了一个完整意义上英国历史人口学的研究机构“剑桥人口和社会结构史研究站（the Cambridge Group for the History of Population and Social Structure）”，机构群体主张运用包括数理统计在内的历史人口学的新方法，从各地教会簿册中挖掘新资料，试图通过结构分析的方法，探索变动不居的人口数量关系背后深刻的社会关系与制度变迁。这个机构也是西方迄今规模最为庞大的家庭史研究机构，虽然它的主要目的也不是家庭史本身，而是人口史和社会结构史，但是家庭史研究在剑桥还是具有比在法国更为重要的地位。在法国，家庭史只是为了人口史研究的需要，在剑桥它更主要是为了社会结构史的需要。

剑桥机构由彼得·拉斯莱特（Peter Laslett，1915—2001 年）主持，他曾经不无自豪地宣称，他们的目标就是要建立一门包括各种社会的社会结构史学，重点考察家庭在前工业世界的结构功能。实际上，拉斯莱特却因此成为了英国历史人口学的奠基人之一。出自剑桥大学圣约翰学院的拉斯莱特，1938 年获得历史学和文学双重学士学位，但当时他并没有马上投入到经济社会史研究。因为第二次世界大战的爆发，如同英国许多学者一样，他的最初专业进步受到战时中断，直到 1948 年重新回到圣约翰学院从事专业研究，由政治思想史的研究逐步向经济社会史研究转变。其代表作主要有《我们已经失去的世界》、《人口史和社会结构》和《历史上的家室与家庭》等。英国历史人口学的发展较为顺利，拉斯莱特的巨大成就，还有他和里格利、埃维斯利共同编著的《英国历史人口学导论》，格拉斯与埃维斯利合编的《历史学中的人口：历史人口学论文集》，里格利所著的《工业增长与人口变化》、《人口与历史》、《历史上人口的鉴定》和《英国人口史》，安德森的《19 世纪兰开夏郡的家庭结构》，斯科菲尔德的《过去的人口：重要档案的计算机连接》和《历史人口学：可能与局限》，等等，所有这些成果都成为英国历史人口学吸引国际史学界目光的重要标志。因此，在国际人口史学界和国际学术界，英国剑桥大学人口史小组的所有成员都享有崇高的地位，特别是从 20 世纪 70 年代起，他们根据教区登记资料，建立了整个英格兰的历史人口数据库，在此基础上，做出了世界一流的学术研究成果。

从研究的技术手段来看，剑桥机构成员们从事着最新的尝试工作，采用现代计算机技术、其他先进计量方法和家庭重建模式，经过艰苦卓绝的工作，投入大量人力物力，根据英国各地教区 1538 年到 1837 年近三百间的登记簿册资料，对这些被调查的家庭和地区展开系统正式的研究，集中研究和攻克了英国从 1540 年到 1870 年间的人口问题，揭示其中的人口结构和社会结构问题。对这段历史做出了人口史与家庭史相互交叉的真实可信和权威性解释。实际上，家庭重建模式在被历史人口学家普遍采用的同时，也倍受社会史学家和经济史学家的青睐。比如英国经济学家钱伯斯就运用这种研究方法，撰写了成名著《1670—1800 年特伦特河流域》，揭示了诺丁汉郡和格罗斯特郡等地几十个农业村落和工业小区百年社会经济变化状态。

值得注意的是，为弥补家庭重建法研究过程中的种种缺陷，克服具体操作上采用费时费力的微观调查手段所引起的不足，做到整体上形成观察历史全貌的效果，剑桥大学人口研究机构中的里格利和斯科菲尔德共同首创了“倒推法”的研究方法。比如，在他们合作撰写的《英格兰人口史：1541—1871 年》中，里格利和斯科菲尔德受到美国经济学、人口学家罗纳德·李的“反向推算法”的启发，充分运用反向推算法的基本原理，在充分考虑人口迁移状况的前提下，从既有资料（如年龄结构和人口规模）出发，推算出某个时段的出生率、死亡率和人口变动的基本脉络，观察它们的演变趋势，得出相关结论。历史事实证明，他们借助倒推法计算出来的结果，竟然和随后人口普查出来的资料得出的正式结果基本一致，两位历史学家也成为运用“倒推法”去从事历史人口问题研究的成功典型。他们的研究成果反过来又促进“倒推法”在历史人口学中的广泛应用。

从学术成果的影响上说，英国剑桥学派历史人口学家们的研究成果，拓宽了历史学家的视野和历史学的领域，越来越强烈地影响着其他领域中的历史学家。有些学者认识，目前，英国史学界兴起一股经济-社会史（Economic and Social History）研究思潮，也有人认为英国存在着一个经济与社会史学派。实际上，经济-社会史从来就是西方历史学的重要分支和不可缺少的重要发展方向，特别在英国它早已存在，而且经历了几十年的发展历程，在它的旗帜下，卓有成就的历史学家可谓群星云集，不胜枚举。在崇尚经验主义的英国，许多历史学家也兼具多重学术传统，近半个多世纪以来，英国经济社会史异军突起，成为继年鉴学派之外西方历史研究的代表和重要的发展趋势。英国历史人口学派既可立身其中，也能独善其外，总体上起着沟通经济史和社会史、经济与社会史等学科的桥梁作用，并表现出非凡的学术魅力。

五、古奇关于 19 世纪西方史学的独特考察

乔治·皮博迪·古奇（George Peabody Gooch，1873—1968 年）是 20 世纪英国学术界一位有着传奇色彩的历史学家。良好的家庭条件为古奇先后求学于伦敦大学和剑桥大学这样的高等学府提供了充裕的物质基础。他大学毕业后，马上前往德国柏林和法国巴黎相关专业留学，由此更加增强了古奇的专业素养提高了其学识水平。当然，古奇的海外留学背景，受到人们关注的还在于他深受德国兰克学派的影响。实际上，如兰克那样，古奇也是一位游离于学术与政治双重价值之间的重量级学者。正因为他曾经于 1906 年和 1913 年两度当选为英国国会下院议员，具有显明的自由党的温和派政治倾向，加上关于 19 世纪西方史学发展历史的独到研究成果，古奇酷似不折不扣的学界与政界两栖明星，但终究学术界更突出了古奇著名历史学家的角色，或许古奇自己也更多地愿意以历史学家的身份标榜学界，展示后世和启迪后学。

古奇属于学术智慧和专业启蒙较早的那种历史学家，早在 1898 年就以《17 世纪英国民主思想》论文获得提华尔征文奖。早

期作为受到英国剑桥学派影响的史学工作者，1910 年的他已经开始为著名的《剑桥近代史》编纂出力，其中的第十二卷《历史科学的发展》一章即出自这位当时的实力派年轻历史学家之手。从 1911 年开始，古奇这位年龄还不过五十的中年才俊担任自由党月刊《当代评论》的主编，1922 年至 1925 年当选为英国历史协会主席，1933 年到 1936 年曾任英国和平理事会主席。

古奇在史学研究领域里建树颇丰，他花费大量心血倾注于西方史学史的研究，此外，还深入英国近代外交史和思想史领域，撰写了大量学术水准非凡的著作，比如《19 世纪的历史学与历史学家》（1913 年）、《19 世纪英国外交史》（1917 年）、《法国革命》（1920 年）、《1878 年到 1919 年欧洲史》（1922 年）和《王朝六世统治》（1958 年）等书的出版，足以让古奇傲视西方史学界。再有，古奇主编的《剑桥英国外交政策史 1783—1919》（1922—1923 年）和合编的《有关大战起源的英国文献 1898—1914》等著作，同样选材精审，内容翔实，广泛获得国内外史学界的好评。

在古奇众多的学术著作中，《19 世纪的历史学与历史学家》堪称西方史学史的扛鼎经典，被国际学术界公认为研究 19 世纪历史发展历程和历史学发展进程的奠基之作，至今受到任何涉猎西方史学史的专业学者和普通读者广泛推崇。正因为古奇所著对 19 世纪的历史学与历史学家进行了较全面和深刻的评述，在西方学术发展史上，19 世纪因此被称为“历史学的世纪”。这也标志着西方史学在自身发展中，理论与方法已经渐趋成熟，历史研究的现实出现了前所未有的繁荣景象，历史学的前途也似乎一片光明。

《19 世纪的历史学与历史学家》的前期成果，实际上应该算古奇为著名的《剑桥近代史》第十二卷撰写的论述近代历史学成长的主要内容，1910 年出版的专著《历史科学的增长》，也就是后来纳入《剑桥近代史》的第二十六章全部内容。此后，古奇辛勤耕耘，在此基础上不断地修改与增补，无论是篇幅还是内容，最终完成的《19 世纪的历史学与历史学家》都已经今非昔比，以崭新的面貌获得出版。关于这点，可以从该书 1913 年初版的序言中清楚地看到，古奇自称其著史目的，就是总结和评估百年中西方历史研究与史学著作的辉煌成就。描绘史学专业大师的治史心路，追溯科学研究方法的发展轨迹，考察名著产生的政治、宗教和种族背景因素对历史学的影响，衡量既有史学成果对当时生活的作用和对后世思想所起的潜移默化影响，恐怕就是古奇著史的明确动机。西方史学发展的历史也证明了这点，古奇的《19 世纪的历史学与历史学家》自出版以来受到海内外读者的热烈欢迎，得到国际史学界专业领域的广泛好评。

从史学思想的来源上看，古奇有海外留学背景，深受德国兰克学派的影响，由于英国史学传统的深厚积淀，英国资产阶级自由派的史学思想倾向也深深烙印在他的心灵和著述之中。古奇活过 95 岁的绵长寿命，这两种学术传统集于一身而几乎没有改变。古奇还主张史学的批判精神，他认为批判的态度是批判史学的基本核心，历史学家秉执批判的工具，就是指不迷信于权威历史著作的框框，而要结合研究对象，对照考察对象的时代流传下来的所有史料，比如自传、信札、诗歌、法律文书、神话传说、墓志铭以及其他考古材料，结合其他史学家的著作成果，综合核定基本的史实，进行合理的解释和评述。从这个意义上说，《19 世纪的历史学与历史学家》一书具有巨大的史料价值。书中保留了大量第一手资料，很多还是早已失传的原始资料，成为后学研究这个时期的西方史学与社会发展问题的珍贵史料。

从学术思想的价值和影响上看，《19 世纪的历史学与历史学家》一书最难能可贵的地方和最大特点，就是它涵盖的领域异常广阔，而题材的选择却不拘一格，考察对象为数众多。令人惊讶的是，全书所列历史学家总达 500 余人，甚至值得许多历史学家花费一生的时间去进一步深入考察研究，对普通大众来说，要寻找古奇书中提供的这些历史学家全部著作加以简单的阅读，恐怕也是件不可能完成的任务。然而，出于职业史家的敬业和忠诚，古奇不但翔实地介绍和仔细阅读了这些历史学家的主要著作，而且还对他们的时代与学术背景做了非常全面的叙述。尤其值得肯定的是，古奇对 19 世纪西方重要历史学派之间的批判继承关系的分析，对历史学家的个性描述，对这些学派和史学大家所取得成就的权威性的评论，并不是建立在资料的简单堆砌上，而是准确地抓住其所论述对象的主要特点，揭示那个时代西方史学发展的基本特征，从而对整个历史学的发展起到了重要的推动作用。

六、卡尔关于历史学自身问题的反思

历史是什么的问题，是人类几千年来不断思考和追问的主题，也是中西历史学家们长期思考的理论问题，正是在这种不断追问和反思的过程中，历史学的内容和学科属性逐渐清晰。即使如此，我们仍然不能够给出有关历史的确切答案，即便作为一个概念本身，答案也是众说纷纭，令人无所适从无从择取。人类自身对于历史的思考却更早，大体随着人类社会和人类意识的形成，便出现了或明确或模糊的历史意识。通俗意义上说，说到历史，人们往往从比喻的角度，企图作些力所能及的说明。有人说历史如海洋、湖泊和江河，有时显得风平浪静，碧波荡漾；有时却波涛汹涌，翻江倒海。历史是天空，有时风和日丽，有时却风云突变。历史是火山，沉睡万年中可以引发惊天动地的呼啸。历史是小舟，高明的舵手可以驾驭它乘风破浪。历史是四季，冬去春来岁月轮回，永无止息。凡此种种。对这个问题，哲学家、历史学家有着与文学家们根本不同的回答和理解。

从历史学自身的范畴来看，关于“历史是什么”的问题是对历史学自身性质反思的根本问题。从历史哲学的角度对它进行可能的正确认识与准确理解，是历史学得以确立的根本前提。回顾中西史学学术史，自号称“西方史学之父”的希罗多德和中国古典史学的代表司马迁之后，历朝历代的历史学家就保持着积极探询历史真谛的情怀，努力试图揭开历史女神克利奥的神秘面纱。虽然各种结论种种言说显得并不周密和不甚完美，但毕竟它们丰富了人类关于历史知识的种种认知。通常认为，从历史哲学的发展线索来看，西方学者自意大利的维科，经法国的伏尔泰，到德国的黑格尔和马克思，英国的柯林武德，以及现代西方众多历史哲学家的理论分析，或从历史本体论的角度，或从历史认识论的角度，对历史做出各自的解答。在这些人类思想史和观念史的认识过程中，形成了西方学术史上重要的思维成果，分别统属于思辨历史哲学和批判或分析的历史哲学流派。两种理论取向的基本分野在于，思辨的历史哲学关注的是“什么是历史”，试图探讨人类历史进程的基本面貌，批判或分析的历史哲学则探寻“什么被视为历史”，试图解决历史学自身发展过程中的基本问题。

这里，我们把“什么是历史”和“什么被视为历史”作为关涉“历史”本身的一个合题，统称历史学的基本内容加以讨论和介绍。换言之，尽管从历史哲学的角度对于历史的理解人言人殊聚讼纷纭，但是如果采取另一种思维模式，历史学家不去追求历史哲学上的精确定义，而把“历史”本身作为一种历史的存在物，注重历史感和历史性的问题，根据任何事物的经历变化那样，从总体上考察“历史”所关注和讨论的话题，那么人们大体上可以划定历史学学科的历史哲学域限，达到认识历史学学科性质的目的。20世纪50年代后，随着当代西方史学发生的在历史哲学上重新定向的深刻变化，爱德华·卡尔（Edward Hallett Carr，1892—1982年）这位优秀英国历史学家关于“历史是什么?”的独特思考，对相关问题历史认识论角度的阐释成果，无疑具有重要的意义。这里，卡尔所指称的“历史”，并非倾向于本体论范畴的客观实在的历史（即关于历史的实际认识），而是侧重于认识论范畴的观念形态的历史（即关于历史的观念思考或历史学），就此而言，卡尔的史学思想和历史哲学认识成果则属于批判或分析的历史哲学范畴。正是从史学理论和历史哲学方面的努力，基于对20世纪60年代英国学术界盛行的悲观主义、历史相对主义及推崇用宗教观点解释历史而否认历史规律性的保守主义等思潮的深刻批判和反思，他写出了著名的代表作《历史是什么》。

卡尔——20世纪的英国历史学家、国际关系史学家和政治学家早年就学于伦敦大学泰勒学院和剑桥大学三一学院。大学毕业后，长期供职于英国外交和情报部门，深受信任和重用，历任一等秘书、助理顾问、外事局局长，直到1936年。曾经写过颇受人喜爱的著名人物传记，如《陀思妥耶夫斯基传》和《马克思传》。从

1936年到1947年任威尔士大学国际关系教授，期间曾经担任伦敦《时代》杂志副主编相当长一段时期。1953—1955年在牛津大学贝里奥学院任政治学指导教师。1955年以后一直在他毕业的剑桥大学三一学院任高级研究员。1956年光荣当选为英国学术院院士。他擅长苏俄史和国际政治与国际关系史研究。主要历史著作有：1950—1971年陆续出版的9卷本《苏维埃俄国史》和《两次世界大战》、《二十年危机（1919—1939）》、《苏维埃对西方世界的冲击》、《从拿破仑到斯大林》和《布尔什维克革命》等。

我们着重分析《历史是什么》一书中的观点，指明卡尔史学思想的重要方面。1961年1月至3月，卡尔在剑桥大学"乔治·麦考莱·屈维廉讲座"（The George Macaulay Trevelyan Lecture）开设系列学术讲演，从西方史学的古典时期到当代，在西方学术的总体背景下，卡尔论述了历史理论和史学理论方面的基本问题，内容涉及历史想象、历史事实、历史解释、历史的过去与现在、历史学家与社会、历史客观性与历史因果关系等历史诸多层面和历史学的重要问题。在这个学术讲稿的基础上，卡尔加以整理充实，1963年以专著形式正式出版，很快被译成多种文字向世界各国发行，卡尔关于历史的哲学思考和史学理论成果风行国际史学界。

这本名为《历史是什么》的小册子总共分成六个章节。第一章是为全书的总纲，围绕着"历史学家和历史学家的事实"的主题，着重阐述"关于过去的事实"与"历史事实"间的联系与区别，试图确定历史学家与"历史事实"之间的关系，直接回答"历史是什么"的问题；卡尔对历史事实的独特解析引人注目，认为历史学家既不是事实的卑贱奴隶，也不应成为强制事实的专制主人。历史学家和历史事实之间应该保持着一种平等对话的关系。第二章以"社会与个人"为中心，重点分析史学实践活动和"历史事实"之间的种种关系，侧重阐述了精英伟人和普通民众之间的关系，旨在阐明它们在历史上的各自作用等重大历史理论问题；第三章从历史、科学和道德相互关系的角度出发，在研究方法、研究任务和研究根本目的等方面，集中讨论历史学的性质问题，确立历史学具有其他任何科学一样的学科特性；第四章以历史中的因果关系为重点，把关于历史原因的研究确定为历史学家的特殊任务，深入探讨历史运动中的偶然性和必然性问题；第五章以进步史观为指导，站在乐观主义的立场，集中讨论了历史运动中的“进步”问题，提出了历史在本质上就是人类进步的变化过程的科学论断；第六章在“历史就是变化、运动、进步”论断的基础上，进一步认为，20 世纪中叶以来，无论是客观实在历史还是历史学，都处在“进步”的迅速扩展时期，具有广阔的发展天地。

由此观之，《历史是什么?》讨论的基本问题就是历史的科学性质。卡尔努力试图阐明的就是历史的科学性质，这种科学性质依赖于历史的自身价值。历史学家的终身任务就是通过认真搜集历史遗存的原始资料，运用科学的方法，鉴定材料的伪真，经过逻辑的概括，得出科学的结论。卡尔特别强调历史的功能，认为以史为鉴是历史的最终目的，历史研究应该为人们将来的行为提供借鉴。

卡尔史学思想的价值和意义显而易见。特别是他著述中流露出来颇具特色的历史观，他对人类社会发展所持的进步主义态度和乐观主义信念，坚定了众多历史学家对历史学的信仰，也激励着许多的历史学家终生敬业。这种历久弥新的史学观念和社会历史观念，对于进入 20 世纪以来，特别是对于经历了两次世界大战的西方历史学家来说，对于几度沉浸在历史的迷茫状态而几乎完全丧失了 19 世纪以来西方历史学家所曾经拥有的乐观主义和进步主义思想航标的普通人群来说，甚至对于人类世界所有正在追寻人类自身的人们来说，无疑都具有激发他们内心深处那股奋发向上、踌躇满志和积极进取的精神动力作用。卡尔的思想是进步的，卡尔的声音是响亮的，卡尔的名字也就广为世人传颂。

七、汤因比与西方近代文明的论说

20 世纪英国学术领域里和英国史坛上，阿诺德·约瑟夫·汤因比（Arnold Joseph Toynbee，1889—1975 年）被公认为国际思想大师，堪称“近世以来最伟大的历史学家”，号称当代西方思辨历史哲学的卓越代表和文化形态史观学派的集大成者，其学术声望和观念影响传遍海内外主要国家或地区。

良好的家庭出身和深厚的家学渊源及学术世家环境，为汤因比提供了得天独厚的学术条件，也指明了这位天才少年将来的学术发展方向，基本确立了他未来的学术旨趣，造就了他自身深厚的学养。1889年4月14日出生于英国伦敦一个中产阶级家庭的汤因比，虽然父亲只是个茶叶进出口公司和慈善机构的职员，但是其家族几代人员中却不乏杰出学者和文化名流，如其叔阿诺尔德·汤因比（Arnold Toynbee，1852—1883年）是任教于牛津大学的经济学家和历史学家，叔伯中还有语言学家。汤因比自幼受到良好的古典文化的熏陶和正规文化教育，早年进入英国温彻斯特公立学校，学习拉丁希腊语，此后就读于牛津大学的巴里奥学院古典科，主修拉丁、希腊古典作品。汤因比的母亲属于英国第一代女大学生，具有良好的现代西方历史教育背景，也是一位历史学家。可以说，家庭的学术文化氛围和早期学校的古典教育是成就汤因比后来历史学地位的一种无价恩惠。他自己曾经回忆，从他能记忆的幼年起，自己就有了历史的头脑。是作为历史学家的母亲，感染和激励了他从事历史研究的兴趣。另外他承认其叔爷老汤因比、修昔底德、希罗多德和波利比阿等西方古典时期的历史学家对自身史学研究的影响。

凭借着自己浓厚古典文化的熏陶和基础，1905年开始，汤因比在著名的古希腊史与现代史比较研究专家阿·齐默恩（Alfred Zimmern）的指导下研究古希腊罗马史，1911年牛津大学毕业后，又远去雅典的英国考古学院进修一年，徒步漫游和实地考察了古代希腊罗马名胜遗迹。希腊的这些美好时光和充实的日子，对他产生了深刻的影响：雅典的学习生活中道听了世人对英国外交政策的评议，激发了他对当代国际大事的关注；在踏上古国废墟探访古代希腊遗迹的旅途，古老的历史沉积引发了他对现实问题的深入思考。特别是1914年前后，惨烈野蛮的战争带给人类的巨大创伤，使这位正值青春年少的历史学者不时地陷入对人类文明发展前景的深层思索和深度反思的痛苦情感之中。对历史的反思和现实的关怀，是他毕生不辍，矢志不渝的史学研究动机。他自问道：每当一种灾难性事件发生时，在西方历史当中，这类事件的来龙去脉又是怎样的呢？由现实去回顾历史，从过去悟出现代的意义。这种“以古察今，究往知来”的史学情怀，构筑了汤因比鲜明的人文学术特点和勇于探索与突破陈规的精神品质，而这些学术品格又始终贯穿于《历史研究》这部不朽的大著之中，乃至他整个生命，对他的整个学术生涯产生了重大影响。

1912 年回到牛津巴里奥学院攻读研究生的汤因比同时兼任古代史的教学工作。1913 年他与英国著名古典学者吉尔伯特·睦里的女儿罗莎琳·睦里结婚。1914 年第一次世界大战的爆发，出于对人类文明悲惨境遇和人类自身命运漂泊不定的深切关怀，汤因比萌发了撰写《历史研究》的冲动，因为此时此刻他深感到自己所生活的世界正在发生着翻天覆地的历史变革。正如他在自传中所描写的那样，作者初涉人世就亲眼目睹历史从一个时代转入另一个时代，少年时代是在升平的气氛中度过，1914 年 8 月之前他做梦也没有想到和平竟会毁于一旦。今天看来，我们要庆幸汤因比因健康问题未能应征入伍直接参与战争，否则以战争的残酷激烈和战火无情的造作，或许人类知识史上就可能已经失去一位伟大的历史学家、学术史家和思想家。事实上战争期间的大多时光，汤因比都供职于后方英国外交部政治情报司。大战结束后，他作为英国政府代表团中的近东问题顾问出席巴黎和会。1919 年受聘为伦敦大学教授，在科雷斯讲座中主讲拜占庭史和希腊近代史。1920 年代，整个西方世界都因战争进行了反省，普遍的社会心理却笼罩于“西方的没落”悲观情绪之中。正当人们均在为西方文明的前途和人类命运忧虑之时，汤因比却因受到斯宾格勒《西方的没落》一书的启发——既为其观点而惊叹和折服，又为作者陷入唯心宿命论不能自拔而惋惜——正式产生写一部宏观历史巨著的念头。此时的汤因比既是英国皇家国际事务学会年刊《国际事务概览》的主编，又任该学会研究部主任。深受启蒙时代以来科学理性和历史理性思想双重影响的汤因比，表现出与传统史学思维和学术观念背道而驰的学术旨趣，他清楚地知道自身思维和人类思想深处的矛盾性悖论：希望人类服膺理性，担心人类非理性力量对理性秩序的破坏，而自身思想观念中却有种道不清说不明的宗教性观念因素在蔓延滋长。这种矛盾性学术品格注定了后人对其史学思想和学术观念表达出截然相反的两种评价。

特别值得一提的是，汤因比不是个纯粹书斋型学者，而是位身体力行的实践的思想探索家。所谓“读万卷书，行万里路”，1921年希土战争爆发后，汤因比以《曼彻斯特导报》记者身份，前往希腊、巴尔干半岛、土耳其等地采访和观察。在飞驰的火车上，这位思如泉涌和思想睿智的年轻人在沉思中拟定了《历史研究》大纲，此后，在十几年写作过程中几乎很少改动，这种空前的学术才思确实令人叹服。1925年，汤因比受聘为伦敦大学国际关系史教授，从事教学研究和学术撰写著述。1937年被任命为英国皇家科学院研究员。第二次世界大战爆发后，汤因比又被英国政府作为智囊之一，1934—1946年出任英国外交部研究司司长（调查部部长），1946年再次作为政府代表团成员参加出席了许多重要国际会议。1955年功德圆满的汤因比以功勋教授名衔退休。

汤因比的人生经历复杂但颇为顺畅。世界局势的激烈动荡和社会变革的风云变幻，反而使他具有了著名学者和政治活动家的双重身份，并以人文关怀与社会责任感著称。晚年写作之余，汤因比仍然积极地关注人类命运，参与国际政治活动事务，比如，公开谴责美国侵越、以色列的中东政策和南非当局的种族歧视，呼吁世界和平（这点也是当代西方一些著名学者的共性，都具有强烈的现实关怀和生命意识），1975年10月22日，天不假年的汤因比溘然长逝。

汤因比一生著作宏富，成就等身。除大量手稿、论文和编著外，还有著作数十部，代表性的有：《民族与战争》（1915年），《新欧洲》（1915年），《希腊人的文明和风格》（1925年），《巴黎和会后的世界》（1925年），《文明经受着考验或考验中的文明》（1948年），《一个历史学家的宗教观》（1954年），《希腊文明时期：一个文明的历史》（1959年），《美国与世界革命》（1962年），《人类和大地母亲》（1976年），等等。其中，最重要最具代表性和蜚声史坛的著作是皇皇巨制《历史研究》。《历史研究》全书共12卷500多万字，从1921年正式开始酝酿，1927年起着笔撰写，后因担任公职与时逢战争而断断续续，1934—1961 年间先后出版了 12 卷，从构思、写作到完全出版历时 40 年，但按其设想仍属未完之稿。由此看来，《历史研究》可谓卷帙浩繁，以至常人难以卒读，甚至问世后并不畅销。1946 年，美国学者索麦维尔将书的前六卷内容删繁就简，缩写成 600 多页的单卷节本出版，一时洛阳纸贵，成为当年美国畅销书之一。后来的曹未风等中译本把它分成上中下三卷出版，汤因比的巨著和学术思想也为东方国家后学们所熟知，汤因比也由此声名远播。1957 年，索氏继续将书的七至十卷写成节本出版。1966 年，已感心有余而力不足的汤因比预知无法完成宏大撰写计划，带着几丝世间遗憾和人生伤感，出版《变革与习惯》一书试图为这项宏伟著述工程作个总结。1972 年，汤因比亲自将 12 卷修订成一卷节本，并附插图出版，以图达到普及效果，但事实上，文字的简化对学术思想却不无损害。据说索麦维尔曾这样总结汤因比的心路旅程：生活在维多利亚晚期乐观主义时代和早期深受古典希腊式教育的汤因比，壮年时期身历第一次世界大战，他更加深感自身生活其中的现代社会和古代希腊社会之间的貌似神合。由此引发了作者关于人类文明的忧患意识，那就是文明为什么会死亡和终结？古代希腊文明的命运是否也就是现代西方文明的宿命？深刻的著述动机激发出睿智的思索成果，他的艰苦探索已然扩大到包括所有已知文明的衰落和解体等重大命题，进而研究文明的起源和生长趋向，成就了这部《历史研究》。

《历史研究》的主要内容和史学思想集中于以下几个方面：

第一，纵观汤因比的学术生涯，特别是在《历史研究》中，他对人类历史整体性的全球考察和宏观性的理性把握引人注目，这是早年突破意识的合理发展。在自序里，他就十分强调自己试图把人类历史视为整体，尝试着从世界性的角度去考察分析世界文明大系。汤因比的写作根本上是出于历史学家的责任和治史原则“需要他对人类事务进行全面研究”。正如他自己在《我的史观》中写道：“我的主要论点之一，在历史研究当中，那最小的可以自行说明问题的单位应为那些社会整体，而不是那些被勉强地从各该社会整体中分离出来的片段，如近代西欧各个民族国家，或古希腊、罗马的各个城邦国家，等等。我的另一个论点是，所有一切那些堪称‘文明’的社会的历史，在某种意义上都是平行的并且是同时代的。这两点，也正是斯宾格勒理论体系中最主要的论点。然而，当我在斯宾格勒的著作中为我关于‘文明’兴衰原因的问题寻找答案时，我就觉得自己还大有文章可做。因为据我看来，斯宾格勒在这个问题上非常武断，而且是灰溜溜的宿命论调。他认为各种‘文明’都毫无例外地循着一定的时间顺序而兴起、发展、衰落以至毁灭，但对于其中的原因却没有做任何解释……”这段文字基本上表达了汤因比的创新意识、著史动机和基本原则。

今天我们知道，文化形态学说并不是汤因比首创，国外最早提出其雏形的是俄国学者丹尼尔夫斯基（1822—1855年）在《俄国与欧洲》（论文系作者死后才被发表）一文中提出的“文化历史型”，认为人类历史上有多种不同文化历史类型，每一种形态都各有其发展周期，不能笼统地归到西方近代史学所说的上古、中世纪和近代这三个时代范围。他提出在历史上主要有12个文化历史型：埃及、中国、西亚古代各民族（亚述、巴比伦、腓尼基、阿拉伯帝国等）、印度、伊朗、希伯来、希腊、罗马、新阿拉伯民族、日耳曼或欧洲型、墨西哥、秘鲁。就是在国内，也有先行者斯宾格勒已经在他的《西方的没落》中阐述了文化形态学看似庞杂的思想体系。但汤因比决非被动地继承前人的文化学说和理论倾向，而是在合理扬弃之后做了创造性阐释与思维性突破。当然，汤因比的“文化形态学说”在相当大的程度上，可以视为对斯宾格勒创立的文化形态理论的一种继承与发展。

第二，汤因比以“文明单位”为基础，构筑自己的历史研究框架，对历史写作的技巧上也有所贡献，挑战了传统史学的平铺直叙式的历史技艺，从文明与史学相互关系的角度，形成其文化形态演说。

汤因比把历史研究对象的范围问题和历史研究的“单位”等同起来，他认为“历史研究的可以自行说明问题的范围”，既不是西方史学传统思潮中历史研究的一般断代范围或主要对象民族国家等，也不是抽象极端意义上的人类全体，而是被赋予特色内容和自成一体的文明“社会”。而作为历史研究基本单位的“文明社会”，是指某一特定的具有共同文化或共同生活方式的人的群体，历史学家惟以某个文明为历史研究对象，才能真正揭示历史的本来面貌。

在对人类发展的近 6000 年历程的比较考察中，汤因比拟定了一个有关各文明的“标准性”确切名单：从最初 26 种增加到 37 种，锁定 33 种文明形态。即西方国家城邦文明、斯堪的纳维亚文明、西方基督教文明、西方文明、俄罗斯文明、东正教文明、伊斯兰文明、基督教文明、景教文明、叙利亚文明、希腊文明、爱琴文明、波斯文明、最初的叙利亚文明、赫梯文明、苏美尔—阿卡德文明、埃及文明、非洲文明（东）、非洲文明（西）、印度文明、东南亚文明、中国文明、朝鲜文明、日本文明、越南文明、游牧文明、中美洲文明、密西西比文明、西南部文明、安第斯文明、南安第斯文明和北安第斯文明等文明单位。

撇开汤因比对文明的分类明显带有的主观随意性不谈，值得肯定的是他提出多元文化学说，突破了传统一元文化历史观念和世界历史意识，具有非同寻常的典型性意义：其一，文明社会间存在着文明之间的某种代际亲属关系（或血缘关系）。据此只有埃及文明、苏美尔文明、中国文明、玛雅文明、米诺斯文明等 6 种文明是从原始社会直接产生的，其余则是前者的晚辈或子体。其二，这种“母体”或“子体”历史继承关系并不排斥它们之间的可比较性，因为从哲学角度上看，所有文明社会都视为平行、同时代的价值相。例如他把公元 1914 年爆发的第一次世界大战与公元前 431 年发生的伯罗奔尼撒战争相提并论，这就为多个文明间的纵横比较提供了理论基础。

换言之，汤因比把这些不同的文明形态作为研究历史的基本单位，显然打破了西方传统史学当中的国别史和断代史框架，更与长期以来世界历史屡屡经历的“古代—中古—近古”的三分发展模式相悖论。远离或疏离了“欧洲文化中心论”，表现出作者在历史哲学与史学研究中，转向了一种深层次的文明形态比较研究。这种理论分析模式无疑是对当时以欧洲中心论为代表的传统史学观念的发难与应战。也突出表现了汤因比的突破创新意识和探索精神，他试图把人类社会事务全面纳入文明发展过程和历史考察范围。

第三，关于文明的起源、生长、衰落和解体过程的文化解说。汤因比认为任何文明类型都要经历起源、生长、衰落和解体四个连续发展环节。

文明既非起源于种族优越的天赋人权，也非种族所处地理环境特别安逸所致，而是源于“挑战与应战”二者相互作用的动力。“挑战”包括自然环境和人为环境两种模式。前者是因为困难与新环境的刺激，后者来自打击、压力、惩罚或不幸等人为因素刺激。实际情况是，文明社会起源时往往面临的是异常艰难而非安逸的环境因素。不过，挑战应有一个最为适度的点或界限，才能激起成功的应战。这里，他强调人类对于各种挑战做出创造性的应战在文明起源中具有决定性作用，努力追寻这种决定性作用和导致这种创造性逐步丧失致使文明衰弱与解体的种种缘由，加深了人们对于人类历史的本质认识。

文明的生长是指一种能力和过程，而非社会地理上的扩张。汤因比“文明生长”理论的核心内容，就是这个社会具有神力的少数精英分子，在面对环境不断向他们提出新的挑战时，以“退隐与复出”方式所进行的不断应战过程中，表现出来的一种自决能力。概括来说，少数精英退隐与复出过程中的启发，普通大众模仿并按照具有创造力的精英意志行事，由此对一系列挑战进行成功应战，结果造成处于生长阶段中的文明不断进展与不断增强自决能力，这样文明就完成了一个生长过程。

关于文明的衰落问题，汤因比主要分析了文明形态演变的第三个阶段的情况，着重分析文明衰落的内存因素。他认为衰落的症结和关键原因是少数人自决能力的丧失与多数人的主动分离。这种衰落并不是宇宙的必然性使然（比如地理因素），也非种族退化和技能的衰退，甚至不是由于招致了外部攻击因素。实质上，文明的衰落如同文明的生长一样，是一个内在精神的缺失过程。

至于文明的解体，汤因比对比文明生长的过程，重点分析文明解体的原因。认为两个过程的主要差别在于，一方面处于生长阶段的文明，对于不断出现的新挑战能够成功进行应战，另一方面处于解体阶段的文明，却不能够产生这样的效应。这样，在文明生长阶段里，挑战和应战是动态互动变化的，而在解体阶段里，应战和挑战却不能保持统一协调。进一步说，前者，创造性的少数人对于不断现出的新挑战总是能够进行胜利的应战，而后者则总是失败。因此，文明死亡的原因永远是内因式的自杀，而非外因式的谋杀。

《历史研究》的核心内容是，汤因比根据对文明形态或人类历史演变过程的观察，提出了“四阶段论”说或“四阶段论”模式，规律性地描绘文明解体的历程。他选择希腊、中国和犹太三种文明模式，进行了典型性个案研究试图寻找人类文明成功演变的答案。他坚信新旧文明的交替都要经过帝国时期、间歇时期、教会大一统时期和“蛮族”大迁徙时期四个连续发展的阶段，以此解释中西方社会历史的发展进程。

客观地说，汤因比对于人类文明系统的研究不失偏颇，甚至有点刻意地使文明的发展沉潜公式化，因此存在着许多的观念错误和预测失误，这当然有损于他指称的建设所谓科学历史学的宗旨。比如，许多学者都注意到的，他无法摆脱历史唯心主义的局限，整个研究过程充满了文明形态“泛宗教化”的观点。虽然他倡导多种研究方法，积极地将实证研究方法、比较研究方法、假设的方法，还有富有新意的当代神话学、宗教学和心理学的大量概念与方法，都尽可能地引入到自己的文明研究和历史哲学研究体系之中，但他试图建构人类历史的一般模式的企图，本身又由于种种因素的限制注定无法成功，比如，即便是对西方文明，也是过分依赖于希腊模式；对非西方文明则更不了解，以至于他的一些武断结论和大量史实性错误始终授人以柄而屡遭批评，致使他关于文明的分析和研究的说服力受到影响。此外，他史学研究中隐藏着“先知先觉”式的品格，在某些传统史学家看来实在是过于不可思议和顽固不变了。因为历史的根本属性就是客观实在，史学的根本任务是追求合理而正确的解释，寻求构筑历史本来面貌的途径。当然，如果从这个角度来说，正如许多学者认识到的那样，汤因比对世界历史的具体了解显然比奥斯瓦尔德·斯宾格勒（Oswald Spengler，1880—1936 年）更为深刻、准确和全面，他更强调运用既有的史学研究最新成果，还有较为扎实的实证基础，或许这就是他的庞大文明解说体系较之斯宾格勒文明分析模式而言，在内容上更为繁富，在论证上也更为周密和详尽的原因吧。

值得强调和赞赏的是，汤因比对世界文明的研究，纵横迄今（他那个时代止）人类发展的全部历程，前后花费将近 50 年光景，从历史的逻辑视角，将全世界三十多种文明置于同等价值和平等地位加以分析考察（把西方文明仅视为众多文明中的一种加以研究，试图跳出西方传统史学中的“西方中心论”泥潭），使历史研究视野真正扩大到世界范围，这就异常有力地动摇了西方种族优异论的根基，证明了西方中心主义理论无法成立。应该说，汤因比对于社会历史做整体性研究的不懈追求，其渊博浑厚的知识构成和气势磅礴的宏大视野，对后世的历史研究具有很强的示范作用。

汤因比曾对自己的偏见和极端主观的态度进行公开的深刻反思。因此，有人这样描写：在谦逊的汤因比博士面前，我无法用言语来表明我对他的敬仰。先生海纳百川的宏大气魄，对人类历史事无巨细的解剖深析的严谨学术精神（在某些史学家看来是随意的，尤其是在对于世界文明形态的划分上），宏博渊深的知识学养，以及纵横捭阖的丰富的想象力，都为我们树立了一座伟大的精神丰碑。尽管今天中国史学界对于汤因比的推崇和讨论热情已经有所减弱，历史学者也极少有人读完他的大部头《历史研究》，但不能否认的事实是，汤因比及其《历史研究》对 20 世纪国际史学界和历史哲学界的强大影响，甚至在当代世界历史发展速度日益加快，全球化进程和人类未来命运备受关注的现实条件下，汤因比式的文明解体警言并没有完全过时，他对人类历史命运的真切关注和深沉思考，无疑使这位国际思想大师无可争议地立身于 20 世纪最杰出的西方历史学家行列。实际上，汤因比的史学思想已经远离其名字，甚至逐渐成为人们习以为常的普遍观念了。

八、当代英国马克思主义史学派

马克思主义理论自 19 世纪 40 年代产生以来，不仅被确立为国际共产主义运动的重要指导思想，而且成为国际历史学界的一种指导理论。作为哲学和总的观念形态存在的马克思主义，对历史学的影响力不可估量，它在注重社会经济背景、人民群众历史作用、阶级分析方法、扩大史学研究领域和转变史学研究方向等历史理论和史学理论诸方面，对西方史学家乃至全世界历史学家都产生了深刻长远的影响。马克思主义历史理论更是经典马克思主义理论的重要组成部分，它构成马克思主义史学的重要理论基础，随着时间的推移，世界范围内的马克思主义史学思潮正在兴起。重要的是，马克思主义不仅作为一种政治指导力量和世界观体系，而且作为一种研究方法、思维工具和分析手段，起着世界性作用。一方面，马克思主义史学本身获得很大发展，世界各国都拥有众多的马克思主义史学流派；另一方面，马克思主义史学思潮对西方史学产生了极大影响，如马克思主义史学对法国年鉴学派的重大影响力。20 世纪 50 年代以后，西方马克思主义史学的发展更为迅速，以至当代英国史学家杰弗里·巴勒克拉夫在从各个具体方面分析了经典马克思主义史学对西方史学及史学家的深刻影响之后明确指出，事实上到 1955 年，即使在马克思主义的反对者中，也很少有历史学家会怀疑马克思主义历史研究方法的积极作用及其挑战。在欧美各国史学界，以马克思主义理论为指导，形成了一支支别开生面的史学队伍。总的来说，第二次世界大战初年到 20 世纪五六十年代这个时期，除了英国和法国拥有比较强大的马克思主义史学派外，还有意大利、德国和美国等马克思主义史学派也非常有影响，而欧美其他国家的马克思主义历史学派的力量则因受到更多的限制而相对弱小，不过，西方马克思主义史学已经成为一股强大独特的史学思潮，影响着国际新史学的发展和前景。

当代英国马克思主义史学派与法国年鉴学派、美国社会科学历史学派一道号称为当代西方三大史学流派。学派经历了第二次世界大战前的酝酿阶段1956年前的形成与初步发展阶段，这也是该学派发展史上很重要的转折点，随后迎来了60年代到70年代的繁荣时期，步入80年代后新的发展阶段。英国马克思主义史家群体除了人们较为熟悉的莫里斯·多布（Maurice Dobb，1900—1976年）、罗德尼·希尔顿（Rodney Hilton，1916—　）、克里斯托弗·希尔（Christopher Hill，1912—2003年）、埃里克·霍布斯鲍姆（Eric Hobsbawm，1917—　）和爱德华·汤普森（Edward Palmer Thompson，1924—1993年）等五位历史学家外，还有雷蒙·威廉斯、多萝西·汤普森、乔治·鲁德、约翰·莫里斯、布赖恩·哈里森、维多克·基尔南、约翰·萨维尔、拉菲尔·萨缪尔、佩里·安德森、加雷兹·琼斯、罗宾·布莱克等众多学者，如此强大的史家阵营是其他西方国家的马克思主义史学流派所不能比拟的。国内外史学界对英国马克思主义史学派作了初步的考察，认为他们对马克思主义历史学的进步与发展起着不可忽视的作用。20世纪六七十年代之后，马克思主义在英国史学界的影响稍有减弱，但它对19世纪末20世纪初英国史学的发展所产生的影响是不可否认的。可以这样说，在那个时代里，几乎每一个史学工作者都感觉到了马克思主义的影响。所以，也有些学者把马克思主义对英国史学的影响过程看成是英国历史学的第三次革命。

当代英国马克思主义史学具备以下基本特点：第一，就史学研究的理论基础来看，英国马克思主义历史学家们最初对唯物史观、马克思主义理论和共产主义运动的信仰，大都致力于将马克思主义理论与历史研究实践相结合，而且采取非教条性地运用和阐述马克思主义史学理论的态度，在研习经典马克思主义理论著作和实践成果基础上，运用马克思主义的基本方法指导具体的历史研究，在史学实践中，运用和发展马克思主义史学理论。汤普森的《理论的贫困及其它》、霍布斯鲍姆的《卡尔·马克思对历史学的贡献》和安德森的《历史唯物主义的轨迹》等是为显例。

第二，就历史方法论和史学研究范围的价值取向看，在史学研究实践中，以马克思主义阶级理论与阶级分析方法为基本指导和出发点，当代英国马克思主义历史学家明确主张“自下而上”和

“自上而下”有机地研究社会历史。比较而言，他们更主要是研究普通下层民众的历史，即撰写“自下而上”的历史，但并不完全排斥上层阶级的历史研究。如“自下而上”的历史内容构成霍布斯鲍姆史学研究的重要特色，他的史学价值取向就是，通过科学的方法，借助大量的基层史料，研究与发掘日渐被人们记忆遗忘的人民大众的历史，特别是通过描述诸如因饥荒而引发的动乱、捣毁机器运动等集体反抗行为，揭示普通大众的生活和思想。

第三，就史学研究的具体分析方法和史学成果来看，英国马克思主义历史学派无疑继承了英国史学的经验主义传统方法，强调以史料为基础的细节叙述，立足历史学本位的研究途径，写出了大量可读性和思想性并重的史学著作，取得了非常大的史学成就。英国马克思主义史学派的主要成员各有学术专长和突出的研究领域，都是永载史册的著名历史学家。如希尔顿以研究封建主义社会与农民问题见长，代表作有《中世纪英格兰农奴制的衰落》（1969年）、《被奴役者争得自由：中世纪农民运动和1381年的英国起义》（1973年）和《从封建向资本主义过渡》（1976年）。多布在其1946年出版的《资本主义发展研究》一书中以马克思主义的观点与方法广泛考察了英国资本主义的起源和早期发展史，他关于资本主义产生的时间、途径和早期发展阶段的观点，引发了西方史学界长达半个世纪之久的关于封建主义向资本主义过渡问题的论争，多布对资本主义的开创性研究，奠定了他作为老资格的马克思主义史学家的特有地位。希尔一生致力于17世纪英国革命史研究，代表作是1955年出版的《英国革命：1640年》，其学术成果一开始就占据着英国革命史研究的制高点，影响了后来的英国革命史研究方向。霍布斯鲍姆更是一位多产的马克思主义史学家，他的研究包括从宏观或整体上对19世纪资本主义世界和20世纪当代世界历史的考察，更有从微观或具体独特的视角对下层社会历史的分析（代表作见后文）。汤普森1963年出版的《英国工人阶级的形成》，成为研究工业革命时期英国工人阶级状况的奠基性著作之一，在西方新史学中更是具有里程碑意义的创学派式开山之作。

第四，就史学研究的分析视角来看，在具体的研究领域中，英国马克思主义历史学家大多在注重经济因素对人类社会发展作用的同时，也重视人类社会历史发展过程中的宗教信仰、道德良知、风俗习惯和文化观念等非物质因素对社会历史进程的影响力。英国马克思主义史学家的总体目标，就是寻求一种区别于传统史学中仅仅具有的诸如政治史、军事史、经济史等专门史之外的整个社会的历史图景，即新社会史。在这种新社会史之中，它需要研究整体的社会历史，涉及各种社会关系系统的历史，体现的是社会结构和社会变化的一般模式、一系列实际发生的独特现象的集合体以及错综复杂关系的统一体，研究者可以或者从宗教，或者从道德，或者从习俗，或者从文化因素的视解，考察不同时代不同区域的政治、经济、军事与社会演变，从而真正展示社会历史某个方面乃至整体人类社会的变化脉络和历史图景。其中社会经济关系是其研究的最根本和决定性因素。如希尔关于民众清教运动和英国革命的社会文化研究，汤普森对于 18 世纪英国农村民众的共同习俗研究和有关英国工人阶级形成的文化解释，霍布斯鲍姆有关社会盗匪的底层生活史研究等，都是这种研究取向的重要成果。

英国马克思主义史学派的显著史学成就，近年来日渐引起国内外史学界的广泛关注，他们对中世纪英国历史以来及至战后世界各历史时期的历史现象，尤其是 19 世纪英国工人阶级运动史、19 世纪资本主义和 20 世纪的世界历史进行了熟练而独特的马克思主义历史学解释，已经引起国际史学界的广泛注意。汤普森和霍布斯鲍姆以该学派主要开创者身份，分别被称为“文化的马克思主义者”和“头号实践的马克思主义者”。当然，这种称谓并不能够准确地表明他们全部的学术研究贡献和独特的历史学家地位。

霍布斯鲍姆作为英国马克思主义史学派的重要代表性人物，其人生经历和学术道路颇具传奇色彩。他 1917 年 6 月 9 日出生于埃及亚历山大城，父亲是俄国犹太后裔，母亲出身于奥地利中产家庭。1919 年举家迁往维也纳。在这里，十几岁的少年目睹了“第三帝国”的兴衰，他从有关德国的悲惨状况意识到资本主义的巨大缺陷。1931 年，14 岁的霍布斯鲍姆加入柏林学生共产党组织。1933 年希特勒上台后排斥犹太人，16 岁的他随父迁居伦敦，在伦敦圣马里莱本普通中学完成了中学教育。在中学时代，霍布斯鲍姆第一次面临着专业兴趣的选择，同时表现出对历史学、近代语言学和文学的天赋，但感情的天平还是最终偏向历史学，他立志将来成为一名历史学家以期履行自己的社会责任和历史使命。在父母去世后不久，霍布斯鲍姆随叔父一家来到伦敦并最终进入剑桥大学国王学院学习，为以后的学术生涯作了准备。

1936 年至 1939 年间，霍布斯鲍姆在剑桥大学国王学院就读时正式加入了英国共产党组织，1939 年获学士学位，随后进入研究生教育阶段。1940 年 2 月霍布斯鲍姆应征入伍，1941 年到 1946 年坚持苏联共产党的路线，参与反法西斯主义的战争。一度中断学业，没有获得博士学位。1947 年重返剑桥大学攻读，1951 年获得（哲学）博士学位。由于霍布斯鲍姆的共产党党员身份和犹太民族出身，尽管他在学术上声名鹊起，但却几度被牛津、剑桥的学院拒之门外。1947—1955 年霍布斯鲍姆任英国伦敦大学伯克贝克学院历史讲师，1959 年升高级讲师，引起英国学术界广泛注意，1970 年担任该学院经济和社会史教授，1982 年从这所学校退休，为终身荣誉教授。1949 年到 1955 年间，还兼职任剑桥大学国王学院的研究员，曾经于 1960 年代在美国斯坦福大学和麻省理工学院任教。1982 年后，作为访问教授在纽约社会研究新学院从事政治与社会史方面的研究并培养博士研究生，后来也成为该学院的终身荣誉教授。霍布斯鲍姆还担任英国学术院院士，被聘为美国国家文化与科学院和匈牙利国家科学院荣誉院士，也曾是英国科学院和美国艺术与科学学会研究员。

在灾难与奇迹迭生的 20 世纪，霍布斯鲍姆是一位不可忽略的史学研究者和实践探索者，世纪之交，霍布斯鲍姆在回顾 20 世纪战争与和平，展望人类社会未来命运的时候，不无深刻地指出，正是包括民族争端和非政府组织兴起在内的一切人类冲突行为，都将世界推向了一个更为无序的区间。任何熟悉这位左派历史学家的人，都能嗅出其间的历史蕴意。霍氏自从 1936 年正式加入共产党后，政治信仰坚定，以“不悔改的共产主义者”著称。不论是苏联入侵东欧的 20 世纪 50 年代斯大林主义的破产，导致传统左派党员纷纷退党和谴责极权主义的内存压力，还是冷战时代的到来，东西方社会阵营的对抗造成的外在刺激力量，都未能改变和撼动他对共产主义的信仰。他承认苏联解体后亲身目睹了“不可置信的经济与社会悲剧”，也体悟到柏林墙的倒塌给共产主义者带来某种如释重负般的精神“解脱”。但难能可贵的是，他仍坚持马克思主义的眼光是观察世界的一种重要方式。

霍布斯鲍姆的学术视野多维开阔，历史研究的对象内容复杂多变，史学研究的领域异常广泛，事实上，霍布斯鲍姆研究的历史时期以19世纪为中心前后延伸，时间跨度纵横17世纪到20世纪，研究区域从英国和欧洲拓展到拉美亚非。研究课题的学科属性除历史学外，也经常涉猎当代政治学、社会学理论、民族学、文学、艺术和社会评论等众多学科。研究主题主要集中在以工作阶级历史活动为中心的劳工运动领域的研究、以农民运动为主体的下层社会反抗和社会革命或社会文化现象的历史运动过程的研究、以世界史范畴为中心的有关欧洲和世界历史发展过程的系统研究三个主要方面。霍布斯鲍姆在史学成就和史学思想上屡有创获，堪称当代国际史学界的博学大师和顶尖思想家。霍布斯鲍姆著作的双重魅力，正如英国《新左派评论》著名编辑和新左翼史学家佩里·安德森所言，是源自这位历史学家不可多得地兼具了理性的现实感和感性的同情心。一方面他是位脚踏实地的唯物主义者，提倡实力政治；另一方面他又能够将波希米亚、土匪强盗和无政府主义者的生活描绘成优美哀怨的感人故事。

霍布斯鲍姆博学通达著作颇丰，先后有近20部专著问世。代表性的有劳工史、革命史和工业革命史专题研究成果《劳动的转折：1880—1900年》(1948年)、《劳动者》(1964年)、《劳动界》(1984年)、《工业与帝国》(1968年)和《革命者》(1973年)；下层社会反抗运动与“传统”习俗仪式的研究成果《原始的造反者》(1959年)和《盗匪》(1969年)、《斯温上尉》(合著，1969年)、《传统的发明》(1983年)、和《非凡的人们——反抗、叛乱及爵士乐》(1998年)；构成19世纪三部曲和20世纪当代史研究成果的《革命的年代：1789—1848》(1962年)、《资本的年代：

1848—1875》(1975 年)、《帝国的年代：1875—1914》(1987 年)和《极端的年代》(1994 年) 等。此外，霍布斯鲍姆还有关于历史理论和史学理论问题反思的论文集《论历史》 (1997 年)、《1780 年以来的民族与民族主义：纲领、神话与现实》(1990 年)、主编了《马克思主义史》(第 I 卷) (1982 年) 等书，写有大量的时评和书评文章，对足球文化和爵士音乐等那些通常不为人重视的非专业主题也投以认真的研究，并取得一定成就。最近他出版了自传体著作《有趣的年代：20 世纪的生活》(2002 年)。

中西学术界普遍认为，汤普森和霍布斯鲍姆同英国其他马克思主义史学家一道，共同开辟了新社会史研究的领域，英国马克思主义史学派又称为英国新社会史学派。确实，马克思主义的史学方法和整体社会史观是英国马克思主义学派多数成员的共用方法论基础，不过，这在霍布斯鲍姆的史学实践中被运用得更加充分和娴熟。霍布斯鲍姆的史学思想非常丰富，他在新社会史研究方面的成就与观念，颇能反映他对国际历史学的主要贡献，可以简单概括如下：

首先，霍布斯鲍姆以总体历史观为指导，主张对新社会史作更多的深层思考，提倡构建一种整体的社会历史。在他看来，新社会史家应当具备融合的视野，把历史研究的所有分支领域作为社会史研究的领域，新社会史学也不应该只是某些学科的补充，而应该与所有其他学科相结合，采取真正的跨学科研究取向。在霍布斯鲍姆那里，"社会的历史"的真正涵义在于新社会史的研究领域是传统社会科学和传统史学所忽视的课题，特别是社会科学和历史学研究相结合和交叉的领域，因此，他才把撰写"整体社会的历史"作为新社会史的核心和宗旨。从根本上来说，霍布斯鲍姆主张"社会的历史是历史"，同时要认识到历史是包罗万象的事实，社会历史研究应该揭示人类发展进程中社会的总体性进程特征。从这个角度上说，《资本时代》就颇能体现这种总体性的社会史构想，大受国际史学界专业历史学家和普通读者的青睐。

其次，霍布斯鲍姆认为新社会史还需要构建自己的方法论体系。总体性的目标追求、"自下而上"的研究角度和跨学科的方法则是构成这种方法论体系的重要途径。霍布斯鲍姆强调新社会史学家在理论上应把整个社会的方方面面作为自己研究的对象，但在实践中允许选择各自研究的主题，在选择研究主题和建构研究领域的同时采取综合研究的方法，新社会史研究的对象绝不意味着包罗繁复，更不仅仅指那些满足于研究主题的新鲜和猎奇，它更应该强调对社会下层历史的体悟和概括，避免具体问题的琐碎考证和单纯性描述。在英国新社会史学家那里，这种整体的历史即是在整个世界密切联系体系中分属各个阶级与社会集团的历史的综合，其中，底层社会历史尤其受到重视。

再次，作为历史学家，霍布斯鲍姆推崇全球史观，十分关注当代现实社会中的种种社会问题，如青少年文化追求问题、性与女性运动问题、自由民主政治、苏联解体问题与当代社会和平发展问题等所谓人类世界整体的社会历史内容，在他的著作中，我们不但可以看他描述这些社会问题的种种表现及其变化趋势，也看到他运动总体史观的方法分析这些社会现象的根源。而这些都可以看成是霍布斯鲍姆的新社会史写作观的运用，体现了一种社会史与马克思主义理论的有机结合关系，也是马克思主义与历史相结合的典型范例。而且这种结合也不是简单地照搬马克思主义的某些现成理论，而是在新社会史的实践中，坚持与捍卫唯物史观，发展马克思主义。

汤普森是一位马克思主义历史学家、新社会史学家和新文化史学家。这位极富天赋的历史学家1924年出生于英格兰，父亲E.J.汤普森（一位作家兼诗人）在印度殖民地从事过教育工作，对印度民族独立运动持同情态度，与尼赫鲁等国大党领袖也颇有私交。具有共产党员身份的兄长威廉·弗兰克·汤普森是位英勇的反法西斯主义战士和陆军上校，后来在战争中牺牲。父亲和兄长的政治观念和学术思想对汤普森造成较大影响，如他曾与母亲共同撰写了题为《一个幽灵在欧洲徘徊》的纪念文章，颂扬兄长为人类共产主义事业的献身精神。中学时期，汤普森在肯特伍德卫斯理派所办公学接受正规教育，然后考入剑桥大学攻读文学，后主攻历史学。大学期间也是他政治上成熟和进步较快的时期，很早就加入了英国共产党。第二次世界大战爆发后他参加英国陆军，先后在北非、意大利和法国参加反法西斯作战。

战争结束后回到剑桥大学继续完成学业的汤普森更积极参加共产党的活动，亲自到南斯拉夫、保加利亚等国协助当地的战后重建工作。1956 年国际共产主义运动阵营内部出现激烈论战，甚至产生了严重政治分裂行为，在这种情况的刺激下，汤普森与英国其他马克思主义史学家如罗德尼·希尔顿、克里斯托弗·希尔等共同脱离英国共产党组织，此后，他自称独立“马克思主义者”，宣扬“社会主义的人道主义”，仍然从事积极的政治活动，反对英国工党政府的右倾保守主义政策。20 世纪 70 年代以后，当和平与发展成为当今世界历史发展的主要潮流的时候，他作为欧洲反核运动的发起者和领导人之一，以实际行为积极投身于世界和平主义运动。

汤普森的史学专业著作并不算多，但学术思想却异常活跃，学术观点也丰富多彩。其著作除《英国工人阶级的形成》（1963 年）之外，还有代表其马克思主义理论水平的重要著作《理论的贫困及其它》（1978 年）、从英国艺术与政治相互关系中的浪漫主义视角来描写英国社会主义运动著名领袖人物生平事迹的作品《威廉·莫里斯：从浪漫主义到革命》（1953 年）、剖析 18 世纪英国社会冲突中典型现象历史的微观研究成果《辉格党与狩猎者》（1975 年）、在早年出版的有关叙述 18 世纪以来英国社会道德经济和民众阶级文化等历史现象的论文基础上形成的专集《共同的习俗》（1991 年）等。此外汤普森出版了许多政论性、时事评论性和反战反核内容的著作。

在汤普森数量颇丰的著作中，最具有代表性的当是《英国工人阶级的形成》这部以独特风格与视角开创学派学术风气的奠基之作。《英国工人阶级的形成》主要以被英国史学界长期忽视的工业革命时期的英国工人历史为考察对象，主要内容包括：第一部考察 18 世纪留传下来的人民传统，探讨 18 世纪末期英国物质环境中存在的诸种自由主义表现，认为这些传统在 18 世纪 90 年代严酷的雅各宾派革命中发挥了重要作用。第二部从主观因素转向客观因素的分析，对工业革命时期不同工人集团的亲身经历，进行文化学意义上的评价，试图将阶级看成一种社会和文化的历史形成，它只有当人们具备亲身经历的时候才能确定其含义。第三部重点谈论人民激进主义的历史，时间横跨从卢德运动到拿破仑战争结束那个可歌可泣的年代。通过叙述这些年代发生的激进主义历史事件，始终围绕工人们的共同经历展开系统描述，得出阶级意识和阶级觉悟的产生是一个文化事件的结论。最后他还对 19 世纪二三十年代的政治理论和阶级觉悟的某些方面进行了更广泛的探讨。总之，在这部经典著作中，他为世人呈现了历史理性与人生激情相互交融、历史实证研究与文学化想象互渗的社会景象和动人故事。汤普森着力描绘了长期以来为人类社会历史记忆忽略的英国工业社会兴起历程和底层社会结构变迁中下层劳动者们的人生经历和生产际遇。

正因为这样，1963 年《英国工人阶级的形成》一经付梓出版，就成为一部划时代的作品，当时就被称为是一部能够引起轰动和广泛重视的真正匠心之作。而汤普森写作这部书的时候，还只是利兹大学院外教育部讲师。当时人们甚至武断地认为，凡是那些对英国人民的历史进程感兴趣的人，如果要重新想象工人阶级在自我形成的过程中表现出的苦恼、英雄事迹和理想追求，就不可不读这部大著。实际上这部气势恢宏的著作这些年来一版再版，风靡各国，已经成为 20 世纪西方历史学不多的几部创学派的开山作品之一。

从史学理论的角度说，《英国工人阶级的形成》也构造了英国马克思主义史学派的历史理论支柱、史学研究方法和史学价值观念。一方面，它突破了传统史学的研究方法，用崭新的社会学的范式重新解构工人阶级的运动史、生活史和心态史，取得丰硕成果；另一方面它突破了经典马克思主义关于工人阶级形成过程的历史唯物主义解释范式，也超越社会学家马克思·韦伯的传统文化主义对于工人阶级形成的伦理式理解。正是该书着力于从社会传统、道德信仰、价值体系、意识形态等文化因素的视角来分析工人阶级形成问题，显示了不同于从韦伯夫妇到哈蒙德夫妇英国劳工史研究传统取向的史学旨趣，因而才被人们称之为“文化的马克思主义史家”。

如果说《英国工人阶级的形成》所代表的还主要是汤普森对

于人类社会历史考察的某种经验成果，因为总体上他把历史学看成了一门经验科学，那么我们也注意到他对历史学及其相关问题的理论思考。他注重学科间的差异，承认跨学科研究方法的重要性，认为历史学、社会学和人类学都不同于政治经济学，经济只是政治经济学的基础，而并非在任何场合和一切学科中都是基础性因素，不能把政治经济学的模式硬套在其他学科体系之中，各个学科都有它自己的特点和研究对象，也有一些共同的关注主题和理论基础。汤普森越到学术生涯的后期，越重视从心底里的情感层面和深层里的理论视角上，来批判和分析人类社会现存权力结构、制度因素和社会历史现象。因此，1978 年汤普森发表了采用独特的系列论题方式所构思的长篇论著《理论的贫困及其它》。在这本至今没有翻译成中文的著作里，汤普森系统地批判了阿尔都赛的结构马克思主义，即把结构主义与马克思主义相结合，把马克思主义当成一种僵死和固定的封闭理论的教条主义态度。这种批判实质上试图对那些把人类历史简单归结为经济决定论的理论教条和孤立实践做法，进行了彻底清算。

从这个方面分析，我们可以看出，汤普森希望和力图打破旧的学术传统，突破“正统的”马克思主义所设置的固定模式约束，通过自己的史学研究和实践探索，试图为人们提供一幅更为完整的历史发展图景，这也是整个英国马克思主义历史学派所主张的史学研究方向。他们在这种探索中，当然不免存在一些失误和不足，需要专门进行反思。但是，汤普森和霍布斯鲍姆等人开创和发展的当代英国马克思主义史学传统，对战后西方新史学潮流的推动，对现当代世界史学进步的促进，其作用和重要地位都是毋庸置疑的。

九、巴勒克拉夫与全球世界历史体系的新构思

随着人类历史逐渐由局部的分散走向统一的整体，世界历史的进程表现出最重要的特征就是全球化趋势越来越鲜明。与此同时，全球化问题也日益受到学术界的重视。而随着全球化逐渐成为学术热点，以全球史观为指导的全球史也备受重视，全球史学派主张将

全球文明看成一个相互联系和相互影响的整体，各种文明的冲突与共融，尤其是文明之间的生产技术和社会文化交流，才是社会进步与发展的真正动力。

在国际学术界，全球史学派的创始人当首推马克思，原因在于，150年前马克思关于全球资本对新型市场的拓展和追求，已经将全球紧密关联起来的理论论述，日益为全球化的现实所证明。全球史学派在世界各主要国家的历史学界都有代表性人物，全球史观和全球史学派的影响早在20世纪50年代西方各种重构世界史的编纂潮流中已经开始显现出来。20世纪50年代中期，英国史学家杰弗里·巴勒克拉夫（Geoffery Barraclough，1908—1984年）在《处于变动世界中的史学》等著述中对全球史问题作过较为系统的阐释。20世纪60年代以后，在美国，沃勒斯坦(《现代世界体系》3卷本)、麦克尼尔(《西方的兴起》)、斯塔夫里亚诺斯(《全球分裂》和《全球通史》）等都是典型代表，他们从各自的角度，对于世界历史进程做了深入考察，推进了全球化历史史学的发展。目前，由于全球化已成为21世纪的重要趋势，对全球史观和全球化的历史研究也将进入一个更深入的阶段。

实际上，在20世纪英国史学的发展历程中，巴勒克拉夫以全球史观为指导，对于当代史学中一些重大理论和实践问题进行的重要阐释，构成当代英国史学思想的重要内容，引起人们高度重视。

生于英国约克郡布拉福特的巴勒克拉夫，1926年进入牛津大学贝里奥学院主攻中世纪史。此后，有过德国慕尼黑大学留学背景，凭借德国传统史学方法的严格训练，巴勒克拉夫来到罗马从事正统的教皇史研究。1934年巴勒克拉夫回国，先后在牛津大学墨顿学院和剑桥大学圣约翰学院，继续研究中世纪史，曾经担任《中世纪史研究》主编，成为西方学术界以中世纪研究为专业方向的顶尖学者。像其他英国多数著名历史学家那样，巴勒克拉夫的人生经历也颇具戏剧传奇色彩。第二次世界大战爆发后，他供职于英国外交部，曾荣任英国皇家空军少校，直接参加反法西斯战争。战争期间，他的专业兴趣不灭，刻苦撰写的《现代德国的起源》研究报告既产生相当大的学术影响，又被英国和美国政府部门采用，某种程度上影响了盟国的战时决策，产生社会效用。战争结束后，巴勒克拉夫来到利物浦大学担任中世纪史教授，1956 年接任汤因比受聘为伦敦大学“斯蒂芬森国际关系史研究讲座”教授，兼任英国皇家国际事务学会的研究部主任，并接管学会年刊《国际事务概览》主编事务。但是作为颇具学术个性和独立政治思想的历史学家，巴勒克拉夫不满于现状，终究由于与当局政治见解相左，1962 年辞去了以上职务，带着固有的学术理想回到了剑桥大学圣约翰学院，从事更为纯正的学术研究。巴勒克拉夫一生笔耕不辍，成就斐然，其主要著作包括《中世纪的德意志》（1938 年）、《处于变动世界中的历史学》（1955 年）、《当代史论纲》（1964 年）、《欧洲的考验》（1976 年）、《泰晤士世界历史地图集》（1978 年）、《世界历史的转折点》（1979 年）、《基督教世界》（1981 年）等。巴勒克拉夫在 1964 年荣任英国历史协会主席，可谓达到学术殿堂至尊，成为 20 世纪英国史学界举足轻重的人物。

巴勒克拉夫学术思想活跃，及至晚年仍然积极参加各种学术交流。他于 1965 年远赴美国，先后在得克萨斯大学和加利福尼亚大学圣迭戈分校讲学，接着长期执教于马萨诸塞州布兰代斯大学直至退休。巴勒克拉夫的史学思想主要表现在以下几个方面：

第一，以宏观的历史视角对西方中心论予以驳斥，主张撰写全球史。1955 年，当巴勒克拉夫以不同于马克思主义的思路，在其论文集《处于变动世界中的史学》中最先明确提出全球史观问题时，并没有引起人们太多的注意。此后，他在《当代史导论》（1967 年）、《当代史学主要趋势》（1978 年）、《泰晤士世界历史地图集》（1978 年）等著作中对全球史观及全球历史历程进行了大力阐释和论证，开启了西方学术界新一轮关于全球化问题的讨论，也直接刺激了历史学家在全球史观指导下试图撰写真正世界历史的祈望。在巴勒克拉夫看来，当代历史学著作的本质特征就在于其全球性，世界史研究的重要任务之一则是建立超越民族和地区界限的全球史。而这里，全球史则以抑制和抛弃西方中心论偏见的面貌出现，以求达到公正客观地评价各个时代和世界各地区一切民族对人类历史的贡献。至少在巴勒克拉夫看来，历史学家应该特别强调考察世界历史进程时应具有“全球性眼光”。巴勒克拉夫正确地指出，当代世界历史发展的最显著特征之一，就是欧洲优势的衰退，世界重心向非欧地区发生转移，亚非地区在世界上的相对地位也得到非常大的提高。

第二，充分阐述当代史学发展的基本趋势，提出一系列颇有新意的观点。《当代史学主要趋势》是巴勒克拉夫应联合国教科文组织的委托主持撰写的最能够体现作者关于当代史学问题的理解的著作。就当代史学的发展途径来看，当代历史学要更全面、更客观地研究人类的历史发展进程和规律，就应该关注生物学、气候学、心理学和社会学等学科的丰富研究成果，关注传统史学所忽视的各种历史因素和力量，充分利用其他社会学科为历史学研究提供的研究成果，促进历史学自身的演变。在这部著作中，作者旁征博引，广泛评析当代国际史学发展潮流中的各个主要派别，认为当代史学发展的主要趋势之一就是以社会学为核心的其他社会科学和历史学联盟并逐渐融合。巴勒克拉夫正确地看到第二次世界大战以来西方新史学正是在社会科学的推动下才蓬勃发展起来的事实。一方面，他看到社会科学和历史学在研究对象、研究方法和发展目标方向上具有一致性，而这种一致性却由于 19 世纪以来德国历史主义的人为因素而遭到破坏。第二次世界大战结束后，随着德国历史主义的破产，历史学和其他社会科学才再度联手，相互促进共同发展。另一方面，巴勒克拉夫十分赞赏法国年鉴学派对新史学的巨大努力，并给予了高度的评价，认为年鉴学派在 20 世纪 50 年代中期成为当代史学的重要促进力量，主要就是因为年鉴史家们重视跨学科的联合，提倡历史学跳出自身的自留地，打破学科边界。年鉴学派和其他西方史学流派的共同努力，扩展了历史学研究的领域，成功地实现了传统史学研究范式向新史学研究范式的转换。

第三，巴勒克拉夫非常重视历史研究的组织化和机构化，强调广泛的国际合作和交流，提倡专业研究领域中的重点攻关。他认为当代史学的专业化并没有减弱，而档案机构作用的加强，新型技术手段的发展，更需要诸多历史学家联合起来，而联合的基本方式是组织化机构的建立。不过巴勒克拉夫在充分肯定史学研究组织在历史研究中的重要地位的同时，并不忽视历史学家个体在历史研究中的不可替代的地位。

最后，在经过多年思考和资料准备后，为适应当代世界范围的社会变动和全球化趋势，巴勒克拉夫提出了关于当代世界体系的一些重要观点，内容涉及宏富，包括世界历史的性质、全球政治格局的形成、欧洲全球中心地位的没落、科学技术的发展、当代世界文化的发展、亚非拉革命和民主社会的兴起等诸多重大主题。而这些内容主要体现于他 1964 年出版的《当代史导论》这部著作之中。

巴勒克拉夫著述的基本认识前提在于，在新的世界格局和历史条件下，当代历史学家必须从遵循这种时代变化的需要出发，重构和解释世界历史。从理论上看，在当代世界历史发展过程中，随着西方中心论的逐渐破灭，宏观世界历史体系的建立需求日益鲜明，历史学家只有采取全球史观的视角，寻求全新的世界历史解释体系，揭示整个世界历史的发展过程和未来趋向。事实上，《当代史导论》正好为我们提供了从多个角度综合分析世界历史运动的基本内容、基本框架和结构特征，时间跨 19 世纪到 20 世纪 60 年代百余年。这部著作最大的理论贡献，就在于它形成了一种新的宏观世界史体系理论，充分反映了当时西方史学界盛行的反西方中心主义倾向，从宏观世界史和全球历史的角度，重新进行世界史研究的新思潮。在这里，全球史观与世界历史新体系合二为一，统一于巴勒克拉夫的史学思想体系之中。

英国各派史学家对 20 世纪英国史学发展问题进行了诸多思考，提出了不少富有启发性的见解，有些见解是直接针对 19 世纪史学研究的弊端而提出来的，接触到了一些历史过程和史学发展的实质性问题，有些颇能代表当代西方史学的新趋向。

20 世纪英国史学给人印象至深的地方，是其史学成就和史学发展趋势的基本变化，具体表现为以下几个方面：

第一，基于传统历史观的演变，史学研究范式在学派纷争中逐渐发生转换，在经历了自由主义史学派、保守主义史学派和工党史学派之间不同意识形态立场的对立与相异历史观的纷争之后，英国史学发展的价值旨趣之一，是从传统的非马克思主义史学流派关注国家政治、工人运动等重大事件为中心的政治史范式向着马克思主义史学派更多地关注普通人的日常生活、关注长期存在的社会深层结构与趋势的经济史、社会史范式的转变。英国史学的发展自然是和20世纪英国社会的发展紧密联系在一起的。20世纪四五十年代，英国史学出现新的发展方向的两股趋势：一是历史人口学的短期繁荣与发展；二是英国马克思主义史学的突破性进展。特别是六七十年代，随着英国新社会史学派的创立，在其代表人物汤普森和霍布斯鲍姆等人所倡导的自上而下研究历史与自下而上研究历史的整体历史观指导下，更注重"自下而上"看历史的史学研究范式，使得20世纪英国史学呈现出具有现代史学标识性意义的整体史发展趋势。值得注意的是，马克思主义史学没有回避英国社会发展中面临着的重大理论问题和实践问题，其代表人物努力做到理论与实践、历史与现实的结合，使自己史学观念和历史观念随着时代的发展和社会的进步而更新，由此促成了20世纪中期以来波及国际史学界的一场马克思主义史学革命。从此，史学研究者开始把目光投放到更为广阔的领域，由此带来了史学认识主体在提出问题、解读新史料和形成新的解释路径方面，尤其是有史学领域的拓展、研究方法的探索和解释框架的更新诸方面，发生了可喜的变化。这种从传统的政治史过渡到经济史、社会史的研究路径，从自上而下到自下而上再到相互整合的整体历史观的研究范式的演进，是20世纪英国史学发展具有根本的和国际意义的变化，值得总结和借鉴。

第二，在基于历史学自身发展进程的思考的史学理论更新方面，20世纪英国史学界发生了巨大的变化，其中典型成就是关于人类文明史的思考和全球史观的研究取向。在20世纪，英国历史学家热衷于关注人类历史进程中的重大理论问题，以及历史学自身发展中的理论问题的研究，因此，史学理论的发展是英国历史学的重要组成部分，是20世纪英国史学发展的明显特征。相对于19世纪英国历史学发展历程中的辉格党人自由派史学理论研究的沉闷状况，随着20世纪新世纪的到来，一方面，英国新生代史学家如乔治·古奇最为典型地站在19世纪末的高度，理性地总结一个世纪西方史学的基本状况，也包括英国史学发展的进程、特点、规律及经验和教训，表现出英国历史学家们所具有的宏观理论思考的胸怀气度、综合能力和人格魄力；另一方面，对 20 世纪英国史学理论的反思、开拓与史学前景的展望，以卡尔的基于进步史观的史学理论探索和汤因比的基于“文化形态”史观对世界文明史或人类文明体系的历史学考察为代表，英国史学界对历史学学科特性的反省与探讨，从世界性的角度，对人类历史的整体性分析，已经达到相当高的程度。但人类世界历史的复杂性和不平衡性，要求历史学家还需要拥有更为宏观的理论思考的思维品质乃至全球大尺度的历史眼光和视野，对人类社会发展历程进行宏观和微观相结合的综合研究。

这实际上涉及“全球史观”的问题。从超越民族、国家和地区界限的“全球历史观”角度来说，最早系统提出“全球史观”的就是当代英国史家巴勒克拉夫，他从宏观上对现代西方史学的发展进程作了理论回顾、反思和阐释，提倡史学研究要跳出欧洲和西方思维局限，将历史研究的视线投射到所有的地区与所有的时代。呼吁彻底抛弃西方中心主义的理论形态，尝试采用更加广阔的世界观，在更加广泛的世界历史视野中，即以“全球历史观”来考察历史。随后，在对待人类文明与世界历史的东西方发展进程与作用的态度问题上，许多西方学者呼吁树立全球历史观作为看待人类文明进程的基本理论，人们逐渐认识到，历史学家确实需要建立超越单一民族和某个中心地区的狭隘界限的世界历史体系，才能正确分析世界历史的各种力量因素，从而准确地诠释人类的历史，重现世界历史的发展进程。从社会历史发展的过程来看，从 20 世纪五六十年代起，分析西方历史编纂著作中的历史观和历史视野，可以发现这样的结果，就是世界历史观念已经实现了由“西方中心论”阶段，经由“文明多元论”阶段，向着“全球历史观”阶段的转变，其结果，在世界历史的编纂理论发展和史学实践过程中，“全球史观”和全球史写作的时代已露端倪。

应该说，20 世纪世界历史时代的普遍性与特殊性，英国社会历史发展的多样性与复杂性，是英国史学界发生变革的基本前提，而 20 世纪新生的史学家适应社会变革的要求，促成了英国史学理论研究领域的一些变化，改变和打破了延续将近一个世纪的英国辉格党自由主义史学的沉闷氛围，表现出了宝贵的进步史学特点。20世纪60年代以卡尔发其端的英国进化史观风行一时，使20世纪英国现代历史研究面貌焕然一新，与19世纪传统史学明显区别开来。

第三，英国马克思主义史学派的形成与发展，使马克思主义史学影响日增，唯物史观得到广泛传播，并在英国历史学界确立了自身独特地位。

以霍布斯鲍姆和汤普森为代表的英国马克思主义史学家对经典马克思主义历史理论的继承与发展，在一定程度上，当是对以唯物史观为理论核心的马克思主义史学理论的重新认识与理解，并把它作为史学研究的指导思想，这本身就是一个理论创新和阐释的过程，也是确立英国马克思主义史学自身独特地位的过程。

概括地讲，英国马克思主义史学派成员在史学思想方法上当然各有独到之处，甚至特色鲜明自成一体，然而该群体最大的共同点则是拥有一种为他们自己丰富与发展了的马克思主义理论传统，马克思唯物史观则仍然是其基本的理论核心。汤普森就坦诚表明，他们都坚定不移地认为社会存在和社会意识之间的辩证交流，无论如何是传统的马克思主义理解历史过程的核心。汤普森还多次在与前苏东欧国家的马克思主义史学家同行的学术交流中强调，在英国作为一个马克思主义历史学家从事历史研究，就意味着按照马克思创立的传统进行研究。英国马克思主义者没有任何可能的理由为拥有这种传统感到羞愧。甚至汤普森认为，这种传统正是首先由威廉·莫里斯所丰富和补充，它的内涵后来又为包括自己在内的诸如查尔德（V. Gordon Childe）、莫里斯·多布、多纳·托尔和乔治·汤姆逊（George Thomson）、希尔、希尔顿、霍布斯鲍姆、基尔南和萨维尔等一大批英国马克思主义史学家，按照他们特有的专业研究方式所扩充，扩大了影响。作为马克思主义史家就必须坚持这种历史唯物主义的基本观点，否则就不成其为马克思主义者。

由是观之，英国马克思主义史学家对以唯物史观为核心的马克思主义历史理论有一个较为深刻的理解和较为系统的言说。霍布斯鲍姆认为马克思主义理论具有以下四个基本特征：其一，它的唯物史观立场，其理论基础直接扎根于马克思自己的思想。其二，它的思想工具性作用，致力于改变世界而不只是解释世界，而且像马克思那样是根据对社会及其变化的科学分析去进行改变。其三，它的全球史取向，试图形成关于世界的前后一贯和全面的观点。其四，它是开放性的体系，具有灵活的和可以无限发展的特点。这样的认识和观点从总体上反映了英国马克思主义史学派对马克思主义的把握程度，也正是在这种理论认识基础上，他们把马克思历史唯物主义作为一种方法和行动的指南，而不是一堆教义和现成结论，用于指导历史研究，又在史学实践中进一步提升，进而确立了英国马克思主义史学在国际史学中的独特地位。

第六章　从欧洲传统到自身传承——20世纪的美国史学

20世纪是美国史学发展过程中的重要阶段，它见证了美国史学从欧洲传统到自身传承的演变过程。在这个世纪里，美国史学发展迅速，成就巨大，历史学不仅成为一门独立的学科，而且其自身的理论建构也逐渐从欧洲的依附地位中摆脱出来，形成了适应自身各个时段的史学理论。如今，美国的历史学已经成为西方史学界中的一个重镇，其史学从业人员之多，史学著作之丰富已是其他西方国家难以望其项背。然而，美国史学过于追求现实效应，急于求新求异，使得其史学成果很难经得起长时间的检验，名噪一时的史学理论转眼之间就被另一种史学理论所淹没，成为明日黄花。美国史学的这一独特风景或许可以为我们提供某种借鉴和参照。

一、科学历史学的形成

科学历史学的形成和美国历史学学科的独立化、历史研究的专业化相互交织在一起，这一过程完成于19世纪末20世纪初。在此之前，美国的历史学还只是文学的一个分支，并没有出现职业历史学家。殖民地时期，美国诞生了最早的一批清教徒历史学家，其作品主要是以回忆录的形式出现，目的在于增强个人以及某个群体的荣誉感和身份认同。独立战争胜利以后，美国成为一个独立的国家，这给历史学的发展带来了新的课题和机遇，独立战争成为了历史学家的一个研究热点。最初研究独立战争的历史学家，主要是从地方的角度来叙述它，其中最著名的作品有大卫·拉姆齐的《南卡罗来纳的革命史》和杰里米·贝克纳普的《新汉普夏尔的历史》①。不过这些历史作品主要是从美国的某个地方出发，来叙述当地的战争及其英雄，还没有从将美国看成是一个整体的角度来解释这场革命。在当时，我们更应该注意的是，美国是一个由移民组成的年轻国家，迫切需要通过历史写作来建构一种身份认同，从而获得民族自豪感和归属感。无疑这一任务成为了历史学家的当务之急。不过由于从事历史写作还只是人们的业余爱好，不仅需要良好的教育从而获得足够的知识，还需要自掏腰包来从事历史写作。因而，这些业余的历史学家通常都是家庭殷实，受过良好教育的人，在他们中间，班克罗夫特无疑是成就最大的一位。

班克罗夫特（George Bancroft，1800—1891 年）是 19 世纪美国最伟大的历史学家，也是美国历史学的奠基人。他出生于名门望族，受到了良好的家庭教育，后来又在哥丁根大学和柏林大学学习过历史写作的新方法，深受德国史学和先验哲学的影响。他积极投身于国内的政治事业，崇尚美国式的民主，担任过海军大臣、英国大使和德国大使，对欧洲政治也颇为了解。

班克罗夫特的历史代表作是 10 卷本的《美国史》，该著作由作者分卷逐步完成，从整体的角度讲述了美国独立战争，不仅受到美国读者的广泛欢迎，还得到了德国历史学家兰克的盛赞和英国历史学家卡莱尔的美誉。在这部著作中作者表达了自己的信念："历史为我们提供了经验教训，它是人类在神意的指导下，必然走向自由的进程。"② 在这一信念的指导下，班克罗夫特认为美国独立战争必然会发生，它是美国人民走向自由、获得民主的不二选择。该著作寻找到大量的事实，并对这些事实注入情感，进行浪漫主义式塑造，从而培养了美国人自己的英雄，一定程度上满足了当时人们的精神需要。

① Richard Hofstadter, *The Progressive Historians: Turner, Beard, Parrington*, The University of Chicago Press, 1968, p. 9.

② Richard Hofstadter, *The Progressive Historians: Turner, Beard, Parrington*, p. 15.

19世纪是美国历史上发展的重要时期，特别是南北战争以后，随着第二次工业革命的兴起，美国工业化和城市化不断深入，社会急需人才。这时美国高等教育获得了长足的进步。高等教育的急速发展也为历史学提供了广阔的空间，原有的业余式的历史学家已经不能满足这种需要，培养更多的历史教师，从而为学生提供更多的历史课程已经提上日程，由此，作为一门独立学科的历史学正式登台亮相，科学历史学应运而生。业余的历史学家逐渐让位给职业的历史学家，他们以高校和研究所为基地，撰写专业类的论文，并以此为生。

随着工业化和自然科学的狂飙突进，科学慢慢被披上了一件神话式的魔力外衣，成为了人类进步、获得真理的代名词，许多以人类自身及其问题为研究对象的学问，例如人类学、经济学、政治学、社会学等，都以自然科学为蓝本，构建自身的理论基础，不断加强自身的科学性，从而成为社会科学。在这种社会思潮的取向之下，历史学也在努力摆脱传统形象，力图构建“科学性”的历史学。只是不同的历史学家在构建科学历史学之时，对科学历史学有着不完全相同的理解。在许多科学学会成立的启发之下，1884年，美国历史学家也成立了自己的历史学会，这其中就包括了一些主张科学历史学的历史学家，随着科学历史学的兴盛，原有的业余历史学家逐渐被挤出了该学会，特别是1895年，科学历史学家创办了《美国历史评论》，为职业历史学家发表“科学式”专业历史论文提供了场所和方便，从此之后，职业历史学家逐渐成为历史学的主角，业余历史学家慢慢退出了历史舞台。①

尽管不同的历史学家对科学历史学有着不同理解，但大体上可分作两类：第一类历史学家将“历史学成为一门科学归功于自然科学，尤其是生物学”，他们认为达尔文阐明了科学历史学的一切前提；第二类历史学家将历史学成为一门科学归功于“通过学者

① Ernst Breisach, *Historiography: Ancient, Medieval & Modern*, The University of Chicago Press, p. 287.

的那种近乎完善的考察方法所获得的客观性"①，他们将兰克看成是科学历史学的鼻祖。第一类历史学家将科学历史学的目的定位在追求人类历史发展的规律，就像自然科学家所从事的那样。第二类历史学家虽没有像前一类历史学家那样完全照搬自然科学的理论，但他们也受到了自然科学，尤其是达尔文的进化论的影响。他们认为科学历史学"只需要发现历史事实，不需要探询历史规律或者进行概括，同时放弃一切哲学"②。他们从自然科学中吸取客观性概念，用这一概念来指导、规训历史学。这样，历史学要"成为科学就是要追求客观，而客观就要对史料进行批判研究，随后采取不偏不倚的态度将历史事实描述出来，就像自然科学家处理自然现象那样"，除此之外，历史学家"不需要任何解释，而是让历史事实自己说话"③。

科学历史学家主张不将任何自身感情带入历史研究，这是受到了自然科学的启发。自然科学意味着，运用一套规则进行反复的试验，同一个结果可以反复出现，同时却没有将自己的主观感情加入到结果中去，不同的人按照一定规则可反复得出同一结论。这对长期以来备受其他理论利用的历史学来说无疑是一针强心剂。在科学历史学家看来，历史学家只要将自身的任务局限在寻找和记录历史事实上，而不对这些历史事实进行因时因地的解释，那么这些寻找和记录下来的历史事实就可以一直保留下去，为后代所用，成为对知识的永久贡献。

那么历史学家如何寻找和记录历史事实呢？美国科学历史学杂糅了许多欧洲的思想，例如孔德的实证主义哲学、斯宾塞的社会进化论、巴克尔的史学思想等，但兰克是最为关键的人物，尤其是他考证历史事实的方法和用于培养历史学家的研讨班的方法。这两种方法被从德国归来的历史学家运用到美国的史学实践中来，鉴于兰

① W. S. Holt, " The Idea of Scientific History in America", *Journal of the History of Ideas*, Vol. 1, No. 3, 1940, pp. 354-355.

② W. S. Holt, "The Idea of Scientific History in America", p. 357.

③ W. S. Holt, "The Idea of Scientific History in America", p. 358.

克在美国史学中的特殊地位，这里有必要做进一步的分析。美国这些科学历史学家自称是兰克教会了他们如何进行历史研究，即只局限于历史事实，而抛弃一切解释。但只要细加分析，我们就会发现，科学历史学家所塑造的兰克形象只不过是他们自身形象的投影。

在兰克当时所处的德国学术界，历史不过是表现哲学家的抽象概念的实验场，其中表现明显的有如黑格尔。为了使得历史学成为一门独立的自成体系的学科，兰克便从历史学和哲学的区别入手，但他并不反对哲学，他认为历史学和哲学关系紧密。由于兰克反对哲学家为了自己的概念来篡改历史，在其史学实践中更强调二者的区别，这就很容易引起科学历史学家误认为其反对和抛弃哲学。

在兰克看来，真实的历史比想像的历史小说更为有趣，而正是这一点使得兰克反对任何伤害历史真实的可能。历史真实需要历史事实为依托，那么如何才能找到历史事实呢？这需要从众多带有主观性和局限性的记载中找出客观的历史事实，为此，兰克通过内证与外证相结合的考证方法将历史事实从众多错误中考辨出来。这种对历史文献的考证方法并不是兰克的首创，但兰克却是系统运用此法来进行历史研究并取得巨大成就的第一人。这种方法被兰克看成是历史研究的基础方法，在其史学实践中占有突出位置，而这正为科学历史学家所看重并为之顶礼膜拜。

兰克的思想属于德国当时的唯心主义哲学，这种哲学思想在历史研究中的表现是历史主义，按照兰克自己的理解就是“每个时代都直接面对上帝，它的价值不在于从它那得到什么，而在于它自身存在。在历史研究中，需要对历史中的个体给予特别的注意，因为现在对于它自身来说都是有效的，同时也是值得思考的”①。他通过对历史文献进行严密考证以找出历史事实，而这些历史事实反映的是上帝的足迹。兰克反对历史学家在研究历史时将自己的主观

① Ranke, "On Progress in History", *The Theory and Practice of History*, edited by George Iggers, The Bobbs Merrill Company, Inc. New York, 1973, p. 53.

好恶强加到历史事实中去，因为这样做的话就损害了客观性，也就把人的主观好恶强加到上帝的意志之上。兰克的史学思想深深扎根于德国的唯心主义传统，也是对当时德国现状的思考，这些很难被19 世纪末 20 世纪初的非德国历史学家所理解，而一旦兰克的史学方法被抽掉它的唯心主义前提时，它便很适合 19 世纪晚期那种经验主义的精神状态。

或许在美国科学历史学家看来，这正是他们所需要的兰克形象，正是这样，科学历史学在自然科学以及欧洲史学特别是兰克史学的多重影响之下，科学历史学家将大学教室、档案馆以及图书馆作为实验室，依照兰克的史料考证技术从文献中寻找证据，然后按照科学的范本，以超然态度将这些历史事实叙述出来。① 当然并不是所有人都有能力进行历史研究，正如自然科学并不是所有人都可以研究一样，科学历史学也只能是那些具有专业文凭，证明已经掌握历史研究技术的专业人士才可以胜任，这种专业人士需要培养后才可以获得。兰克的“讨论班”正好可以满足这一需求，通过“讨论班”的培养，未来的历史学家学习如何阅读、分析、比较和考订历史事实，学习如何保持超然态度，克制自身的偏私，目的在于找到历史事实。正是如此，历史学的科学化过程和历史学的专业化过程相互交织在一起，携手合作，互为保证。

如此这样的科学历史学，在美国史学史上自然有它的功绩，科学历史学家有感于以前的业余历史学家对历史进行浪漫主义式的解释，时过境迁之后，这些解释都化为泡影，经不起历史的推敲。好在这一切即将结束，德国历史学家兰克通过自己的史学实践，告诉了真正的历史学家应该做些什么，把对人生意义的寻求、对历史事实的解释交给那些感兴趣的人们吧，真正的历史学家将不再对这些问题感兴趣了，他特殊的事业就是编撰和保留人类过去行为的记录，一句话，历史学家的任务就是寻找和记录确切发生的事。科学历史学一定程度上看到了当时历史学的症结之所在，也为历史学能

① 乔伊斯·阿普尔比等:《历史的真相》，刘北成、薛绚译，中央编译出版社 1999 年版，第 58 页。

够成为一门独立的学科，做出了自己的贡献，但在学科化和专业化的过程中，科学历史学不仅不像他们所声称的那样在历史研究中毫无感情、绝无偏私，而且其自身的理论缺陷也在不断暴露出来，这就为新史学的出现埋下了伏笔。

二、新史学的出现

据历史学家考证，E. W. 道（Earle Wilbur Dow）是美国最早在公开刊物上使用“新史学”这一词汇的历史学家。1898 年 4 月《美国历史评论》上发表了一篇书评，正是该作者评论德国历史学家兰普勒希特的最新著作《德国史》，他指出新史学是以人类的全部活动为考察对象，探寻人类如何成长为今天的样子。但该书评的发表在当时并未获得广泛的注意。1900 年，艾格尔斯顿（Edward Eggleston）任美国历史学会主席时，以《新史学》为题发表主席演讲，批评旧史学局限于政治史和军事史，忽视了其他的领域，认为那些领域才是未来史学发展的方向。当然，新史学在与科学历史学竞争时，道路并非平坦。1908 年，科学历史学的代表人物乔治·亚当斯还在美国历史学会上发表主席演说《历史与历史哲学》，主张历史学家要牢记兰克的教诲，历史学家的任务还是要保持在历史事实的领域，应该放弃对历史哲学的企图，认为这是应对社会科学进攻态势的最好回应。由此也可见新史学发展之路的艰难。将新史学真正发扬光大的历史学家是特纳和鲁滨逊，正是这两位历史学家通过著书立说，通过培养新史学家，才使得新史学最终站稳脚跟，到 20 世纪二三十年代时达到其巅峰状态。

有意思的是，新史学并非完全否定科学历史学，实际上他们共同分享着许多历史研究的前提，例如达尔文的进化论、人类的进步观念、科学理念等。新史学同样坚持对历史事实的考证，也在运用讨论班的方法来培养历史学家。新史学主张人类的全部活动领域都应该成为历史学家的研究范围，指出科学历史学完全限定在政治史和军事史领域，这不能够完全理解人类的过去；新史学主张应该同各种社会科学合作，反对科学历史学自筑壁垒；新史学主张历史研究应该回应现实问题，反对科学历史学放弃历史解释、缺乏现实关怀……

特纳（Frederick Jackson Turner，1861—1932 年）是美国边疆史学派的创始人。1861 年 11 月他出生于威斯康星州的波特奇（Portage），父亲是当地的新闻工作者和共和党政治家。童年的生活使特纳对边疆注入了特别的感情，后来在威斯康星大学获得学士和硕士学位，1888 年离开威斯康星大学，前往约翰·霍普金斯大学攻读博士学位，指导老师为赫伯特·巴克斯·亚当斯（H. B. Adams），在此期间，特纳的一个亲密同事正是后来成为美国总统的伍德罗·威尔逊（深受特纳边疆理论的影响），1890 年获得博士学位。1889—1910 年特纳在威斯康星大学教书，1910—1924 年在哈佛大学任教，1910 年当选为美国历史学会主席，1932 年逝世。

通常我们对特纳的边疆理论比较熟悉，而对其关于史学理论的论述却很少加以注意。实际上早在 1891 年，特纳就开始了对科学历史学的批判，在论文《历史的意义》中，他“旗帜鲜明地批判了兰克的美国门徒们所坚持的那种静止的历史真理观和科学历史学的那种只是指向历史事实的方法”①。但这篇发表在《威斯康星教育杂志》上的论文，在当时并未引起人们的关注，后来也因特纳的其他阐述边疆理论的论文更引人注目而被埋没。特纳认为：研究历史要研究人类的过去的一切领域，因为社会没有哪一部分可以孤立于其他部分而得到理解；历史不会停留在一本或许多本历史书中，因为历史书中的观点不是最终的结论；历史是一个整体和连续体，其本身不能分割，那些历史分期，比如古代、中世纪和近代都是人为区分，社会是一个有机体，而历史正是对这个有机体的自觉认识。通过这三个方面，特纳批判了传统历史学那种为历史事实而研究历史事实，为过去而研究过去的理论根基，在此基础上，特纳赋予历史学积极入世的含义，研究历史是为了对人性的自觉认识，

① Cushing Strout, *The Pragmatic Revolt in American History: Carl Becker and Charles Beard*. New Heaven, by Yale University Press, 1958, p. 21.

其最大用处在于它有助于培养良好公民，强调了历史所具备的教育功能。这些论述表明特纳深受当时流行的进化论的影响，同时还可看出他极力主张历史研究的现实意义。

在这篇论文中，特纳还将历史划分为客观历史和主观历史：客观历史指代事件本身，主观历史表明人们对这些事件的认识。由此也就不难理解，他还认为不同的时代盛行着不同的历史观念，在于每个时代总是试图形成自己的一套认识过去的概念，每个时代在书写历史时总是依照它那个时代最主要的情境，所以历史也就在不同的时代被赋予了不同的含义，但这不意味着特定时代真实的事件改变了，而是说人们对这些事件的认识改变了。这些观点已经蕴涵了相对主义的因子。

特纳的功过是非主要由他提出的解释美国文明的边疆理论承担着，确实，该理论不仅仅在史学界，也在社会上广为传播，慢慢融入了美国的思想。特纳通过高校教师的身份，培养了大批信奉边疆理论的历史学家，边疆理论也由此获得支持、追捧，有时甚至因崇拜者的过分狂热而遭到扭曲和变形。

1893 年 7 月 12 日，在芝加哥举行的美国历史学会上，特纳以《边疆在美国历史上的重要性》① 为题发表演讲，阐述了边疆在美国文明和社会发展过程中的关键作用。这篇论文包含了特纳一生所坚持的有关边疆理论的所有基本论点，特纳著作不多，其后所作的论文和著作都可以看成是对本文的补充和注解。科学历史学家（特别是特纳的导师赫伯特·亚当斯）在解释美国政治制度时，认为美国政治制度之源是古代日耳曼部落的平等主义习俗。这种“生源论”引起了特纳的不满。特纳认为美国之所以是美国，而不是另一个欧洲，原因不仅要在日耳曼的森林里寻找根源，更应该注意美国本身的因素，这就是西部边疆的因素。特纳在这篇论文中首先指出：“直到现在，一部美国史大部分可说是对于大西部的拓殖史。一个自由土地区域的存在及其不断的收缩，以及美国向西的拓

① 特纳：《边疆在美国历史上的重要性》，载杨生茂编：《美国历史学家特纳及其学派》，商务印书馆 1984 年版。

殖，就可以说明美国的发展。”

特纳从未对边疆这个概念进行明确定义，他总是随意加以使用，另外，他经常将边疆和西部这样两个概念混合使用。可以说，特纳所指的边疆，拥有一个地理上的含义，它位于自由土地这一边的边缘上，是文明与野蛮的会合处，它和欧洲的边疆线不同的是，它更是一个边疆地带，是移民开发西部，美国文明生长的最前沿。这样，边疆蕴涵着一个过程，这就是不断涌向边疆的移民同这一边疆地带共同创造美国文明的过程。所以特纳指出向西部移民的有：渔民、皮货商人、矿工、养畜人和农民，以及其他各类行业的人。鉴于移民的不同，所以不得不把边疆区分为商人的边疆、牧场主的边疆、矿工的边疆以及农民的边疆等。

特纳还表明西部边疆不仅给东部创造了一个“安全阀”，同时也改造了远道而来的移民，使得他们不再是另一个欧洲人，而是成为了一个美国人。西部边疆是思想和制度交流的一种过程，美国思想的显著特性也因此形成，它们是“粗暴、强健、加上精明、好奇这种特性；头脑既切实际又能独出心裁，想的办法快这种特性；掌握物质一类的东西，心灵手巧，不过艺术性差，但做出来的东西使人产生伟大有力的感觉这种特性；精力充沛，生气勃勃这种特性；个人主义突出，为善为恶全力以赴这种特性；同时热爱自由，华而不实这种特性——这一切都是边疆的特性”。

在美国逐渐完成对西部的开发后，边疆在美国的地图上消失了，这样，美国历史的第一个时期也宣告结束，随后的美国文明和社会的发展将以什么为动力呢？特纳认为尽管边疆已经消失，但边疆精神还在继续，而且边疆为之依托的西部也没有消失，仍然在源源不断地提供着物质资源和精神动力。特纳指出，美国的历史中，始终存在着西部和东部的这种地域主义，认为美国的南北战争不仅仅是北部对南部的竞争，更是双方为赢得西部的一场战争。美国内部各地域之间存在一个经济利益的冲突问题，这种经济利益的地域化深刻地影响到美国的政治，特纳也同时强调，仅仅从自然地理和经济利益来解释美国的政治是错误的，还要考虑到理想、心理因素以及继承下来的思想习惯，这些因素总是相互影响的。特纳认为美国政治的成功在于各个地域之间的相互妥协和合作，保证了美国政治的不断进步。这使得特纳建议欧洲似乎可以建立一个地域联盟，像美国各个地域之间一样，通过讨论、让步和相互妥协，来保证自身利益的同时又避免使用暴利。有意思的是特纳的这一建议在今天的欧洲正在不同程度地实践着。

从这些论述中可以看出，特纳的边疆理论打上了进化论的烙印，他通过地理以及经济等方面来解释美国文明、政治以及社会的发展，这完全是一种新史学的做法，同时他强调历史学家应该学习人类学家、经济学家、地理学家以及社会学家的方法，他本人就很喜欢使用地图和统计的方法来从事历史研究。特纳的这些史学实践都是对新史学的贡献，当然，特纳的这一边疆理论的许多内容还只是留于假设，有其不完备之处。另外只是通过边疆这一个方面还不能全面解释美国历史，而其自身带有的庸俗进化论的印记也使得其价值大打折扣。不过，这些不足不能掩盖特纳在新史学上的特殊地位，他为美国史学培养了一大批历史学家，这些历史学家运用边疆理论进行着具体的历史研究，形成了美国史学上著名的边疆学派，美国史学也开始摆脱对欧洲史学的依附地位，完完全全地成为一门独立学科。

尽管特纳开创了边疆学派，在史学实践上走着一条新史学的路，但特纳很少直接提“新史学”这个词汇，也很少从史学理论的角度来阐述新史学。无疑，鲁滨逊在这方面的工作很好地填补了特纳的不足，由他所领衔的美国新史学派不仅在具体的史学研究上成就卓著，更重要的是对新史学进行了一番理论上的建构。

鲁滨逊（James Harvey Robinson，1863—1936年）创立了美国新史学派。1863年他生于伊利诺斯州的布卢明顿市。父亲是一个银行家。1884年鲁滨逊进入哈佛大学学习，1888年进德国佛莱堡大学，师从霍尔斯特，1890年获得博士学位。1891—1895年他在宾夕法尼亚大学做历史教师，1895—1919年为哥伦比亚大学教授。1919年他辞去哥伦比亚大学的教职，同年2月，组建了社会研究新学院，并任行政委员会主席一直到1921年。1929年他当选为美国历史学会主席，1936年在家中去世。

和特纳著作甚少不同的是，鲁滨逊著作等身，他不仅为方便教学，翻译了大量欧洲的史学著作，例如《普鲁士王国的宪法》、《欧洲历史原始材料的翻译和修订》丛书等，还撰写了代表自身史学水平的《新史学》、《形成中的意识》、《文明经受着考验》等。另外，鲁滨逊不仅关心高等教育中历史学科的发展，他还积极参与美国各级学校中的历史教育工作，很是强调历史在塑造人类灵魂中的特别作用。为此，他自编或与人合编了许多历史教材，著名的教科书就有《西欧历史导论》、《近代欧洲的发展》，和比尔德合编的有《最近十年的欧洲史和第一次世界大战》、《中世纪和近代》、《欧洲通史》等。

鲁滨逊没有完全否定科学历史学，他继承了科学历史学用于考证史料的方法，重视史料在历史研究中的地位。不过在他看来，科学历史学之所以应该让位于新史学，原因在于它存在三大问题："1. 随便罗列人名、地名，对读者毫无意义，它不但不能激起读者的思想和兴趣，反而使他没有精神；2. 不讲别的重要事情，专偏重政治事实的记载；3. 好叙述非常特殊的事件，不是因为这些故事可以说明一般事物的进展，或某个时代的情况，而只是因为它们在编年史中很突出。"① 为了解决这些史学问题，鲁滨逊试图提出一种新史学理论，来建构新时期的美国史学。鲁滨逊主张一切关于人类在世界上出现以来所做所想的事业与痕迹，都应该成为历史研究的对象。传统历史学认为历史学只需做到如实直书，鲁滨逊则指明决意要谨慎地检验史料，同决意要据实纪事，这两件事体，终究只不过是科学化的史学的初步。历史学要成为科学，它首先要成为历史性历史，历史学家不仅要据实纪事，还要能说明它们的所以然。为此，历史学家应该和社会科学结成同盟军，批判性地运用社会科学的方法、手段和结论，而不应该固步自封，因为一切科学都是相互依赖的，学科界限自是暂时的发挥作用。

既然人类在过去所做所想的一切事情都应该成为历史学家的研究范围，这就架空了政治史——历史是过去的政治——的理论基

① 鲁滨逊：《新史学》，齐思和译，商务印书馆 1964 年版，第 14 页。

础，从而将历史中的默默无闻的普通人（不再仅仅是帝王将相）推到了历史研究的前台。鲁滨逊已经表明普通人在近世历史研究中的特别地位，那就是“我们的民主精神和它所有的希望和志愿，就是以尊重普通人为根据；我们的科学和它所有的成就和希望，就是以尊重普通事物为根据”①。这为历史研究的多样化、历史解释的多元化提供了理论基础，鲁滨逊强调普通人在历史研究中的特别地位，历史研究要研究过去中的普通人，这一研究的目的是为现实的普通人服务。这一点后来在贝克尔那里得到了更为深刻地阐述。

鲁滨逊认为历史可能是记忆力的人为的扩大，他指出我们若要理解我们自己所处的某一个时期的情况，我们几乎完全依靠我们对我们自己过去的思想和经验的记忆。好比一个刚睡醒的人，因为记忆力的暂时失效而弄不清周围的环境，随着人的清醒，记忆力慢慢开始自动地发挥作用，从许多记忆里择取一些记忆来帮助理解现在，这种记忆力的作用十分有效，但同时也十分迅速，以至于人们都忽视了它的存在，而认为现在可以自行理解。“历史”和“记忆”差不多，因为我们个人头脑中的记忆并不纯粹是我们个人的经验，它还包括许多听来的或者是书本上看来的东西，这些都来自于历史领域。由此可见，我们自己的记忆便不知不觉地同历史融为一体了。从这个观点出发，历史可能是记忆力的人为的扩大。②

既然历史可能是记忆力的人为的扩大，那么有关历史的知识或许只是暂时性的结论，并不完全都是真实的历史，从而科学历史学所追求的对知识的永久贡献不仅很难实现，同时也非常没有必要强求，因为史学观念常常变化，今天流行一种史学观念，将来必然会出现另一种史学观念来代替它，而通过今天的史学观念所叙述的历史或许并不为将来人们所需要，因为他们将面临一些和我们不同的问题。而历史研究也无法为过去服务，因为过去在时间上已经一去不复返。当然，历史研究不是一无是处，毫无用处，它可以为现实

① 鲁滨逊：《新史学》，齐思和译，商务印书馆 1964 年版，第 92 页。

② 鲁滨逊：《新史学》，齐思和译，商务印书馆 1964 年版，第 15 ~ 17 页。

服务，也应该为现实服务。鲁滨逊认为历史的这一功能在当时的历史研究中并没有得到应有的重视，或者未能正确地将历史研究服务于现实。

在鲁滨逊看来，历史有很多现实功能，例如历史可以满足我们的幻想，可以满足我们的好奇心，有时可以检验我们的记忆力，不过这些功能还只能说是浅层次的。在他看来，历史的最大功能是它可以帮助我们了解我们自己、我们的同类以及人类的种种问题和前景。通常历史学家也讲历史作用，认为人们可以通过了解历史，吸取经验教训，历史还可以成为道德教育的工具。这些历史功用并不为鲁滨逊所看重，他指出历史学家如此强调历史的现实作用，实在是一种误导，不仅人们无法真正了解历史，从历史中获得知识，长此下去，历史研究也会毫无现实价值可言，因为这种作用依赖的理论前提是认为自古至今人类的情况是始终一致不变的，从而它能提供永久先例的价值。然而，人类的历史已经表明，变化和发展普遍存在，而且速度越来越快。历史的现实作用在于要理解现在，有赖于理解孕育现在的过去。鲁滨逊的新史学为应对现实需要，走着一条实用主义之路。

早期的鲁滨逊，服膺进化论，相信历史进步的学说，十分推崇达尔文和赫胥黎，认为他们的进化论思想从根本上改变了历史学家的历史观念。鲁滨逊自己极力将进化论运用于自己的史学实践和理论建构，以推广进步的史学观念为乐事。然而，晚年的鲁滨逊对历史进步性不断产生怀疑，西欧的现实社会，特别是第一次世界大战的发生，动摇了他的人类不断进步的信念。①

鲁滨逊的新史学在美国影响深广，最直接的表现是形成了以鲁滨逊为中心的一个新史学派，成员包括了当时著名的历史学家有巴恩斯、肖特韦尔、海斯、桑代克、贝克尔、比尔德等。② 然而，或

① 李勇：《鲁滨逊新史学派研究》，安徽人民出版社 2004 年版，第 126～128 页。

② 有关这一学派的专题式研究，可以参考李勇：《鲁滨逊新史学派研究》。

许更为重要的是，新史学提供了历史研究的新理念和新方法，这些慢慢融入了美国史学思想之中，为后世不断开创史学新视野提供了借鉴和参照，其中最为重要的是新史学开拓了历史学家的研究领域，使得历史学家不再局限于政治史和军事史，将人类的一切活动都纳入到历史研究中来，走文化史之路；新史学不再局限于研究历史中的重要人物，生活中的普通人成为了历史研究的对象；新史学主张历史学应该和社会科学进行广泛的合作，为历史提供多元解释，认为任何单一的解释都不足以全面理解历史；新史学主张历史研究应该为现实服务，走实用主义之路。

三、进步主义史学

新史学主张历史研究应该为现实服务，进步主义史学可以说是新史学这一理念的实践，而进步主义史学的兴起，盛行，也在不断丰富、同时又检验着新史学的理论建构。在两次世界大战之间，进步主义史学一直占据着美国史学的主导地位，当时宣扬新史学的历史学家几乎都可说是进步主义史学家。

在美国历史上，1890 年到第一次世界大战这段时间，被称为“改革时代”。原因在于美国工业化和城市化的逐步深入，一时间大企业的兴起和垄断组织的出现，再加上市场的无序状态使得社会矛盾急遽加深，社会贫富分化加剧，农民运动、工人运动此起彼伏。正是在这种情况下，美国上层人士，尤其是中产阶层和知识分子，以“批判现实”为武器，开始了自上而下的改革运动，在政治、经济以及社会多领域进行进步主义改革。

进步主义史学正是这一时代的产物，他们提出并实践着的进步主义史学不仅解释了这一现实社会的合理性，同时也为这一时代的改革运动提供了理论思想。进步主义史学家服膺进化论，相信社会是不断进步的一个有机体，变化发展是社会形式的一种常态。在解释美国历史时，他们认为美国社会的不断进步的能量来源，既不是美国早期浪漫派史学家（如班克罗夫特）所指出的是“在上帝领导下的民族所具有的特殊的精神禀赋”，也不是主张“生源论”的历史学家（如赫伯特·巴克斯·亚当斯）所指出的那样需要到日耳曼的大森林里去寻找文明的根源。他们认为美国社会的发展主要是来自于美国自身的内部矛盾引发的冲突：经济上穷人与富人的冲突，地域上西部与东部的冲突，思想上自由与特权的冲突，社会上各种利益集团的冲突，他们认为这些冲突最后都可归结为经济利益上的冲突。

进步主义史学的三大代表人物是特纳、比尔德和帕林顿。特纳强调在地域冲突中，西部边疆对于美国文明生长的意义，比尔德通过经济利益的冲突来解释美国政治的发展，帕林顿将美国的思想文化史看成是特权和自由两种力量相互冲突的历史，其代表作为《美国思想的主流》。这里以比尔德为例来论述进步主义史学的特点。

比尔德（Charles Austin Beard，1874—1948 年）是美国历史的经济解释的学派创始人。1874 年他出生于美国中北部的印第安纳州，父亲是当地的农场主，还拥有一些其他的实业。1895 年他进入狄普大学，1898 年获得哲学学士学位，同年前往英国牛津大学学习，1899 年回国后入康奈尔大学，1902 年入哥伦比亚大学学习，1904 年获得博士学位，留校任教。比尔德不仅是政治学家、历史学家，还是积极的社会活动家，富有热情，喜欢就某些社会热点问题进行演讲。1926 年他当选为美国政治科学学会主席，1933 年当选为美国历史学会主席，1948 年获得由国家文学艺术署颁发的“突出成就”金奖。

比尔德著作丰富，最著名的是 1913 年出版的《美国宪法的经济观》①，以及与他妻子合著于 1927 年出版的《美国文明的兴起》。另外他与鲁滨逊进行广泛的合作，合编了许多畅销教科书，共同创办社会研究新学院，成为鲁滨逊宣扬新史学的左膀右臂。

1787 年制定的美国宪法，是近代资本主义国家的第一部成文宪法，从法律的角度确定美国成为一个名副其实的国家，不仅对美国，也对西方资本主义制度产生了深远影响。正是这一特殊意义，

① 比尔德：《美国宪法的经济观》，何希齐译，商务印书馆 1984 年版。

使得它一直成为历史学家、法律学家和政治学家的研究热点，比尔德的《美国宪法的经济观》是这一领域的权威著作。在初版序言中，比尔德就指出该著作目的在于提供若干研究历史的新方法。这一历史研究的新方法正是从经济利益的角度来解释美国宪法、解释政治、解释历史。

班克罗夫特认为美国宪法是超阶级的产物，它是"建立在全民同意的广泛的自由与统治原则上，超越了任何特殊集团或阶级的利益"。继之后的"生源论"学派历史学家则用日耳曼民族的特别天赋来解释宪法的生成，后来的科学史学派历史学家兴趣在于历史事实表面的考证，无意于历史解释。比尔德指出法律不是抽象的事物，有其现实依据，因而宪法无法从几个抽象原则中获得满意解释。在对宪法的解释中，比尔德认为经济因素所具备的决定性作用还未受到历史学家应有的重视。比尔德分析得出，从制宪会议的发起、制宪代表的产生、制宪的具体操作过程、各州的宪法批准、民众对宪法的投票等每一个环节无不显示着经济利益对政治的决定作用。

制宪会议是由经济利益受到损害的四个动产利益集团（货币、公债、制造业、贸易和航运）发起和推动，其代表的选举资格受到严格的财产控制，起草宪法的成员几乎都在新宪法中获得好处，新宪法承认了财产权的特别巩固的地位，只有大约六分之一的成年男子投票赞成宪法的批准，在投票批准宪法的问题上，存在着泾渭分明的两派：动产利益集团、小农和债务人集团。通过对宪法的每一个环节的详细分析，比尔德向我们表明，宪法并不是全民的，也不是通过几条抽象原则就可以解释的产物，实际上它不过是希望获利的利益集团的经济产物，在这一系列的环节中，经济利益始终是根本的决定力量。

比尔德在具体分析的过程中，不断参考麦迪逊的《联邦党人文集》，认为他对政治的经济决定论做了权威说明，但他在学生时代阅读的马克思的著作无疑也给他提供了许多理论来源。经济利益对政治的决定作用，这一点比尔德在《政治的经济基础》一书中分析英、法、普鲁士、瑞典几个国家议会的组成时，也得到卓有成效的运用，认为这些国家的议会，不管其形式如何，事实上都反映了各自国内各个经济集团的利益。在《美国文明的兴起》一书中，比尔德再次运用这一观点来解释美国内战，第一次提出美国内战是第二次美国革命的观点。

比尔德从经济利益冲突的角度来解释美国的宪法、政治和历史，存有很多明显缺陷，只是从经济利益的冲突来解释历史，和复杂的现实相比显得过于简单化，这也是进步主义史学家的通病。进步主义史学在对历史进行解释时，可以说完全迎合了当时那个时代的需要，而一旦现实环境改变时，它自然也就被另一种史学形式所代替。新史学所走的实用主义路线既成就了进步主义史学，又为它的消亡提供了理论根据。新史学的实用化使得自身的理论表现出相对主义的色彩，这一相对主义的理论成分在比尔德和贝克尔那里体现得最为明显。

四、相对主义史学的盛行

前文在论述特纳和鲁滨逊的史学思想时，表明新史学家的史学思想中已经蕴涵着相对主义的因子，这一因子后来在比尔德和贝克尔那里得到最充分的阐述。比尔德在论文《写作的历史是一种出于信仰的行为》和《那个高贵的梦》中淋漓尽致地阐述了自己的观点，认为历史学家不可能像自然科学家那样做到客观公正的观察和分析。他将历史从性质上进行区分：作为事实的历史、写作的历史以及作为记载的历史。从这些人类历史的写作中，比尔德表明这些写作行为实际上都是信仰的行为，极力突出认识历史的主体，表明历史知识的相对性。这里以贝克尔的相关论述为例表明美国相对主义史学思潮的得与失。

贝克尔（1873—1945 年）是美国现代著名历史学家。1873 年他出生于爱荷华州，父亲是从纽约州迁往西部的农场主。1892 年贝克尔入康奈尔学院学习，一年后前往威斯康星大学，在“边疆史学”大师特纳的启发之下，决定将历史研究作为自己将来的职业。贝克尔 1896 年获得文学学士学位，1898 年到哥伦比亚大学读研究生，在“新史学”派领军人物鲁滨逊的指导下完成了一年的研究工作，1907 年在威斯康星大学获得哲学博士学位。贝克尔在没有获得博士学位时就开始了其教学生涯，1899 年他到宾夕法尼亚州立学院教书，两年后转到达特默思学院，1902—1916 年在堪萨斯大学任职，1917 年他加盟康奈尔大学历史系，直到 1941 年从该校退休，1931 年当选为美国历史学会主席。

贝克尔一生著作甚丰，内容涉及欧洲史、美国史、历史哲学以及政治哲学等。代表作有：《1760 到 1776 年纽约殖民地政党的历史》（1908 年）、《美国人民的开端》（1915 年）、《革命前夕》（1918 年）、《独立宣言：政治思想史研究》（1922 年）、《近代史：民主的、科学的和工业化的兴起》（1931 年）、《18 世纪哲学家的天城》（1932 年）、《人人都是他自己的历史学家》（1935 年）、《进步与权利》（1936 年）、《近代民主》（1941 年）、《自由与责任》（1945 年）等。

贝克尔是一个喜欢思考的人，他将法国思想家帕斯卡尔的名言“是思想造就了人类全部的尊严，因此努力地思考，这是唯一的美德”作为自己的座右铭。另外，他一直受到胃溃疡病痛的困扰，再加上天性害羞，很少在公共场合抛头露面。他一生的大部分时光都是在高校中度过，接触的朋友也以大学教授为主。就社会影响来说，贝克尔远远比不上比尔德，不过贝克尔能够集中时间来思考历史知识的相对性问题，赢得了专业范围内的广泛尊重，这很好地弥补了前者的不足。

为了批判科学历史学，贝克尔早在 1910 年就开始了对历史知识的相对性问题的研究，这一年，他发表了论文《论不偏不倚和历史写作》，矛头直指乔治·亚当斯认为的历史学家的任务是寻找和记录历史事实，让历史事实自己说话。1913 年他发表论文《社会问题和思想对历史研究和著述的影响的几个方面》。以 19 世纪西方历史学家及其历史写作为例，细致地分析了历史学家所处时代对其历史研究的深刻影响。1926 年写成论文《什么是历史事实?》，将历史事实作为研究对象，通过相关三个问题的分析，指出历史事实所具有的相对性的特点。1931 年贝克尔当选为美国历史学会主席，发表《人人都是他自己的历史学家》的论文演讲，将自身关于历史知识的相对性的论述推向顶点，贝克尔运用这一史学观点写成《18 世纪哲学家的天城》，该著作已经成为研究法国启蒙运动的经典之作。

贝克尔认为历史事实只是可以使人们想象地再现过去事件的一个象征，并不是过去的事件，它本身只是一个概括，存在于人们的头脑中，因而是人们所处的现在的一部分，那些僵死地躺在文献资料里不对现实世界产生影响的文字记载只是记载而已，不能称为历史事实。既然如此，那么，存在于不同人的头脑中的历史事实也就一定不会完全相同，不同时代的人们会对不同的历史事实感兴趣，所以说历史事实是常常处于变化的状态，并不像科学历史学家所认为的那样，具有永恒不变的特征，历史事实无法脱离历史学家的主体，也不能为自己说话，是历史学家让其说话。贝克尔将历史分为两类：死的历史和活的历史，活的历史即我们所肯定并且保持在我们记忆之中的那种意识上的一系列事件，死的历史是那些呆在书本里不为人们所用也就不给世界带来影响的僵死的记载，这就将历史事实、历史认识和得出这一事实、这一认识的历史学家紧紧联系在一起。

贝克尔试图肯定历史研究的主体，这一主体曾是科学历史学所极力否定的，但贝克尔所揭示出的这一主体实在是一个悲观的主体，他总是受到他所处现实许多来历不明的势力的愚弄，在面对这些压力之时，这一主体显得无可奈何甚至无法自拔。贝克尔将历史分成两种：一种是一度发生过的实实在在的一系列事件，另一种是我们所肯定并且保持在记忆中的意识上的一系列事件。第一种是绝对的和不变的，不管我们对它怎样做法和说法，它是什么便是什么；第二种是相对的，老是跟着知识的增加或精炼而变化。原因在于，历史学家研究的是与过去人们的生活有关的一切事情，但由于这些事件已不复存在，所以历史学家无法直接接触到这些事件，他能接触到的仅仅是有关这些事件的记载。但是能够留下记载的事件毕竟是少数，更多的历史事件由于没有留下痕迹，我们毫无所知，即使是这些少数事件，我们也不能永远绝对地肯定。另外历史学家在进行历史研究时也有着他自己的历史性，这可通过两点得到说明。第一、历史学家个人经历、爱好、目的、偏见等，以及历史学家所处的时代的“舆论的气候”，决定了不同的历史学家以及不同时代的历史学家会对不同的历史产生兴趣，会对同一历史产生不同的认识；第二、历史学家要为现在和将来研究过去，“过去就像一个银幕，每一代人都在它上面投下了对未来的幻想”①。

贝克尔的相对主义史学思想体现出了实用主义、主观主义和现在主义的特点，其目的在于表明科学历史学的目标的不可实现，而不在于建构一种新的系统的历史学，所以我们可以体会到贝克尔在表达观点时总是显得支离破碎、不成体系，缺乏对历史学的全盘考虑，可以说他很好地指出了问题，却无意去解决这些问题。

贝克尔表达的相对主义史学思想虽有许多不足之处，但其批判科学历史学的功绩不容置疑，他提醒人们对历史研究的主体的重视都值得我们去思考，更难得可贵的是贝克尔能够认识到他思想本身的相对性，从不谋求自身观点的永恒效应。不过我们要看到历史学家研究的对象是过去人们实践活动的结果，历史学家的这一研究活动本身也是人类的一种实践，目的在于增强人们的实践能力，从而创造更好的未来。但这两种实践都不仅是一种个体的行为，毕竟人是社会中的人，其实践不可能完全脱离社会和其他人，历史学家关于历史的认识必然要受到其他人和社会的检验，最终历史学家所获得的有关过去的知识都将是一种主体间性的知识。所以说，历史学家要尽可能多地提供有关过去的解释以便给普通人来选择，在历史学家和普通人的互动中，贝克尔的理想即人人都是他自己的历史学家才可以不断得到实现。

从史学理论发展的角度讲，贝克尔和比尔德等人强调的相对主义史学可以说是新史学的进一步深化，这也为美国历史学家清算兰克的影响提供了理论准备，为他们开拓自己的史学思想，摆脱来自欧洲的理论影响迈出了宝贵的一步。

---

① Carl Becker, “Mr. Wells And The New History”, in *Everyman His Own Historian*, edited by F. S. Crofts & Co. Inc, 1935, p. 170.

五、新保守学派——和谐史观阐释历史

第二次世界大战后至20世纪50年代对整个西方的史学来说都是一个转折点。第二次世界大战对整个人类世界来说是一次大的灾难，但美国却在战争期间大发横财，在战后经历了历史上少有的繁荣时期，它的政治、经济实力空前壮大起来。在国际上，以美国为首的西方世界与以苏联为首的共产主义世界产生严重的对抗，反共产主义的意识形态弥漫于美国社会。为了保住他们的富裕的生活，对付共产主义的“威胁”，他们需要一个稳定、和谐的局面。因此保守主义思潮成为战后50年代的主导思潮，人们把它称为“新保守主义”。“新保守主义”鼓吹美国社会的协调与一致，反对变革。这种思潮也侵入美国史学界。在20世纪两次世界大战期间和第二次世界大战后初期，在美国史学界占据统治地位的是以特纳、比尔德和帕林顿为代表的进步主义史学。进步主义史学主张以冲突史观来解释美国的历史。这在20世纪40年代末期和50年代遭到了一批史学家的批判。这批史学家被称为新保守学派（Neoconservative School）或和谐学派（Consensus School），他们取代进步主义学派统治美国史坛达十几年之久。该学派名称中之所以有个“新”字，旨在区别于进步史学派以前的老保守学派。新保守学派的历史观是“和谐史学”（consensus），或者叫做“一致论”。这种历史观认为，美国社会从一开始就和欧洲不同，美国历史上的各种斗争都是在美国人共同的价值基础上、在美国宪法的框架内进行的，一致性和连续性是美国历史的本质特质。因此，在和谐史家的笔下，美国历史中不再存在进步主义史学家所描述的那种冲突和变革，而变成了一部和谐与连续的历史。新保守学派的代表人物有路易·哈茨、丹尼尔·布尔斯廷、理查德·霍夫斯塔特等。现在我们以理查德·霍夫斯塔特和丹尼尔·布尔斯廷为例来看看新保守学派的史学思想。

理查德·霍夫斯塔特（Richard Hofstadter，1916—1970年）是美国从第二次世界大战后到越南战争期间最著名的历史学家之一，是新保守学派史学代表之一，专注于美国政治文化史研究。霍夫斯

塔特是犹太人后裔。1896年霍夫斯塔特祖父带领一家人从波兰来到美国，主要为躲避俄国对波兰犹太人的屠杀和种族歧视等。霍夫斯塔特生于1916年，幼年丧母。1934年，霍夫斯塔特进入布法罗大学哲学系，1937年，他实现了自己的愿望，成为哥伦比亚大学历史系的半日制研究生。1942年霍夫斯塔特获得博士学位，同时接受了马里兰大学的邀请，成为该校历史系的老师，后来进入哥伦比亚大学任教。1959年，霍夫斯塔特被授予哥伦比亚大学历史系最高学术荣誉的德威特·克林顿讲座教授头衔（DeWitt Clinton Professorship of American History and Institution）。他的主要著作有《美国思想中的社会达尔文主义》（1944年）、《美国政治传统及其缔造者》（1948年）、《改革时代》（1955年）、《从革命到内战期间美国历史上的重大问题，1765—1865》（1958年）、《美国生活中的反智主义》（1962年）等。

理查德·霍夫斯塔特在《美国的政治传统及其缔造者》中认为，以前的美国历史学家总是喜欢强调美国历史上的冲突和突变性，这就掩盖了它的“一致性”和“连续性”的主流。他通过对包括杰克逊、林肯、西奥多·罗斯福、威尔逊、富兰克林·罗斯福等在内的十几位总统生涯及其他方面的分析来说明美国的政治传统。他认为，美国历史上，各个政党、各种运动、各类社会势力之间不管在个别问题上有着多么尖锐的分歧，但在注重财产权、主张经济个人主义哲学、竞争的价值观念等政治传统方面是一致的。他认为美国的文明就建立在一个共同的基础之上，即文化与政治传统的统一体之上，它超越了各种暂时的、局部的冲突。

丹尼尔·布尔斯廷（Daniel Boorstin，1914—　）是新保守学派的代表人物之一。他研究的主要领域在思想文化领域。他于1914年生于佐治亚州，在哈佛大学接受本科教育，在耶鲁大学获得博士学位，随后以“罗兹学者”（Rhodes Scholar）的身份前往英国牛津大学进行研究工作，回国后在芝加哥大学任历史学教授。他的主要著作有《美国政治的精髓》（1953年）、《美国人：殖民地历程》（1958年）、《美国人：建国历程》（1965年）、《美国人：民主历程》（1973年），后三部分别获得班克罗夫特奖、帕克曼奖与普利策奖。

布尔斯廷的“和谐”思想至少包括了两大主题：一个是美国文明的生成模式，另一个是美国文明的发展模式。和谐论出现之前的美国史学在美国文明的生成模式上大体上有以下几种看法。乔治·班克罗夫特认为，“天意”是美国文明发端的决定性因素，美国的历史进程是按照上帝的既定安排有条不紊地向前推进的。以特纳为代表的边疆史学派则认为，美国文明诞生于西部的丛林之中。这种学说忽视了欧洲文化根源在美国文明中根深蒂固的影响。以比尔德夫妇为代表的进步主义史学家坚持二元对立论，认为美国文明产生于不同经济利益的竞争与妥协之中。他们的理论解释不了美国社会巨大凝聚力的根源所在。布尔斯廷在关于美国文明的生产模式方面则更为全面合理。他认为，美国文明发端于欧洲，而非美国本身。这既是欧洲人移民美洲时的历史条件所决定的，也是美国主流群体的共同历史根源。他在其著作中用大量的篇幅描述了欧洲留在移民者身上的文化痕迹，例如清教徒的正统信仰、贵格教徒的殉教精神以及弗吉尼亚殖民者在北美形成英国式的贵族阶层，这些都是英国国内社会与文化发展的产物。布尔斯廷认为美国文明地理模糊性是美国文明生成模式的第二大因素。这种模糊性不但表现在“地理范围”与“发展方式”方面，而且还涉及各类人群在北美大陆的相互关系，布尔斯廷认为，美国文明出现所必须具备的第三大前提条件是该文明内部的各个群体形成共同的文化特征，而这个特征就是美国人民特有的好奇心、务实精神和开拓精神。布尔斯廷认为，美国革命是一场保守的革命，是为了确定英国的制度与传统，是为了维护已有的权利，这场革命对形成新的民族文化中的团体意识、民族认同关系重大。

布尔斯廷提出了一个“既定性”概念来说明美国的文明延续模式。他认为，最早的定居者或立国之父为当今的信仰理论提供了一个完美的胚胎。他认为立国之父们制定的政治理论、价值体系以及治国方略被体现和应用于美利坚民族的一切经历中，美国历史具有惊人的连续性和一致性。北美最早定居者带来的是欧洲主要是英国的文化价值观，立国之父所制定的原则是欧洲文化根源与新大陆独特的自然人文环境相结合的产物。具体说来，布尔斯廷的美国文明延续模式有三大特点。第一大特点是在美国社会中维护以英国为代表的西欧文化传统的主导地位。布尔斯廷通过研究认为，美国的非欧洲裔群体在现代以前的美国历史中对美国文化核心的影响是微不足道的。第二大特点是美国社区观念的最初形成。布尔斯廷认为，美国革命使一个以共同政治概念为支撑、以美国疆界为范围的“更大的社区”建立起来了，并随着美国疆域的拓展而不断扩大。他的这种社区模式跳出了以特纳等为代表的以个人主义为主线解释美国历史文化的范式，并且把受到忽视的美国西部纳入了美国文明的延续模式之中。第三大特点是美国历史中的调和精神。布尔斯廷认为美国历史中存在着几种冲突，因此以调节的精神进行解决。北美殖民者的理想与现实生存条件之间的冲突，东部地区对西部的渗透所产生的冲突，南北之间所产生的分歧等，这些都以协调的精神加以解决了。

20世纪50年代末至整个60年代，是美国社会矛盾急剧恶化的年代。黑人民权运动爆发、学生运动爆发、妇女要求平等权利运动和反对美国卷入越南战争等，这些矛盾和斗争交织在一起，使美国社会激烈动荡。当时，美国的一些激进人物组织了一些社会团体进行游行示威等活动来抗议美国社会的现状，这就是新左派运动。美国历史学中的新左派不过是这一运动在美国历史学领域中的反映。

六、新左派史学——自下而上重写历史

在新左派史学家们看来，新保守派史学至少有三点是让人难以接受的：第一，新保守派一味盲目地歌颂美国的历程，这种保守的史学研究只是符合贵族阶级对社会统治的需要；第二，新保守史学家把持了东部名牌大学，惟我独尊，以学阀的态度排斥不同观点；第三，新保守史学家仅仅就事论事地研究历史，没能提供一个对将来有参考价值的有用的过去。在他们看来，新保守派史学只注重美国历史中的和谐与持续，而没有充分重视美国社会中的矛盾，难以

解释美国当时的社会现实，对新左派运动没有帮助。为此，他们需要重新看待和解释美国的历史，提出自己的史学理论，因此他们与“新思想史学派”、“新社会科学史学派”等逐渐成为20世纪下半期支配美国史坛的重要力量。新左派的代表人物主要有威廉·阿普曼·威廉斯、沃尔特·拉菲伯、尤金·吉诺维斯、加布里尔·科尔科、杰西·莱米什等。

新左派史学理论特点主要表现在三个方面。第一，他们以二元冲突论代替新保守学派的“和谐论”及“多元冲突论”来解释美国的历史，以激进的观点批评美国的内外政策。他们认为激进主义是贯穿美国历史的一条线，正是激进主义推动着美国社会不断向前发展。所以新左派特别推崇以冲突观点来解释美国历史的进步主义史学家比尔德。第二，现实性。新左派史学家把史学的社会功能放在第一位。他们反对新保守史学只为过去的传统歌功颂德而无视社会现实的做法。他们要将历史作为一种政治武器，要在过去的历史中去寻找解决他们所面临社会问题的方法。第三，从下往上看历史。新左派史学家们有一种强烈的下层意识。他们批判传统史学中明显的权贵意识和精英色彩。杰西·莱米什在其重要论文《自下而上地观察美国革命》中首先分析批判史学领域里“杰出人物决定论”的思想。

具体说来，新左派史学家在其理论的指导下涉及的研究领域有“内战”和奴隶制问题、劳工运动和社会流动问题、罗斯福“新政”问题、美国的外交问题等。在这些领域内，新左派史学都以自己的理论为指导重新解释了美国的历史。下面让我们以新左派的代表人物威廉·阿普曼·威廉斯的外交史学为例来一窥美国新左派史学思想。

威廉·阿普曼·威廉斯（William A. Williams）是新左派史学中最有影响的人物，是新左派史学的真正奠基者。1921年，他出生于美国中西部的爱荷华州。这里经济以农业为主，他从小就对农民的生存状况有了深入的了解。1939年，他进入坎普军事学校学习，1941年进入美国海军学院学习。第二次世界大战期间，他进入美国太平洋战区服役，1947年退役。他于1948年和1950年先后获得了历史学硕士和博士学位。此后，他在俄勒冈大学、威斯康星大学、俄勒冈州立学院任教并培养了一大批史学研究生，这些研究生构成了美国60年代新左派史学团体的基本力量。由于威廉斯对美国历史研究做出的卓越贡献而被选为1981—1982年美国历史学家组织的主席。威廉斯一生著述丰富。主要著作有《美俄关系：1781—1947》（1952年）、《美国外交的悲剧》（1959年）、《美国史纲》（1961年）、《美国、古巴和卡斯特罗》（1962年）以及《大回避》（1964年）等。另外他还在相关杂志上发表了大量的文章详尽地阐述了自己的外交史学思想。

威廉斯认为历史的任务不能只是单纯地陈述往事，而应该用来解决时代所面临的问题，服务于现实的需要。他选择美国的外交史成为他的研究重点。当然他对美国新史学最重要的贡献也在外交史方面。他在《美国外交的悲剧》一书中，对美国的外交史作了新的评述。他明确表示不同意"正统学派"和"现实主义学派"的解释，认为美国外交政策和行为并不是像前两个学派的学者所认为的那样以道德原则和理想主义为指导的，而是建立在对利润的追求基础之上的。他认为美国从一开始就是一个力求扩张的国家，先是以残酷的方式占领了印第安人的家园，然后是侵略弱小的邻国，为了扩张不择手段，整个的一部美国外交史就是美国领土扩张和商业扩张的历史。美国的扩张实际上损害了自身的国家利益，是一场悲剧。他认为，美国外交政策是在以下三个互相矛盾的观念指导下进行的：第一，帮助其他国家解决他们的问题的人道主义冲动；第二，在国际范围内鼓励民族自决，坚持认为每个社会都有通过自己认为合适的方式维护自己的利益实现自己目标的权利；第三，许多美国人坚持认为其他国家的人民只有按照美国的模式才能解决他们的问题，改善他们的生活。这三个观念本身是相互矛盾的，因为如果要按照美国的模式的话，这就与民族自决的观念相冲突，最后一点充分表现了美国外交行动中的傲慢。

威廉斯认为，美国的扩张主义和帝国主义思想是有其传统的。首先它是受到了曾经的母国大英帝国的影响。正是因为英国有对外扩张和帝国主义的传统，因此它才占领了北美广大的殖民地，并使自己繁荣与强盛，这一点深刻影响了在北美的殖民者和独立战争中的一代领导人。边疆一直被认为是美国国家力量的主要来源，因为美国人相信经济的繁荣、个人的幸福是取决于向西扩张的。威廉斯认为，早在特纳的边疆理论出现之前，美国人就按照边疆学说所提出的论题那样去行动了。威廉斯指出，尽管对外扩张和建立帝国的思想曾经一度使美国的开国元勋们陷入了当时传统政治理论的困境之中，因为传统的政治理论认为民主制度只有在小国才能发挥作用，但他们最终还是以自己的方式解决了它。因为他们从英国的重商主义者那里吸收到了支持对外扩张的理论，这种理论认为对外扩张可以缓和国内派系之间的斗争和经济冲突，从而保护社会结构不被破坏。

威廉斯认为，促使美国不断进行对外扩张的最现实的原因还是缓解其自身的经济压力、促进国内经济发展的迫切需要。他指出进入19世纪下半期以来，不断发生的经济危机严重冲击了美国社会，整个社会开始讨论解决问题之道，对外扩张变得迫切起来。特别是当大陆边疆已经消失的时候，美国人开始提出并接受了这样一种观念：即用建立海外经济帝国的方式继续进行扩张是保持他们的自由与繁荣的最好途径。用以指导美国外交事务的“门户开放”原则就是在这种背景下提出来的。

威廉斯认为，美国基于“门户开放”原则而实行的对外扩展是不成功的、危险的、可悲的。他认为，美国的“门户开放”政策并不是传统外交均势发展的结果，也不是一项军事策略，而是美国想要以非军事的手段，利用它强大的经济力量，继续它在世界上的经济与政治扩张。这一政策开始时针对的只是中国问题，但美国却不断扩展其应用范围，把它逐渐变成了一种处理世界事务的指导性原则。正是在这种意识形态的指导下，美国参加了两次世界大战并发动了与苏联的冷战。威廉斯认为，美国实行“门户开放”政策的实行，不仅引发了其他竞争者的不满，而且还引起了一些小国或落后国家对美国干涉的反感，制造了一系列的外交危机，埋下了美国外交悲剧的种子。①

就对历史学的贡献而言，新左派史学对以“新保守主义”史学为代表的传统史学的批判打破了当时史学界沉闷的气氛，为当时的史学界提供了新的思想和观点，促使人们以不同的视角来看待美国的过去，有力地促进了美国史学的发展。但新左派史学也有其自身的缺陷，如他们在进行学术研究与论战时往往带有强烈的先入为主的激进主义意识形态色彩，在材料的筛选与使用时不够严谨等，这些都导致了对它的激烈的批判。从整个学术界来看，20 世纪五六十年代美国社会科学在研究的技术、理论和方法等方面取得了空前的发展，美国进入了一个“社会科学的时代”。在这个过程中，美国史学广泛地吸收其他社会科学的理论和方法，不断地扩展其研究领域，新的理论、方法和史学观点不断出现，美国的史学呈现出了一种多元化的面貌，新左派史学在开始崛起时用自己的力量在客观上促进了史学多元化的发展，但随着多元化的发展，它最终淹没在这种多元化的浪潮之中了。在这种多元化中，“新思想史学派”和“新社会史学派”崛起了。

七、新思想史学派

在 20 世纪 50 年代与新保守史学派持不同见解的还有思想史学派。美国的思想史研究在特纳、鲁滨逊、比尔德那里就已经有了很突出的体现和发展。比尔德和他的夫人玛丽·比尔德在 1927 年合著出版了《美国文明的崛起》，通过总体考察美国的历史，第一次有效地勾画出了美国思想发展的线索。在 20 世纪 40 年代以后，研究美国思想史的著作明显增长，特别是在历史学系和文学系内。思想史研究进入史学领域被认为是 20 世纪 40 年代历史这门专业所获

① 参见徐良：《美国“新左派”史学研究》，复旦大学历史系博士论文（2005 年）。

得的杰出的成就。[1] 在第二次世界大战后的岁月里，美国的思想史学派作为历史学的一个分支，本身的理论方法和研究的范围经历了复杂的变化，在这里，我们不做讨论。我们在这里，来看看第二次世界大战后美国新思想史学派的一些历史学家是怎样理解美国历史的。

新思想史学派的代表人物是哈佛大学的教授贝纳德·贝林（Bernard Bailyn），他的代表著作为《美国革命的思想根源》，此书获得了普利策和班克罗夫特奖。在这本书中，贝林从分析思想入手，论述了美国的革命过程。他认为，美国革命的思想根源可以追溯至 18 世纪初英国人民反对统治的传统。这种革命思想在殖民地独立前使人们认识到了独立的必要性，在独立后的社会变革中，它又起到了催化剂的作用。他认为，美国革命的实质是一场思想革命，革命的目的不是要推翻一个政权，而是要使人们的观念发生变化，形成民族自信心。

关于美国内战前以及内战后的美国的历史发展，一些历史学家分析研究了当时的一些思潮对历史进程的影响，埃里克·方纳是其中著名的一位。埃里克·方纳（Eric Foner，1943—），是哥伦比亚大学教授，曾任美国历史学会主席和美国历史学家主席，这是美国史学界两个最高荣誉职务。他还以公共知识分子的角色活跃于美国社会。方纳学术研究的重点为 19 世纪美国史、黑人史、奴隶制、内战与重建和美国政治文化。他最具影响力的著作有：《自由土地、自由劳动、自由人》、《汤姆·潘恩和革命的美国》、《只有自由：奴隶解放及其遗产》、《重建：美国未完成的革命》、《美国自由史话》等。他在《自由土地、自由劳动、自由人》中认为，在 19 世纪二三十年代，北方逐渐兴起一种他称之为“自由劳动”的思想，这种思想就是市场资本主义思想。这种思想强调个人主义和自由竞争，主张清理一切有碍个人发展的障碍。此时，人们的价值观念不再以“共和思想”为准，而是受市场规律的支配。

---

① John Higham, “The Rise of American Intellectual History”, *The American Historical Review*, Vol. 56, No. 3. (1951).

对美国南方奴隶制庄园思想研究最为突出的是尤金·吉诺维斯（Eugene D Genovese，1930—　）。他的主要著作有《奴隶制的政治经济：奴隶制南部的经济与社会研究》等。他认为，南部的经济和社会秩序在基本方面不同于内战前的北部，奴隶制正是这种秩序的基础。虽然奴隶制根植于资本主义世界经济，但它产生了一种独特的生活方式。这种生活方式逐渐与北部的生活方式分道扬镳，奴隶制导致了以家长政治为基础的等级社会的出现，家长政治则以共同的责任和义务将统治阶级和被统治阶级联系起来，而北方盛行的却是自由竞争的原则。由于南方奴隶制这种独特的社会关系和生活方式，使南方社会形成了一种独特的社会思想体系，一种独特的价值观。南方的奴隶主们认为自己有着贵族对其领地的所有权和家长式的统治权，这些领地中的依附者由奴隶、妇女和儿童等组成。奴隶主们的这种价值观和思想与北方资本主义个人竞争原则发生了尖锐的矛盾，这也是导致南方的奴隶主不愿放弃奴隶制的一个重要的原因。

八、新社会科学史学诸派——多元化研究

对新保守学派提出更大挑战的是一批在 20 世纪 60 年代涌现出来的新社会科学史学家（new social science historians）。新社会科学史学家研究的范围非常广，包括有“新经济史”、“新政治史”和“新社会史学”等几个大派，而新社会史中又包含有“妇女史”、“劳工史”、“黑人史”、“少数民族史”、“社区研究”、“新城市史”、“厂史”、“家庭史”、“两性关系史”等。60 年代出现的如此众多的学派，打破了 50 年代新保守学派的“一统天下”局面，有的直接对新保守学派的“和谐一致论”史观提出了质疑和批驳。从研究对象上来看，新社会科学史学派更注重基层，他们提出了“自下而上”的研究口号。

新社会科学史学派的出现是有一些原因的。首先从社会的原因来看，第二次世界大战后，美国政府颁布了退伍军人子女教育补助法案有助于将工人阶级子弟带入中产阶级教育主流。与此同时，20

世纪 50 年代末 60 年代美国的教育得到了普及，很多接受美国高等教育和史学训练的人都是移民的第二代或第三代，本身就有着借写博士论文的机会来重建他们自己身为下层人民的历史记忆。这批人在美国社会的民主化过程和美国史学界的民主化过程中起着尖刀的作用，拆除了美国高等教育的藩篱。其次从整个社会科学和史学这门学科来看，由欧洲学者率先提出的打破传统的单一史学研究的设想在 20 世纪五六十年代已经成为现实，年鉴学派的倡导多门学科综合进行历史研究的成果推动了美国新社会科学史学的发展。第二次世界大战以来，社会科学、人文学科各领域发展十分迅速，为历史学科和其他学科的横向联系奠定了基础。再加上五六十年代计算机的广泛应用，为新社会科学史学家运用计量方法创造了条件。

美国新社会科学史学流派繁多，其著作不可胜数，下面让我们具体来看看“新经济史学派”、“新政治史学派”、“新社会史学派”这三大分支的一些史学研究成果。

经济史的研究并不是一个新的领域，而新经济史则是第二次世界大战后的产物。新经济史与传统经济史研究的区别在于：第一，传统经济史研究偏重于研究经济思想和制度的演化，并且与经济学理论相脱节，而新经济史学是运用现代的经济学理论，在经济史研究中借助于经济学理论和运用各种经济学概念；第二，传统的经济史学家在进行计量分析时，主要限于阐述从标准的史料中发现的数字，限于计量那些可以直接计量的东西，能够进行计量分析的范围有限，而新经济史学家们则借助于现代的数理统计方法，加上计算机的辅助功能，以良好的统计资料在扎实的计量基础上来重构美国的经济史。哈佛大学的迈耶和康拉德发表了《南北战争前南部奴隶制经济》一文，在该文中，他们首次运用新经济史学的理论和方法来研究具体的历史问题，从而标志着新经济史学的正式诞生。罗伯特·福格尔是新经济史学的主要代表之一。他于 1964 年发表了《新经济史初探》，着重阐述了新经济史学的理论和方法。1968 年，他发表了《新经济史学的发现和方法》，系统评述了 10 年来新经济史学的成就、观点和方法。他的代表著作是《铁路与美国经济增长》（1964 年）和与斯坦利·恩格尔曼合著的《钉在十字架上的时代：奴隶制经济研究》（1974 年），后一本书获得了班克罗夫特奖，也是一本有非常大争议的著作。新经济史学家集中研究的课题之一是美国南北战争前南部奴隶制经济问题。传统观点认为，南北战争爆发前，南部奴隶制经济收益低下，因为奴隶价格的上涨快于奴隶生产出的商品价格的上涨，这说明奴隶制已不可能给奴隶主带来利润，奴隶制经济的生命力已经枯竭。福格尔和恩格尔曼对南部奴隶制做了更深入的研究，他们运用了大量的有关南部奴隶制的统计资料，进行了复杂的数理统计分析和计量模型分析，得出的结论是：在美国南北战争前夕，南方奴隶制经济的生产效率比北方家庭农业要高出百分之三十五，奴隶制式的经营，促进了南方经济的发展，是富有生命力的，而在南方重建之后，黑人反倒失去了比较优越的工作。他们的这一结论在美国的史学界引起了一场轩然大波。

新经济史学的理论和方法在具体的研究实践中主要表现为反事实的“假设—演绎模式”。这个模式的主要内容是：公开提出一种与实际存在的历史事实相反的假设—演绎模型，然后将其转换成计量分析模型，再根据这个模型广泛搜集数据，进行验证。这种方法在福格尔的《铁路与美国经济增长》一书中得到了充分的体现。新经济史学家的理论和方法并没有被广泛接受。美国著名的历史学家小阿瑟·施莱辛格对计量方法持有异议，他认为重大的历史问题是无法“计量”的。但我们不能否认，新经济史学借助于计算机等手段用计量方法等来研究历史问题，扩大了史料的范围和深化精确了对一些历史问题的认识。

美国的新政治史学是在 20 世纪西方传统政治史学在国际史坛上受到空前挑战时兴起和发展起来的，是在第二次世界大战后社会科学的迅猛发展和计量史学方法盛行这种学术背景的直接推动下出现的。美国的传统的政治史学研究的内容包括：政治制度和机构、法律条例、政党组织、军事战争、外交政策、政治精英传记、少数政治和思想精英表述的政治思想体现和观念。这些领域逐渐发展出法律史、战争史、军事史、外交史、政治思想史等。传统政治史学主要的研究对象是政党组织、政治制度和组织、精英传记等。这一点遭到了“新政治史学”的批判。它要求扩大政治史的资料范围并且进行系统的分析，并且要求政治史应该研究决定着人们行为的社会条件和各种因素。它表示要系统地运用社会科学的理论和方法研究政治活动，不再仅仅关注精英阶层，而应关注社会下层人民。新政治史学是在批判传统政治史学中发展起来的，其主要的研究领域有：1. 大众选举，包括选举变化周期模式、决定选民投票的因素和大众投票参与律等。2. 考察不同时期议会内特殊的投票集团，和政党在议会表决中的作用，揭示立法选举的一般模式。3. 集体传记。4. 以公共权利为纽带与社会史、文化史、劳工史、妇女史等领域结合的政治史。其中最具有新政治史特征的，也是公认较有成就的领域是大众选举。本森是新政治史学中最有影响力的代表人物之一，他的非常有影响力的文章和著作有《美国政治史学研究中的若干问题》(1957 年)、《杰克逊民主的概念：纽约实例研究》(1961 年) 等。下面我们具体来看看本森对公众选举的观点。

本森在《美国政治史学研究中的若干问题》和《杰克逊民主的概念：纽约实例研究》中认为，传统政治史学在研究选举问题上有缺陷，大部分研究选举问题的学者只是根据官方文献和少数重要人物的活动，或者通过对只是很有限地反映出民众选举活动的资料的不系统的研究来解释群体性的政治现象，对大量的、可以加以运用的资料缺乏系统的、精确的比较分析。传统政治史学只满足于对几次选举的单纯描述，没有提出检验各种结论的严格的方法。他认为，运用选举时间系列和各种研究群体行为的方法可以使我们考察选民集团的整体行为，可以使我们把任何一次选举都纳入前后选举活动的背景之中进行考察，由此把握选举活动的过程，还可以使我们对不同地区的不同范围的选举活动进行比较。他认为，传统史学对制约个人和集团投票行为的因素分析是不具体的、片面的。传统史学基本上是从选民的经济地位、经济利益的角度去解释选民的投票选举，实际上这只是一种“经济决定论”的解释，是荒谬的，实际上决定选民选举行为的除了经济利益、阶级地位之外，还有民众的种族集团和宗教集团的属性，还有民众的受教育程度等。本森在《杰克逊民主的概念：纽约实例研究》一书中对 1844 年纽约州的选举情况进行了具体分析。他认为，决定选民选举行为的不是选民的职业或者经济地位，而是选民的种族—文化属性或者宗教属性。他根据自己的研究提出了一个制约选民投票选择的种族—文化模式。这个模式的核心思想是：选民的投票选择与选民的种族—文化属性或宗教属性有着密切的关系。因为每个选民都生活在具有各自不同的宗教和文化传统的共同体内，他们在日常生活中逐渐接受了他们生活于其中的这个共同体的价值观及一些道德规范，共同的生活经历导致了生活在这个共同体之中的人们的特殊的政治立场。

美国的新政治史学到20世纪70年代已经成为政治史学的主流，但新政治史学在正确地指出传统政治史学弊端的同时，忽视了其中合理的成分，具体说来有以下四点：第一，新政治史学在正确地批判传统政治史局限于政治制度、政府组织和精英人物，将广大民众作为政治史的主体和政治发展动力的同时，忽视甚至无视这些传统研究对象的作用，自下而上的新政治史同样不能全面地解释复杂的政治现象。第二，新政治史学在正确地清肃充斥在传统政治史学中的“西方中心”、“白人至上”的意识形态、价值判断和道德说教的同时，不合实际地主张学者应超脱意识形态、价值判断和社会道德问题，站在纯客观的学术中立立场上，从而忽视了史学家的个人价值和情感在史学中实际上是起着作用的。第三，新政治史学正确地看到社会科学各学科之间的一致性，在积极地引进和应用其他学科成果，丰富研究手段的同时，忽视了政治史作为人文学科的自身特点，患了严重的“跨学科消化不良症”。并且它侧重于结构性研究和横截面静态分析难以显现研究对象本身具有的连续性和变化特点。第四，新政治史在正确地拓宽传统政治史学研究范围的同时，模糊了政治史同社会史、劳工史、妇女史等领域的界限，失去了政治史的政治特点。有的学者警告，新政治史正处于成为社会史一个分支的危险之中，新政治史中没有了政治。① 美国当前的政治史研究内容和形式多种多样，正在矫正新政治史学的一些缺陷。

---

① 刘军：《政治史复兴的启示——当前美国政治史学发展述评》，载《史学理论研究》，1997年第2期。

在 20 世纪 60 年代的美国，与新政治史同时兴起的还有新社会史。史学界对新社会史的定义问题争论很多。有三种观点比较有影响。第一种定义是，新社会史是关于生活、闲暇的历史。这种定义最初是由屈威廉在《英国社会史》一书中提出来的。他认为“撇开政治的人民史就是社会史”，它不研究国家政治制度、军事制度、经济制度和文化制度等，这样就把社会史与政治史、军事史、经济史和文化史等区别开来，而社区、人口、家庭、婚姻、犯罪、监狱、各种职业集团等的社会活动与生活状况成为主要的研究对象。第二种定义是指，社会史是关于全社会的历史，即广义的社会史，又称“社会整体的历史”。按照这种观点，国家政治制度、经济制度、军事活动、阶级状况、文化领域都在新社会史的研究范围中，各种专门史只是研究社会的某一个方面。霍布斯鲍姆在《从社会史到社会的历史》中系统的阐述了这种整体社会史观。第三种定义为，社会史是关于普通人日常生活的历史。这种观点的代表人物是查尔斯·蒂利。他认为，社会史的核心内容是“重建宏观结构变迁中普通人民的历史”，主张将宏观结构的变迁同人民的日常生活联系起来考察。也就是“自下向上”看来研究历史。这种观点更多地代表了当代西方社会史的主流。

美国的新社会史学在 20 世纪 60 年代兴起，在 80 年代达到了高潮，其后便受到了新潮流的挑战。① 它进一步拓展了史学视野，开创了一系列的新史学领域，如家庭史、人口流动史、人口史、种族史、抗议运动史、医学史、职业史等。下面我们将以它的一个专门分支——新妇女史——为例来一窥美国的新社会史。

美国的新妇女史是 20 世纪 60 年代晚期兴起的一个新的史学研究领域。之所以用“新”这个字，是为了区别传统的妇女史研究，旧妇女史只是把历史上的著名的妇女添加到传统的史学之中，而新妇女史是要突破传统的以男性价值观为标准的史学框架，以新的视角来重新看待整个的美国历史和人类历史。这个新领域的出现是有

① 风鸣：《方纳谈当代美国史学》，载《史学理论研究》，2000 年第 4 期。

其特定的历史背景的。首先，美国的妇女史研究是与妇女解放运动的社会实践密切联系在一起的。在19世纪中期到20世纪初，美国出现了第一次妇女解放运动高潮，妇女史研究曾出现了一个短暂的高潮。但是当时的妇女史并没有成为一个专门的研究领域。其次，在20世纪60年代美国兴起了反战运动、黑人民权运动，以此为契机，美国兴起了第二次妇女解放运动，这次妇女解放运动比第一次更为迅猛，很多的女权主义者需要研究妇女的历史来为当时的斗争服务，因此，妇女史研究兴盛。再次，新妇女史的出现也是与当时的整个社会科学的总体趋势有关。在60年代，西方史学研究本身发生了巨大的变化，“新社会史”日趋风行。新社会史主张重视社会中普通人集团的行为和意识在历史过程中的作用，为此，就不能不考虑占人口一半以上的女性的活动、行为与意识。

美国是新妇女史研究最为活跃的国家。1970年，在波士顿召开的美国历史协会年会上，首次举行了妇女史讨论会，这标志着历来为史学家们所不屑一顾的妇女史开始进入专业史学研究领域。美国现在的许多大学建立了妇女研究中心。这几十年来，美国的妇女史出了大量的著作，下面具体看看新妇女史在妇女劳工史方面的研究成果。

妇女劳工史是美国妇女史中最大的分支领域之一。著名的妇女劳工史学家们有达勒奈·克拉克·海因（Darlene Clark Hine），琼·詹森（Joan Jensen），杰奎琳·琼斯（Jacqueline Jones），爱丽斯·凯斯勒·哈里斯（Alice Kessler-Harris）等。妇女劳工史的研究是从清除概念开始的。当时的一些观点认为，19世纪的维多利亚时代是妇女劳工史的开端年代，因为那时的妇女是不工作的。妇女史学家们认为，这种错觉是由于白人和精英们的偏见造成的，她们把少数雇有奴仆、养尊处优的家庭主妇的生活作为典型来对待。这一错觉还来自维多利亚时代妇女不能干重活的标准，是一种不把照顾小孩和做家务看做是明显的劳动形式所致。妇女史学家们证明说，美国妇女除了最阔的人外，大多数的人都不是过着特权的生活，她们都需要工作。妇女史学家们认为，同时还要界定“工作”的含义。一旦“工作”被定义为是拿工资的劳动，那么妇女在家庭内的家务活、农场劳动、针线活、护理、做饭、养育孩子等，都不被看作是工作。因此，历史学家们必须要从事实出发，寻找出劳工的真正的分类。对于美国的劳工组织工联，爱丽斯·凯斯勒·哈里斯做了研究。她指出，由于工联的许多职能很像是一个男人的俱乐部，一位女性的出现，就会使他们的成员感到别扭，使他们男人间的友谊疏远了。许多工联主义者还积极地试图把妇女赶出去，尽管由工会组织起来的妇女为保护男性工人的利益反对给男性工人减工资出了不少力。历史学家莱斯丽·伍德科克·滕特勒（Leslie Woodcock Tentler）认为盛行的观念——妇女的真正位置是在家里，而家里对妇女来说就意味着悠哉游哉，什么事情也不用做，这种观念对女工本身是有影响的。她认为，女工对家的偏爱是因为她们被灌输进浪漫主义思想的缘故。

美国的新妇女史对传统史学的真正的挑战不在于它的具体实证研究方面，而在于它的指导理论。它是与女权主义理论密切相连的，用女权主义的理论来指导妇女史的研究，同时用妇女史的研究来丰富女权主义的理论。当前，美国的新妇女史进一步发展为性别史、两性关系史，来考察历史上针对男女的一整套的规范体系是怎样建立起来的，并且对男女两性的行为、心理和社会都产生了什么样的影响。

综上所述，我们可以看出，美国的史学在第二次世界大战后发生了一系列的变化，在史学研究的范围、史学的观念、史学研究的方法和手段上都不断地在变化、在前进，并呈现出多元化的趋势。

第七章　反叛传统与史学变革
——20 世纪后现代主义史学与新文化史

一、后现代主义史学述评

历史学研究典范的改变始终是同时代变化相适应的，不同时代有不同的“典范危机”（paradigm crisis），就需要新的“典范”与之适应，历史之所以不断地要被重写，就是因为时代在不断变化。历史问题虽“盖棺”，但“论”永不会“定”，每一代人都需要用于己、于时代最有意义的观点和方法来认知历史。

自从 19 世纪中叶历史学作为一门学科诞生以来，历史学的研究典范就已经历了许多方向性的转变，特别是在 20 世纪下半叶以来，其研究典范就经历了多次转向，但不管如何变化，还是有没有改变的东西——历史学家对历史事实的认识没有发生根本的改变，历史学家认识过去的基本方法没有受到挑战，不管使用什么样的新理论、新方法，去研究诸如社会、性别、妇女等新主题——实证主义和理性分析依然是史家的最后立场。但从 20 世纪 60 年代后，一切都不再一样了，揭竿而起的后现代主义对史家只有用实证和理性分析才是历史认识之路的立场开始了质疑。当然，这个质疑并不只限于历史研究领域，它几乎已经扩展到所有的艺术、人文、社会科学和自然科学领域，这即是所谓的“后现代转向”（postmodern turn）。

20 世纪语言哲学的发展也告诉人们，语言并不是透明的，可以如镜子一样映照出人想要表达的意旨。语言一样有其结构，是存在于人们的思维之外的实体，人不仅用语言来表述自身，其自身思维亦由语言决定。从此角度出发，一些人认识到：历史研究就是一种徘徊在语言和过去之间的一种智力活动。有人甚至认为：过去（the past）是“语言的囚室”（prison house of language）①，或强调“历史书写是互为文本的语言学上的建构”②。这些观点虽有些极端，也自有其深刻性在，表明语言不是中立的，它们不仅承载意义，还承载目的，这也是哲学家重视语言及由语言所连缀而成的叙述之原因。进而言之，人们不仅应该重视历史作品所使用的语言，也要重视其所采用的叙述形式，如海登·怀特（Hayden White）之言：“20 世纪语言哲学给我们的教导便是，脱离了真理的表现及其形式，就没有任何真理存在。如果真理在我们面前以说话的方式陈述自身，那么讲话的形式与内容一样重要，你不能区别对待。”③形式并不仅仅被内容所决定，是可有可无的点缀。如同语言可以决定人的思想一样，形式亦可决定内容。而由词语组合起来的叙述就是语言的再现形式，这就决定它不但不可能如实地再现历史事实，而且还参与了对其所意指之事物的建构。语言及历史著作所采用的形式既然如此富有多歧性，而使用何种语言与叙述形式又取决于人本身。作为一个历史性和现实性交汇的产物，人自身之主观性与历史性自是毋庸置疑。

受此“后现代转向”及“语言学转向”（linguistic turn）的影响，当代西方史学的主要趋势也由现代主义史学逐渐向后现代主义史学转移。相比于文学、艺术等学科对“后现代转向”的反应，宣称要保持“价值中立”，以追求“客观性”和“真实性”为已

---

① Beverley Southgate, *History: What and Why*, London and New York: Routledge, 2001, p. 75.

② Keith Jenkins, *Re-thinking History*, London and New York: Routledge, 2003, p. 9.

③ 王利红、陈新编译：《二十年来的西方历史哲学》，《哲学译丛》，2000 年第 4 期。

任的历史学的这个“转向”有些姗姗来迟，这可能是因为“历史学科本身不容置疑地是‘现代性’的一个侧面，特别是自 19 世纪历史学职业化以来，它一直是与真理的客观性和理性这种旧的视野相联系，这种视野不可避免地带有政治的维度，并服从于自由的价值评判，特别是与自由相联系”，但“随着‘后现代性’本身的演化，它对于历史学家对他们学科的真理提出了新的挑战”。① 对于这个挑战，比较早的反应要从美国历史哲学家海登·怀特(Hayden White)1973 年发表的《元史学:19 世纪欧洲的历史想像》(*Metahistory*:*The Historical Imagination in Nineteenth-Century Europe*)一书算起了。② 但这只是后现代史学的先声，实际上，怀特该书的思想开始只是在文学批评界受到重视，在史学界引起的反响了了，直到 20 世纪 80 年代它才被重新认识，认为它是“在过去 30 年里历史方法学上最激进的发展”③。不过，事实上，直到现在，该书中的许多思想即便是海登·怀特也认为已经过时了，但许多人还是不能接受和领会此书中的思想，此书仍然是一本“为未来的书”④，其还是被作为“历史的语言学转向标记”。安克斯密特的《历史书写与后现代主义》(*Historiography and Postmodernism*)一文则大概是第一个明确把后现代主义与历史学相联系起来讨论的文章⑤，其后《美国历史评论》(*The America Historical Review*)、《历史作坊杂志》(*History Workshop Journal*)、《过去和现在》(*Past & Present*)、《社会史》(*Social History*)等国际权威历史学期刊也在

① 乔伊斯语，转见李宏图:《从现代到后现代：当代西方历史学的新进展——帕特里克·乔伊斯教授访谈录》，《史学理论研究》，2003 年第 2 期。

② Baltimore and London: Johns Hopkins University Press, 1973.

③ Alun Munslow, *Deconstructing history*, London and New York: Routledge, 2003, p. 140.

④ Keith Jenkins, *Why History*, London and New York: Routledge, 1999, p. 125.

⑤ *History and Theory* 28 (1989), pp. 137-153. 该文已被收入 Keith Jenkins (ed.), *The Postmodern History Reader*, London and New York: Routledge, 2002。

20 世纪 80 年代末、90 年代初开始刊登探讨后现代主义与历史学关系的专门文章，研究专著的情况亦大致类似。

自启蒙运动以来，人们对历史的理解和书写就打上了现代性的烙印，如彼得·伯克（Peter Burke）之言："西方历史思想最重要或至少是最显著的特点在于它对发展或进步的强调，换言之，在于它看待过去的'线性'观点。"① 这种观点相信理性和人类会不断取得进步，相信历史发展就是要寻找其中的普遍性和规律性。经由启蒙运动的影响，这种理念逐渐被建构成以欧洲为中心的（Eurocentrism）历史分期和宏大叙述（grand narrative，narrative 有时亦被译为"叙事"），以此来范围世界其他地区的历史。黑格尔的《历史哲学》大概最能体现这种分期与叙述了，也可能是迄今为止我们认知线性的、目的论的历史之最重要文本。按照这种启蒙历史思想，只有欧洲才具备特有的大写历史暨进步观念，非西方地区的历史走向也应该按照或模仿欧洲的发展路径。在这样的叙述指向下，"历史似乎首先变成现代性甚至是现代主义的倡导者和传播者——这种现代性或现代主义的过去通常被叫做启蒙计划，启蒙计划为科学、理性、民族国家、世俗进步这些伴随着现代化进程的产物而庆祝。在很多方式上，历史本身成为一种科学和一种现代主义者的计划，记录并赞扬西方进步的这些贡献，并使这些东西适应于其自身的真理品质、社会效用、批判的及公正的质询。同时，部分作为这些品质的后果，历史成为了启蒙运动和进步主义的意识形态的标尺"。② 而停滞、落后的种族则成为没有历史的族类，他们不仅没有能力表达自己，也没有权力表达自己。通过大写历史叙述，西方为征服世界提供了学术、思想上的合法性依据，西方的物质文明和精神文明成为了自由、进步的象征，而非欧洲地区的族类则成

① 彼得·伯克（Peter Burke）：《全球视野中的西方历史思想：十个命题》，宋立宏译，陈启能等主编：《历史与当下》，上海三联书店、华东师范大学出版社 2005 年版，第 5 页。

② Donald R. Kelley, *Faces of History*, New Haven and London: Yale University Press, 1998, p. 274.

为落后、停滞的蛮族或“无道”、“无教化”的国家，西欧（包括后来的美国）掌握了文化霸权，可以“自认是唯一的文明地区”①，最有资格成为“人类的主人”，其他地方都在历史之外，其他族类都是低等种族，历史终于被建构成“白人的神话”。

两次世界大战的残酷现实，使这些观念开始遭受到广泛的批评。其中来自后现代主义者的批评则尤为致命。后现代主义者反对这种以欧洲为中心的“宏大叙述”，认为它把启蒙时代以来的西方文明中心化、理想化和普遍化，认为每个地区都应该达到这一标准，从而忽略了各个地方性社会及其文化、历史背景的差异，这反映了西方的霸权和欧美中心主义的成见。在当今的后现代情景里，没有什么是永远正确的，也没有什么可以永存不变，大叙述已经成为“既陈之刍狗”，“一切坚固的东西都烟消云散了”，所需要做的就是重估一切价值，祛除或揭露那些看似崇高与不可侵犯的神话。

后现代主义者认为各个地区都可以有自己的时间观念和历史叙述方式，各个地区都可以自由选择自己的发展道路与生活方式，并非一定要遵循西方的发展道路与历史演化模式。20世纪的历史事实表明：启蒙理性和技术至上观念已经给人类带来了巨大的灾难，如两次世界大战的发生、自然环境的恶化、能源危机、核武器威胁等，伴随启蒙理性的宏大叙述则掩盖了西方及世界发展中存在着的这些问题和危机。在这种形势下，人类的前途并不乐观。故此，进步主义史观已经到了穷途末路之时，新的后现代主义史观早就应该取而代之。因为，后现代主义可以提供给我们以面向未来、解放性的、民主的思考方式，以及这个思考方式所依赖的全部思想资源。② 后现代主义者的这些观念，显示出了第二次世界大战后西方社会思想学术界的巨大变化，实际反映了西方社会的日益中产阶级化以及民众对未来不确定性的担忧，使以往那种精英主义的宏大表达不再具有社会基础——不再为过去本身来研究过去，也不再将焦

① 柯能（Victor Kiernan）：《人类的主人——欧洲帝国时期对其他文化的态度》，陈正国译，台北麦田出版社2001年版，第51页。

② Keith Jenkins, *Why History*, p. 2.

点集中于精英或胜利者，而是将目光投向中产阶级大众自己的过去、投向历史上普通大众的生活、思想。

就后现代主义在历史学的一般表现而言，最明显的是它对历史客观性和真实性的质疑，后现代理论家否定了启蒙运动以来盛行的“理性”和“进步”的现代性观念，挑战了常规历史研究的基本前提：“在历史学的语境中，后现代主义尤其暗示了对这些常规确定性诸如‘事实’、‘客观性’和‘真实’——这些过去被历史学所书写和阅读的术语的一个挑战。”① 后现代主义一般都否认历史著作或历史学家所谈到或所研究出来的乃是过去曾真正发生之事，认为这些无非是历史学家对过去的一种诠释，而从来不是名副其实的历史真实。在他们看来，历史必须被作为一种纯粹的脑力活动来表现，历史研究的焦点“不再是关注过去本身，而是集中于在当下与过去、我们当下言及过去时所用之语言与过去本身间的不连续性”。② 从根本上说：他们认为历史为历史学家本身的一种杜撰或虚构物，是一种对过去的描述而非反映，一种冒充成真实生活情况的构思行为。③ 因为过去已经永远消失，永不再现，我们不可能再有直接的身临其境的机会，我们对过去之了解所凭借的只能是关于过去的记载和过去本身的一些遗存。但需要明了的是，许多关于过去的信息从来就没有被记录下来，即便就被记录下来的那部分而言，这些记载和遗存经过时间的大浪淘沙与人们有意无意的毁灭、破坏，与实际的历史过去相比，无疑是九牛一毛、百不存一了。依靠这些“断简残篇”——“史料”，对过去的历史作管中窥豹或叶落知秋式的认知及推测或许可以，但企图依靠这些“断简残篇”来再现过去的历史真实，实在是大海捞针、“知其不可而为之”了！至于经常被宣称出来的“历史真实”，实际不过是当下的多种

① *History: What and Why*, p. 8.

② Ankersmit, “Historiography and postmodernism,” Keith Jenkins (ed.), *The Postmodern History Reader*, pp. 294-295.

③ 参看詹京斯（Keith Jenkins）：《后现代历史学》，江政宽译，台北麦田出版社 2000 年版，第 62 页。

权力、利益综合作用下的结果，实在不过是史家自身或宰制者所认为的“真实”罢了，更确切地说这种“历史真实”不过是史家在既存史料基础上的想像性重构和解释而已。因此，历史（历史著作）不可避免地是个人的建构，是作为一个叙述者的史家的个人观点之呈现。过去和历史（历史著作）是不同的东西，历史是对过去（the past）的叙述或记载，绝对不等于过去（the past）本身。我们所认知到的历史只是史学家书写历史的结果，我们在书写历史之时，实际是在“发明”过去。

同样，史料虽然可以限制史学家的绝对自由，但却无法真正阻止史学家对过去的无尽解释，“况且过去不是一种记载，而是一种转瞬即消逝的事件形势等，没有任何一个史家可以掌握过去的所有事实。同样也没有任何记载可以再现过去真实的景况”。① 逻辑上，所有的记录都是有疑问的和相对的，只能反映个别情况的。在此意义上说，一手材料（primary documents）和二手材料（secondary documents）与过去历史真实的关联度并不大。这两种材料除在时间意义上外，并没有什么根本区别，因而没有必要去崇拜“档案”（the document）等所谓一手材料这类证据，因其仅使我们意识到这只是一种对过去的诠释（interpretations of the past），是一种文本（text），并不能使我们返回过去或者解决材料本身出现的问题。当史家研究历史时，不是在研究过去，实际上是在研究“文本”，“文本性是每个人的历史的操作条件；要想像某种非文本的历史是不可能的”。② 因之，过去并不成其为过去，它是以文本的形式被史学家制造和表述的，然后被读者消费的。

在实际中，史学家的主观性及历史性无处不在，因此，我们所知的过去总是映照着我们自己的观点，是我们当下处境的产物，已知的过去（history）也是我们自己的建构，过去不过是正在变化中的现在，过去是服从于我们对之的解释的，并没有什么固定意义，

① *Re-thinking History*, pp. 13-14.

② 詹京斯：《后现代历史学》，江政宽译，台北麦田出版社2000年版，第56页。

过去所具有的任何意义都是被人强加于其身的。“简单地说，就是我们自己赋予过去对我们有何意味的，相应地，我们现在正处在这样一个比较合理的立场——通过以前解释性工作的沉淀，通过来自我们当前与以往方法实践的阅读习惯和分类/概念，以及我们当前和以往的意识形态渴望——去要求依靠所存留的痕迹之上所建构的过去，在文本意义上总是可以被理解和应用，而且这样逐步形成的被建构起来的过去很少会让我们失望，在它无止境的效用性和杂乱性中，这样的过去可以为任何想其有用的人利用——马克思主义者、辉格党人、种族主义者、女权主义者、结构主义者、实证主义者、古董研究者、后现代主义者——任何人都可以利用之。根本没有独立于史家文本痕迹外的充分意义的存在，意义总是被史家所建构的，作为历史化文本的被建构起来的过去，在终极意义上除了屈服于外界所加之于其身的、欲其有的目的外别无选择。因此，在这方面，我们总是能‘发现’这些起源、根源、目的、轨迹、训诫、证据和我们一直所寻找的价值。”① 我们不可能写出没有任何哲学的或意识形态立场的历史，唯一的问题在于我们是否敢于承认这种立场以及我们的书写是否被其左右，企图靠“悠然神会”(empathy 或者 to see the past from its point of view) 方法进入古人的境界，融会古人的观点，以真正了解历史也是不可能的。因为，我们“所受到的学校教育、理想主义心态和意识形态构成了移情，而且这三个外在的压力是并不容易被捏合在一起的”②。史家自身的价值、立场、意识形态见解、认识论上的成见，不同的工作程序、不同的史料选择、不同的历史书写形式，以及日常生活中的权力因素、个人体验和利益冲突等，都会被投射到史学家的历史研究和历史写作中，虽然可能存在一些方法可以发现过去发生了什么，但却没有什么方法并借此方法可以最终说明事实 (facts) 果否真实。故此，保持客观性和不偏不依的立场只是妄想，移情作用也是有缺陷的。难怪，某些后现代主义者公然宣称：“历史一直是某些

① *Why History*, pp. 14-15.

② *Re-thinking History*, p. 55.

人的历史，而这些人不能成为过去本身，因为过去不具有自我，因此，把特定的历史论述等同于历史本身，不只是意识形态的，而是意识形态的一派胡言！”①

总而言之，在后现代主义的历史观里，“历史就是由认识论、方法论和意识形态所构成。认识论说明我们永远无法真正知道过去，过去与历史（历史书写）之间的断裂是本体论形式的，也就是说，在终极上是没有任何认识论的办法可以弥补的；史学家虽然已经设计了各种严格的工作方法以求减少作为解释的历史学家的影响力，又努力多方面推广这些严格的方法，预想如果每个人都遵照这些方法，那么这么一组关键领域的技巧、概念、管理和程序将会使历史研究走向客观性。可是方法论有多种，所谓的这些关键概念也是近来的和片面的建构，我认为我们所见到的差别就摆在那里，因为历史在根本上是存在争论的话语、是充满挑战的地带——其中，民族、阶级和群体，为了抚慰他们自身，都会以己度人地对过去做出各种阐释。在这些压力之外没有任何权威性的历史书写存在，只有当具有支配性的声音能通过公开的权力运用或暗地里的强制手段使其他人噤声时，暂时的（对历史的）共识才能达成。最终，历史就是理论，理论就是意识形态，而意识形态只不过是重要的物质利益。意识形态渗入历史的各个角落，包括被社会特意指定用来研究历史的若干主要机构，尤其是大学制造历史的日常实践中”。② 说到底，历史不过是又一种“表述”罢了，这就是其庐山真面目。

事实上，后现代主义的历史要去追问：“究竟是谁的历史被述说？用谁的名义？基于什么目的？后现代主义是关于没有被讲述和重述以及不为人所知的历史。历史学不再像以往那样，相反，是各种被人们遗忘的、被隐藏的、看不见的、被认为是不重要的、被改变的或者被抹去的历史。它拒绝把历史看成是一个线性发展的过

① 詹京斯：《后现代历史学》，江政宽译，台北麦田出版社2000年版，第39页。

② *Re-thinking History*, pp. 23-24.

程、看成是在一个明显可以为我们所知的、而且已经预先设定好的、直接发展到我们今天的形式。它是关于偶然性的历史，它是关于权力的历史。"① 后现代主义者认为：历史构造就是许多权力关系下相互作用的产物，历史一直在被为了维护自身利益与地位而书写，而不是如其表面上看起来的那样为了追求过去的真实性及保持客观。更有人言："诸如此类（后现代主义式）的祛魅能使历史学家得到'救赎'（'free up'），使之从不同的立场出发，用无数的表述、情节和组合方式来叙述具有相等合法性的故事。在此意义上说，我们完全可以'随心所欲'（'anyway we like'）地阐释过去。"②

在后现代主义历史观咄咄逼人的冲击下，越来越多的史家正在放弃对真理的追求、对客观性的信仰和用科学方法认识过去的追求。时至今日，也许只有很少的史家还相信历史学家书写的是过去的真实。如此这般，历史研究已经处在一个比较尴尬的境地，因为后现代史学理论的这些激烈的主张，致使"不只是传统主义式的历史学，已面临致命的危险，连历史'本身'也处于生死存亡关头"。③ 甚至还有人危言耸听地说："到 20 世纪 80 年代末，大多数史家甚至是大多数从事实际研究的史家都已经放弃了追求关于过去的可靠的、客观的知识的可能性。"④ 其所导致的结果就是使历史学专业，尤其是在法国和美国，陷入一个自我定位危机，历史究竟是什么？如何去做历史？追求过去之历史真相是否还有可能？史家对客观性之矜持是否已成明日黄花？如果材料不能反映现实，而只能反映其他文本，那么历史研究与文学研究是否就合而为一？历史学作为一门学科是否已经难以为继、山穷水尽？是否真如个别史家

---

① Brenda Marshall, *Teaching the Postmodern: fiction and theory*, London, Routledge, 1992, p. 4.

② *The Postmodern History Reader*, p. 20.

③ 詹京斯：《后现代历史学》，江政宽译，台北麦田出版社 2000 年版，第 44 页。

④ David Harlan, *The Degradation of American History*, Chicago: University of Chicago Press, 1997, p. xx.

所言："不再有真理，也不再有不公平。……总之，不管是道德上的或是政治上的东西，一切都随风而去。"① 在这后现代气氛弥漫的情况下，是到了史学家该负起责任解释他们工作何谓、为何及何为的时候了，史学家不管是主动，抑或是被动，都必须重新审视此类问题，而不能故步自封、视而不见，或"王顾左右而言他"。

在面对后现代主义的态度上，史家大抵存在两种立场：一种是彻底的予以反对，"维护传统价值观的（对后现代主义的）抵抗在同时进行"②，如艾尔顿、扎各闰（Perez Zagorin）、温德舒特尔斯（Keith Windschuttles）等人；另外一种则是比较折中的看法，承认后现代带来的积极因素，但否定其某些极端立场，这些人有马威克（Arthur Marwick）、伊凡斯（Richard J. Evans）等人。下面聊举几例说明之。

著名英国史家艾尔顿（G. R. Elton）一贯的反对后现代主义，以现代主义史学的捍卫者自居。他在所著的《返回本初》（*Return to Essentials*）③ 一书里认为：后现代理论的根源来自日耳曼哲学和法国精神，是"一种危险的鸡尾酒。因为前者令人费解而貌似聪颖，后者证明了在法国荒谬的事物总是听起来比较悦耳"。而这与职业化的历史研究是相悖的：也就是说，自从有计划的、彻底的建基于材料基础上的历史研究职业化以降，它已经多次摧毁了这些服务于特殊利益的解释，尤其是这些民族国家自我炫耀和自我吹嘘的解释。因而，艾尔顿呼吁年轻的历史学家应当抵御"来自德里达和傅柯（Michel Foucault）前额的致癌物质"，他还把怀特的理念看成"是无意义的冗语"，又认为只有史家才有资格去谈历史：真正的历史工作"不得不被依赖于那种只有职业态度和训练所能提供的内部理解（inside understanding）上"。关于客观性之类的概

① N. Geras, "Language, Truth and Justice," *The Postmodern History Reader*, p. 23.

② 见 Windschuttles：《西方历史编纂学的后现代转向批判》，李凌翔译，《东岳论丛》，2004年第4期。

③ G. R. Elton, *Return to Essentials*, Cambridge: Cambridge University Press, 1991, p. 44.

念，只有在史家实际的研究经历中才能被判断其实践效用。现在，并没有史家无知到想把历史弄得如科学一样——其研究结果可以被验证、被证明，是不可更改之真理。历史不应该仅被作为一种思想训练：它有自己的行规、自己独立的功能，以及对人类思想与社会生活的贡献。过去留给我们的材料是我们认识和书写历史的凭借和证据，这些东西必须在当时它被产生的语境中解读，研究者也要具有一定的专业训练及考证能力，才能更好去解读史料。“没有理由表明为什么伟大的史家（或许是比较少的一些）不应该有他们自己的思想和展开调查的方式，但这样的研究是无意义的，除非调查者能证明他直接地知道这些被过去留下的我们赖以工作的材料确实有意义。”“穷根溯源还是必要的战斗号召。对史家而言，过去的实在——没有错，真相——存在于不同的素材里、由导致其产生的过去所制造，并被当作证据留存下来。历史的证据不是史家制造的。”艾尔顿还对后现代主义者进行了人身攻击，认为他们是“冒失的理论家”、“不确定的、相对主义和个人利己主义的预言者”，把后现代史学理论看作是“威胁的”、“破坏的”、“荒谬的”、“无意义的”、“完全的相对主义”，是“顽固的异端”。后现代主义这个“轻浮的虚无主义病毒”正在传染给许多年轻的历史学者，与斯通一样，艾尔顿认为“要与想把历史研究服从于文学批评指令的那些人战斗，某种程度上，我们历史学家正在为我们的生命而战斗”。并认为：“与过去留下的遗存进行真实的和有益的接触，应该可以治疗人们的那些哲学妄想。”但艾尔顿基于他现代主义的立场对后现代主义所做出的批判很缺乏说服力，因其赖以立论的理性、实证等基础以及想要捍卫的现代性原则，在今日的后现代世界已经是大成问题的了。不过，艾尔顿也承认他所依据的仍是他四十五年前所接受的历史书写学观点，而这在某些人眼里可能早已成为过去时了；同时他也认为历史学家应该多和大众接近，而非“躲进小楼成一统”。

澳大利亚学者温德舒特尔斯（Keith Windschuttles）也认为

"后现代主义把历史写作引入了死胡同，并导向终结"①。他在其《历史之被谋杀：文学批评和社会理论是怎么样正在消解我们的过去的》(*The Killing of History*: *How Literary Critics and Social Theorists are Murdering Our Past*) 一书里很传统地认为：历史研究是对真实 (persue the truth) 的寻求和关于过去知识的建构，且以事实性信息为中心，尽管这可能是个困难的任务，但并非是不可能的任务，一个主旨并不在于寻求真实的工作可能是任何东西，但决不会是历史的工作。② 他认为文学批评与社会理论包括语言学、阐释学、后历史主义、结构主义、后结构主义、后现代主义、后殖民主义等各种时髦理论，都对历史这门学科的规范和严格的历史研究构成了伤害，这些理论是以牺牲"事实"(facts) 和歪曲历史实际来迎合理论为代价。因此他要保护"传统的历史学实践"(the traditional practice of history)，以免其受到"潜在的致命攻击"(a potentially mortal attack)，"如果历史学家继续允许他们自己堕入（后现代主义）这个理论上的误区 (this theoretical abyss)，他们将会使他们自己和他们的学科灭绝"。他认为，"历史学科确实在面临被驱入绝境 (hunted to extinction) 的危险中"。但在该书中，温舒特尔斯并没有说出真实的历史事实到底由何构成。事实上，该书倒是显示了他的右翼主张和西方中心论的立场，且由于他对欧洲史及傅柯了解不多，以致在论述中常有漏失，因此温氏该书并不很具有说服力。

另一个稍激烈的批评者扎各闰 (Perez Zagorin) 教授也认为：后现代主义在探索历史上的怀疑论与泛政治化的观点是极其错误的，是与史学家看待自己研究工作的方式不相调和的，不能给作为获得知识和理解人类过去的历史学研究以"同情之了解"。③ 在反驳詹京斯对他的批评时干脆说"后现代主义作为一种思想或知识

---

① Windschuttles：《西方历史编纂学的后现代转向批判》，李凌翔译，《东岳论丛》，2004 年第 4 期。

② Windschuttles, *The Killing of History*: *How Literary Critics and Social Theorists are Murdering Our Past*, New York: Free Press, 1997, pp. 231, 154.

③ Perez Zagorin, "History, the Referent, and Narrative: Reflections on Postmodernism Now," *History and Theory* 38 (1999), p. 24.

体系，它对历史的理解根本贡献不出任何东西”。同时扎各闰还担心因后现代主义史学不再对证据持有批判和尊敬的态度，从而导致其会服务于一个压迫性的政治权威或教条，历史会由此走上以史论作政论的歧途，并成为政治谎言和神话的背书者，失去其存在之合法性。① 因此，扎各闰认为历史或者说历史学，是一门非常雄辩的独立的实证学科，而且其还蕴藏着已经产生许多杰作的悠久传统，有其巨大的生命力与光辉的前景，没有必要被外来的哲学及理论新进来越俎代庖、发踪指示。如果哲学想同历史保持富有建设性的关系，它就必须按照史家的思考方法和方式来行事，哲学对历史学的主要贡献在于——帮助史学深化它对自己学科和其所依靠之前提的理解，而不是以旁观者的身份看人挑担不吃力，对历史研究说三道四、横加指责。

英国著名学者劳伦斯·斯通则“疑惑历史可能正朝向一个变得会灭绝的学科的路上走”②，因而，“我们应该与来自极端相对主义者——从怀特到德里达——的攻击，进行战斗；（历史学）这项专业知识是在 19 世纪晚期，从研究证据的过程中好不容易才发展起来的，我们应该为保持这一专门知识而战”。③

英国著名史学理论家马威克（Arthur Marwick）也对怀特等人把历史看作是文学分支，以及历史叙述与小说的叙述并没有什么明显不同的做法表示不满。他认为：“小说家、诗人、剧作家在运用语言方面与史家是不同的方式。我们希望有创造力的作家利用语言的模糊和共鸣，甚至可能直接地表达无意识的组织，而非在用词上总是合乎逻辑。相反，历史学家应该尽可能清楚明白地表达出他们

① Perez Zagorin, “Rejoinder to a postmodernist,” *History and Theory* 39 (2000), pp. 201-209.

② Lawrence Stone, “History and postmodernism,” *The Postmodern History Reader*, p. 243.

③ Lawrence Stone, “Dry Heat, Cool Reason: Historians under Siege in England and France,” in TLS, 31 January, 1992. 转见《后现代历史学》第 47 页注释 15。

的发现。"① 马威克虽然同意后现代主义者在语言作用方面的某些关键见解，但他坚持认为："后现代主义者还是得出了错误的结论，因为语言并不控制我们，而是我们控制语言——只要我们愿意花费艰苦卓绝和长时间的努力。"② 马威克强调：历史不是文学，历史学家甚至不应该梦想自己会成为"创造力的奇才"（creative genius）。一些读者可能如他们读小说一样在阅读历史著作，但史家的基本义务非常地不同于这些小说家——史家要尽可能以精密和完善的证实的方式来为人们认识关于过去的世界做出贡献。而"精密"、"完善的论证"和"义务"，这些的确不是适合于小说家的词汇。马威克还有点想当然地认为："如果你在运用语言时是足够细心与认真的话，你就能确切地、不多也不少地说出你的意图：你将不会'超过'你的'目的'。"③ 这种自负见解自然与他对"语言学转向"的了解不多所致。不过，马威克也承认，到现在，受后现代主义的影响，整个历史学专业已经稳步地变得更具有反思性，更多的注意力已经被花到方法论和原始材料的性质探讨方面来了，史家与理论家不再是"瞎子与聋子的对话"，因之，一些史学家很自然地去热情讨论、研究后现代主义书写方法所提供的观点或视角。但如果被后现代主义者完全说服，"所有的年轻人都是易于接受后现代的，而一旦他们被后现代理论说服，最好建议他们放弃历史研究"，因为在此情况下，历史研究就不再需要艰苦的工作，而且可以作为怀特和詹京斯等后现代主义者批评"箭垛"的历史这门学科将不复存在。如果没有"历史"，这些理论家也将无从施展其绝技。

又一更著名的、更有代表性的批评者是英国的德国史研究专家伊凡斯（Richard J. Evans）教授，伊凡斯是一位对理论具有浓厚兴趣的史家，主张史家不应该将理论只留给理论家来做，理论与实

① Arthur Marwick, *The New Nature of History*, New York: Palgrave Macmillan, 2001, p. 12.

② *The New Nature of History*, pp. 11-12.

③ *The New Nature of History*, p. 260.

际的历史研究并非全然无关，实证的史家依赖“常识”行事的时代已经过去，他们也应该涉入一些重大理论问题，做出一些没有这类实证经验的理论家无法做出的贡献，并表明其主张——解释他们所为的工作为何、如何以及为什么。他在其《为史学辩护》（*In Defence of History*）一书里认为：历史的文化与科学基础已经动摇，史学学科正遭受来自后现代主义的严峻挑战，“后现代主义对于历史学的挑战，真的是一场严肃的挑战。历史学城下的某些知识上的蛮夷确实抱持明显的敌意，在那儿四下游荡”①。在这种挑战下，历史学科正处于危机中，历史研究赖以存在的基础——一手材料与二手材料之间不同的意义界限被消除了，史家成了与文学作者之类一样的人了，历史与虚构、历史与历史学、历史书写与历史理论之间的此疆彼界也消失了。伊凡斯认为：“如果一部文本的作者之意图与该文本的意涵是不相关联的——如果意涵是由读者、诠释者放进文本之中的——又如果过去就像任何其他的文本一样，也是一部文本，那么，历史学家便可以在每次阅读或撰写过去时，实际地再造过去。过去便无力再限制研究者只在事实的范围内从事研究。历史学家和评论家现在变得无所不能了。”② 因而，伊凡斯教授不断重复“历史是客观的”这个信仰，乐观地认为客观的历史知识既值得追求而且也可以得到，提倡“回到学术的谦恭”（a return of scholarly humility）和价值中立这样一个态度来对待历史学——“我会虚心地面对过去，并且说，尽管这世上存有上述那类的说法，但是，过去的确发生，而且，如果我们非常小心、谨慎而又能自我批判，我们真的可以了解它是如何进行的，也可以获致一些有关它的实际意涵的，站得住脚的结论。”③ 伊凡斯还认为：虽然所有的历史都有一个当下的——不管是道德、政治或意识形态上的目

① 伊凡斯：《为史学辩护》，潘振泰译，台北巨流图书公司 2002 年版，第 8 页。

② 伊凡斯：《为史学辩护》，潘振泰译，台北巨流图书公司 2002 年版，第 232 页。

③ 伊凡斯：《为史学辩护》，潘振泰译，台北巨流图书公司 2002 年版，第 298 页。

的和动力，但将所有当下的历史书写和研究的主要目的看成是为史家自身或者他们所代表之群体谋取权力，这样的观点太难让人苟同。然而，伊凡斯教授没有意识到：他从经验论出发为历史所做的辩护，仍然在传统兰克史学典范的窠臼中；可能又由于他对后现代主义所知有限，导致其错误地分析了后现代批评的关键部分，且还没有很好地讨论后现代关于权力和叙述的取径。①

中国台湾史家杜维运亦认为：后现代主义逆流进入史学之中，以勇锐之气，剽悍之情，毫无同情的攻击历史，必欲置历史于死地而后已。然其所发议论，大半为吊诡之论，似是而非，荒诞不经，真知历史者必知其非。②

上述史家对后现代主义的批评或不无过激之处，但他们的确也指出了后现代主义的一些症结所在。但理论层面的标榜并不能代替经验层面的实践，材料和史家自身的局限并不能构成史学不存在的理由；历史书写中的文学性质并不意味着历史可以等同于文学，也不意味着史家就可以对过去随意想像与组合。站在从事史学实际研究的史家角度来看，后现代主义对现代历史学的一些批判远不能让人满意。

首先，后现代史学理论很有些悬鹄过高。它攻击“宏大叙事”，但其自身也陷入这个矛盾中。比如：它认为当今世界后现代社会已经来临——“今天我们都生活于全面后现代性的情境。我们对此毫无选择，因为后现代性不是我们可以选择赞同或否定的一种‘意识形态’或立场，后现代性正是我们的处境：它是我们的命运。”③ 又认为：在我们自己身处的后现代里，现代主义的解释如今是过于天真的：现代主义者的历史端点已经过去了！我们已看

① 参看 Wulf Kansteiner 为该书做的书评“Mad History Disease Contained?” *History and Theory* 39 (2000), pp. 218-229，特别是第226～228页。

② 杜维运：《后现代主义的吊诡》，台北《汉学研究通讯》，2002年第81期。

③ 詹京斯：《后现代历史学》，江政宽译，台北麦田出版社2000年版，第13页。

到“何谓历史”的现代主义版本的结局了。① 这些无视当今世界正存在巨大差异的笼统判断和自满声明无疑是有待于商榷的，恰是“宏大叙述”的表现。不过，这也正说明后现代主义的某些判断其实正是一种新的宏大叙述，正落入其所批判的窠臼。之所以后现代主义穿新鞋走了老路，也正表明宏大叙述实际是不可或缺，排斥一切宏大叙述是不可能的，因为有宏大叙述或元叙述，我们才能对事务进行归纳概括，才能把世间发生的故事讲得更好、更完善、更容易让读者明白与把握，“历史学家即使对已有的社会理论和宏大叙述持有怀疑态度，他们仍必须设法发展新的和更好的社会理论或新的与更好的元叙事”。② 同时，宏大叙述还有利于学者在全球层面对现代性及启蒙观念进行批判的分析与比较，更好明白本土传统和地方性知识的得失。

其次，后现代史学理论不认为历史著作能反映过去的真实，那么这就是说历史中的“真实”是历史著作不能体现的，（这也是最为后现代史学的批评者所诟病或者误解的，根本上，后现代史学的大师如怀特等人并不否定过去的事件、人物、机构、社会进程等是客观存在的，曾经发生过的，而且是如其本来那样发生过的，相反怀特等“后”主义者还是坚持这些立场的——“的确有一个实际的世界存在‘在那里’，而且在那里已有好长一段时间，也就是，确实有一个过去存在那里。”但“我们只能通过文本才能接近那种存在，因此，只能把那种真实的过去看成是一种‘解读’”。③ 怀特也认为：历史事件首先是真正发生过的，或是据信真正发生过的，但已不再可能被直接感知的事件。④ “你肯定无法避免真理问

① 詹京斯：《后现代历史学》，江政宽译，台北麦田出版社 2000 年版，第 19、60 页。

② Joyce Appleby, Lynn Hunt and Margaret, *Telling the Truth About History*, New York and London: Norton & Company, 1994, p. 235.

③ 詹京斯：《后现代历史学》，江政宽译，台北麦田出版社 2000 年版，第 52 页。

④ 海登·怀特：《评新历史主义》，张京媛主编：《新历史主义与文学批评》，北京大学出版社 1993 年版，第 100 页。

题。因为这是写作历史据以成为可能的基础之一。一方面，历史以虚构反衬来定义自身及其本质；另一方面，它排斥哲学。在许多方面，史学实践就像从它做什么中获得定义一样，也可从它不做什么中获得定义。因此，真理问题不可回避。"① "历史学家认识到他们叙事中的虚构成分，这并不等于把历史编纂学贬低到意识形态或宣传的地位上。事实上，这种认识可以帮助历史学家避免自己成为意识形态先决条件的俘虏。……如果我们承认每个历史叙事都带有虚构成分，我们就可以把历史编纂学的教学提到更高的自我意识的程度。"② 但关于当时史家自身意识形态立场的"真实"，后现代论述却认为史著是能够再现的，这不是又与其主张自相矛盾吗？

再次，其另一较大的失策之处就是："大多数后现代理论具有一种简单化倾向，独断地排斥竞争性的观点，且极度地褊狭。大多数后现代理论忽视了政治经济学，因而未能恰当地阐明社会的经济、政治以及文化层次之间的相互关系。"③ 另外，后现代史学理论家虽然否认历史的客观性，否认历史（history）就是过去（past）等（其实类似观点早就有人提出，只是没有如此偏激），但这并不能否定史家对客观性、对真实性追求的合理性，因为史家所研究的历史仍是一个真实的、客观的而非想像的过去，史家不能因为历史的真实仰不可及就停止对此目标的追求——"历史学家总是要检查造假和作伪，因而是满怀着求真的意念在操作，不管通向真相的道路可能是何等地复杂而又不完整。"④ 进而言之，人类既然存在于这个世界上，就必然有了解事物真相的需求，这也要求史家努力寻求客观的阐释作为认识真相与事实的助力。追求客观性仍

① 王利红、陈新编译：《二十年来的西方历史哲学》，《哲学译丛》，2000年第4期。此处引文是海登·怀特的访谈答语。

② 海登·怀特：《作为文学虚构的历史本文》，张京媛主编《新历史主义与文学批评》，北京大学出版社1993年版，第178～179页。

③ 凯尔纳、贝斯特：《后现代理论》，张志斌译，中央编译出版社1999年版，第337页。

④ 伊格尔斯：《二十世纪的历史学》，何兆武译，辽宁教育出版社2003年版，第160页。

是历史学家的职责与社会及读者对历史学家的要求，有关过去的真理是确实存在的——即便不是绝对的、惟一的，却是值得去奋斗、去追求的。如果失去了客观性与真实性，甚至连历史学家都不再尊重这类价值标准，那么这个世界还有什么标准可言？肯定会变得谎言弥漫，虚假横行。

既然人们都有了解真相的追求和兴趣，读者自然不会希望历史学家给他们提供的关于过去的知识只是一种文学上的想像而非基于史料基础上的"真实"。如何看待过去以及有什么样的关于过去的知识，很大程度上影响着当下人们的体验与想像。发生在过去之事会影响于当今，也会影响到发生在将来之事，无论如何我们都是过去的产儿，过去构成我们存在之一部分，所以关于过去历史的知识究竟如何对于社会非常重要。因而就不难理解历史作品以前从来没有像现在这样在一般读者之间受到欢迎的现象——对历史感兴趣的不断增多的读者想要的当然不只是后现代主义者的形而上批判，他们所需要的仍是去得知事实真相，去从历史中得到意义和慰藉。

事实上，大力鼓吹后现代理论的这些学者多不是从事实际史学研究的史学家，而从事实际研究工作并深知其中甘苦的史家，并没有多少完全接受了后现代主义，更少人将其应用于自己的史学实践中。相对来说，大多数职业史学家还是抵制后现代史学理论的主张的，后现代主义对历史研究实践的影响并不像看上去所认为的那样大。即使就后现代主义最为盛行的美国而言，"按照含糊的说法称之为'后现代主义'的时髦学说，在历史学家中间还没有形成像在文学和文化理论家或者社会人类学家中间那样广泛的潮流"。①从此意义上说，后现代主义并未对历史构成多大威胁，仅是进一步提醒了历史学家重新思考其工作性质——历史何谓以及何谓客观性等问题。事实上，历史学的根本仍是不变的，历史著作的完成仍要依靠对第一手材料的掌握，仍然需要研究者运用理性在史料中进行

① 霍布斯鲍姆（E. J. Hobsbawm）：《徘徊于寻求普遍性与寻求认同性之间的历史学家》，徐友渔编选、施兰格等著：《哲学家和他的假面具》，社科文献出版社 1999 年版，第 363 页。

广泛而又艰苦的爬梳整理。史学家永远都不应该放弃这一信念："历史学家必须遵循合理的方法来获得对过去的真知灼见。"① 后现代理论家所认为的现代主义的历史学已经到了山穷水尽、穷途末路之时，这未免是一个一厢情愿或者说是武断的结论。即便是后现代论者的英国史学家乔伊斯也承认："显而易见，历史学科的大部分分枝都还具有坚固性，难以渗透，仍在很多方面采取不同的形式敌视后现代主义。我们很容易夸大后现代主义的影响以及在文化史中的影响。"② 在当下，就算是接受后现代主义观念的史学家，他们也不曾完全按照后现代主义的路向从事"制造历史"的工作。尽管这样，我们也不能否认，后现代主义还是有着巨大的影响的，在历史学的实践中，新文化史的兴起尤其反映了这些影响。

从这样一些角度来讲，后现代主义已经初步获得了胜利，至少是正在逐步地扩张其军。如某些学者所言：最能生动地阐明我们时代的许多关键性的新事物和新发展的，还得数后现代理论。③ 现代性的史学研究典范确实有其自负和缺陷之处，后现代主义的确能为当前处于困境中的历史学提供一些出路，尽管为之所付出的代价不菲。为了更好地研究过去，我们不能因噎废食或刻舟求剑，历史研究实践需要后现代主义，历史学家也应该了解和接受后现代主义的积极作用，如伊凡斯所说："认识后现代主义理论的特定适用性，是我们要驾驭它，让它一些较具正面价值的想法得以裨益二十一世纪的历史研究和写作，所要学会踏出的第一步。"④ 后现代理论应用于下层研究、文化研究与性别研究等方面取得的丰硕成果，以及诸如性别史、疾病史、环境史、疯癫史、同性恋史、阅读史、身体

① 伊格尔斯：《二十世纪的历史学》，何兆武译，辽宁教育出版社2003年版，第115页。

② 李宏图：《从现代到后现代：当代西方历史学的新进展》，《史学理论研究》，2003年第2期。

③ 凯尔纳·贝斯特：《后现代理论》，张志斌译，中央编译出版社1999年版，第361页。

④ 伊凡斯：《为史学辩护》，潘振泰译，台北巨流图书公司2002年版，第284页。

史等新研究领域的开拓可为明证。但无保留地接受后现代主义的历史思考，就可能会导致完全的相对主义或虚无主义，就会变为不可知论者，进而甚至否认纳粹大屠杀及死亡集中营存在之真实性，这样的代价未免太高了。历史研究就会陷入难以为继的尴尬境地，很难不走上曲学阿世、借古讽今、以史论作政论的歧途，失去其存在的合法性基础。

其实，不管是现代史学者或是后现代史学论者，我们依然是现代思想家的衣钵传人，依然受惠于现代性的“财产”。连海登·怀特也坦承：“我整个学识的形成，我自己的成长都是在现代主义之内发生的。”① 因之，后现代主义应该教导我们更具有反思性与批判性，而不是要唾弃或是拒绝启蒙运动的遗产，更不是要全盘否定现代性。刚柔相济才能游刃有余，琴瑟协调方能奏出美妙华章，完全的“断裂”和决绝是不可能的，后现代并没有颠覆掉所有我们珍视的信念、价值和实践，它也不可能完全取代现代性。落实到历史学上，后现代与现代的不同诠释法可能互相不和，但却不会互不相容。毕竟，历史学的多元实践最有助于我们从不同角度了解过去及理解现在，一家独尊不利于思想的发展和创新，现代、后现代相互的碰撞与包容才更有利于迸发智慧的光芒。

现代性的研究典范固然有其缺失之处，后现代的许多批判同样失之偏颇。现代或后现代研究取向不一定就是研究历史的唯一好方法，“作为治史的一种取向，‘后现代史学’完全可以也应该和包括‘现代史学’在内的其他各种取向并存而竞争”②。这也是现代和后现代历史学可以并存而且可以互补长短、相得益彰的“合法性”和“必要性”所在。

后现代主义在对历史学的批判上，否定的过多，激起的反应也不一。不过，可以肯定的一点就是，后现代冲击所导致的争议已然

① 王利红、陈新编译：《二十年来的西方历史哲学》，《哲学译丛》，2000 年第 4 期。

② 罗志田：《后现代主义与中国研究》，《近代中国史学十论》，复旦大学出版社 2003 年版，第 302 页。

盘旋在历史学家的脑海中，这种影响且已体现在历史学家的思考和工作中。最明显的就是史家对精英史学、宏大叙述的抵制，以及对线性进化论史学的遗弃，不再把追求过去历史之真相作为终极诉求。更具有建设性的，也是后现代主义在历史学上留下的最成功的烙印，则是历史学家愈来愈注意书写历史中的小人物及历史上的“他者”在历史中所扮演的角色。新文化史（New Cultural History，简称 NCH）的兴起与流行正反映了后现代主义的冲击所造成的这些积极成果。

二、走向新文化史的历史学

受文化转向（或语言学转向）的影响，20 世纪 60 年代开始逐渐兴起一种新的文化史研究倾向，强调意义的阐释而非执著于历史因果的追求，重视文化的建构力，拒绝对人类经验作实证主义或功能主义等科学的研究取向，趋向赞同文学模式的路径。“最重要的是，研究者开始认识到文化会使意义特殊化，因为文化象征在日常的社会邂逅（everday social encounters）中被无止境地重新塑造。只有局中人才能明了所传递的信息。”不止于此，“从文化的角度看，对理性可以有不同的看法，其中之一即强调人类理性是在特定的文化语境里运作的。人们是在他们的心态宇宙内的框架之内思考，他们不可能为了形成对此的独立判断而滑出这个宇宙之外”①。

文化史研究中的这种新方向虽然诞生很早，其先驱性研究成果埃利亚斯（Norbert Elias）的《文明的进程》② 甚至出版在 1939 年。但其作为一种明确的研究趋势出现，还是要从娜塔莉·泽蒙·戴维斯（Natalie Zemon Davis）1965 年出版的《近代法国早期的社会与文化》（*Society and Culture in Early Modern France*）算起。此后

① Joyce Appleby, Lynn Hunt and Margaret, *Telling the Truth About History*, p. 218.

② 埃利亚斯：《文明的进程》（I）（II），王佩莉、袁志英译，三联书店 1998 年、1999 年版。

同类著作逐渐增多，在 20 世纪 80 年代即在欧美史学界全面繁盛。饶是如此，这种文化史研究中的新趋向作为一个专有指谓之诞生却晚在 1989 年，由美国女历史学家林·亨特（Lynn Hunt）在其所主编的论文集《新文化史》① 一书中首先揭橥。这种文化史之所以被冠以“新”字，正表明它区别于以往的文化史研究典范的鲜明立场。从此之后，原本自说自话但采取新方法研究历史的诸如文化史、社会文化史、微观史学、心态史学、历史人类学等名目的著作，就被评论家简以名之曰“新文化史”，这些史学著作的大多数作者及参与者亦受之泰然。② 根据库恩（Thomas S. Kuhn）对典范（paradigm）形成的两个特征的描述：作为典范的（著作），其成就可以空前地吸引忠实的拥护者；又足以示来者以规则，同时为后继者留下有待解决的诸种问题。③ 从此意义上说，《新文化史》一书的正式出版或可作为新文化史研究典范正式形成的标志，该书将从前各自为战但具有相似研究倾向的历史学家统一到新文化史这一大旗下，并逐步向外开疆拓土，最终代替社会史而成为欧美史学的研究主流。④ 那么这些历史学家的特征是什么呢？《新文化史》一书显示给我们的就是：这些史家共享有同样的习惯与趣味，他们喜欢证明交流模式的复杂，避免建基于僵化含义上的诠释，试图阐发其过程。他们对于既成之因果或可现之内涵也不太感兴趣，他们更愿

① Lynn Hunt (ed.), *The New Cultural History* (Berkeley, 1989), 中译本见江政宽译:《新文化史》, 台北麦田出版社 2002 年版。

② 当然也有例外，比如彼得·盖伊（Peter Gay）的著作常被论者归于新文化史之行列，但他本人则认为新文化史是“有一点点的装腔作势”的历史研究。见氏著《施尼兹勒的世纪：中产阶级文化的形成，1815—1914》，北京大学出版社 2006 年版，第 xxiii 页。

③ Thomas S. Kuhn, *The Structure of Scientific Revolutions*, Chicago: University of Chicago Press, 1970, p. 10.

④ 这并非意味着欧美史学界只存在新文化史这一种研究典范，其他形式的历史研究典范就已经绝迹，而是说新文化史这种研究典范取代了社会史，在所有的历史研究典范中居于独大的地位。

意从事随时而变之历史中的探幽访胜任务。① 从《新文化史》所收录的文章及其他相关论著来看，新文化史研究典范主要有以下几个来源与特征：

首先，新文化史吸纳了叙述史学，如亨特所言："历史学家工作的本质就是讲故事。"② "历史在此被视为美学的一支，而非社会史的女佣。"③ "讲故事"对历史学的重要性，在于它是传达历史学家睿智和见识的手段，可以表述以抽象之形式所不能言传之意涵，使读者明白和接受历史学家的工作与意图，兼可向公众表明史家工作之意义与价值。但19世纪以降，走向科学化成为历史学学科的趋势，直到20世纪中叶，试图将历史科学化的"分析"式历史书写方式一直占据历史书写的主流，而那种"讲故事"的叙述历史方式得不到应有的重视。如史家所言："一个世纪以来靠寄生于史学基础上而繁荣之小说，一直拒绝叙述：没人想要听故事。故事之替代品业已有很多：短论，经验之抽象，谜团，浓缩的公式，诸如此类都昭示了普遍向往科学化的动力。"④ 洎至20世纪60年代，受到西方学术界"语言学转向"（Linguistic turn）或"文化转向"（Cultural turn）的影响，历史学家日益认识到语言的模糊性与文本的不确定性，越来越注意个人的主体性因素及历史叙述在历史研究中发挥的作用。

伴随着对历史叙述的研究以及对其重要性的认识，重视历史所

---

① Laurie Nussdorfer 关于 *The New Culture History* 和 *Interpretation and Culture History* 两书的书评，见 *History and Theory*, Vol. 32, No. 1 (Feb., 1993), p. 82。

② 近藤和彦（Kinto Kazuben）：《关于母亲/政治文化/身体政治：林·亨特访谈录》，蒋竹山等译，蒋竹山编：《新史学—新文化史专号》，大象出版社2005年版，第268页。

③ 见亨特编：《新文化史》，江政宽译，台北麦田出版社2002年版，第45页；参看 Lynn Hunt, "No Longer an Evenly Flowing River: Time, History, and the Novel," *The American Historical Review*, Vol. 103, No. 5 (Dec., 1998), pp. 1517-1521。

④ Jacques Barzun, "History: The Muse and Her Doctors," *The American Historical Review*, Vol. 77, No. 1 (Feb., 1972), p. 63.

具有的修辞的或文学性质的叙述史学开始勃兴，这可以劳伦斯·史东（Lawrence Stone）的《历史叙述的复兴：对一种新的老历史的反省》一文为标记。① 在此文里，史东认为“史学家总是在说故事”，但在30年之前，“讲故事”的技巧却被一些学院派史家轻视，认为是最肤浅的一种书写历史的形式，即或如此，“目前我却查觉出有一股暗潮，正将许多‘新史家’拉回历史叙述的形式”。劳伦斯·史东又认为：叙述是“一种历史写作的模式，但是这种模式不但影响其内容及方法，而且反过来也受到内容及方法的影响”，目前，历史书写形式正在从“分析”向“叙述”转变。尽管劳伦斯·史东与后现代主义哲学家如罗兰·巴特（Roland Barthes）、海登·怀特所强调的“叙述”存在着差别，但双方共同的合力还是促成了“叙述史学”（narrative history）的复兴。历史学家已经改变了要采用分析的手段来书写历史的态度和做法，越来越注意到历史书写的文学性质，从而“走向了文学批评”。“事实上，新文化史研究取向与其他有别的真正特征之一，是晚近文学批评的渗透影响，其让历史学家领悟到，在历史实在的创造与描述中，须承认语言、文本和叙事结构的积极角色。”② 新文化史的中坚戴维斯（Natalie Zemon Davis），就是这个潮流的“导夫先路者”与身体力行者，她的多部著作都可作为叙述史学与历史文学化的典范。难怪新文化史学派旗手林·亨特（Lynn Hunt）在其主编的《新文化史》一书里，特意在扉页的献词里声明：献给娜塔莉·泽蒙·戴维斯——我们所有人的灵感源泉。故此，海登·怀特、拉卡颇（Dominick LaCapra）、戴维斯等与文学理论最有关联的史家就扩展了文化史的疆界，新文化史家运用文学技巧和文学研究取向，开拓出了新的材料及书写方法。抑有进者，文学视角或许还有助于

① Lawrence Stone, “The Revival of Narrative: Reflections on a New Old History,” *Past and Present*, No. 85 (Nov., 1979), pp. 3-24.

② 罗伊·克拉玛（Lloyd S. Kramer）：《文学、批评与历史想像：怀特与拉卡颇的文学挑战》，亨特编：《新文化史》，江政宽译，台北麦田出版社2002年版，第147页。

历史学家之间的批判性讨论，也有助于开拓把历史学与他们时代的文化分离的那些界域。①

其次，新文化史是对既存社会史研究的反动②，同时也是对既有年鉴研究典范的吐故纳新。20 世纪六七十年代，社会史取代政治史成为历史研究最重要的领域，马克思主义与年鉴学派对促成这一现象居功甚伟。马克思主义史家对小人物历史的关切及研究成果，最成功者，自非汤普森（E. P. Thompson）1963 年出版的《英国工人阶级的形成》一书莫属。在此书里，汤普森就把阶级觉悟当作一种文化的建构物来处理，实是继承了埃利亚斯的衣钵，踵行了文化史研究之典范。这一经典性的研究成果鼓舞了大批史家，使之转向于研究历史上弱势群体的生活和思想。后来此种转向也体现在这些马克思主义史家对语言兴趣的日益增加上。

相比马克思主义史学家的工作，年鉴学派的影响则更为巨大和深远，如罗伯·丹屯（Robert Darnton）所言：通常被大而化之地称作“年鉴学派”（Annales School，亦有人译之为“安娜学派”）的这个史学传统，大大促进了我们对于过去的了解——贡献之大，我认为超过 20 世纪开始以来的任何一个史学趋势。③ 从年鉴第一代史家马克·布洛赫（Marc Bloch）、吕西安·费弗尔（Lucian Febvre），到第二代巨擘费尔南多·布罗代尔（Fernand Braudel），年鉴史学典范由确立到全盛。他们认为经济与社会的历史解释比起局限于政治或外交的历史解释，更具有说服力。在一大批年鉴史家特别是布罗代尔的努力下，社会史、经济史、人口史的研究开始大

① 罗伊·克拉玛（Lloyd S. Kramer）：《文学、批评与历史想像：怀特与拉卡颇的文学挑战》，亨特编：《新文化史》，江政宽译，台北麦田出版社 2002 年版，第 147 ~ 185 页。

② 关于由社会史向新文化史转变的具体情况，可参看 Ronald Grigor Suny, “Back and Beyond: Reversing the Cultural Turn?” *The American Historical Review*, Vol. 107, No. 5 (Dec., 2002), pp. 1476-1499。

③ 罗伯·丹屯：《猫大屠杀：法国文化史钩沉》，“国立编译馆”主译、吕健忠译，台北“国立编译馆”、联经出版公司 2005 年版，第 375 页。新星出版社将该译改为《屠猫记：法国文化史钩沉》于 2006 年 4 月推出。

行其道。此长彼消，政治史的研究日趋式微。不过，在这一时期盛行的年鉴典范里，经济史与社会史是更重要或更基本的层次，政治、文化与智识生活只构成了历史经验第三层的，附属于物质、经济和长时段变化的层次，心态史和其他形式的文化史不是完全被忽视，而是被贬谪到年鉴事业的边缘。物极必反，在年鉴学派如日中天之际，年鉴学派之内却对年鉴研究典范不满足。在 20 世纪六七十年代，“一种重要的兴趣转移发生了”，不止一位年鉴史家的智识路线从经济基础转到文化“上层建筑”，“从地窖升至阁楼”。其中原因或许是由于对学术领袖布罗代尔如此规划历史学研究疆域的不满，更可能也许是对一场更大范围内反动的一部分，即对任何形式的决定论的反动。① 在此种情况之下，第三代年鉴史家从“从地窖升至阁楼”，走向文化史研究。对于新一代的年鉴史家来说，心态或文化已经不能再被规划到历史经验的“第三层次”了，在他们看来，第三层次根本不是一个这样的东西，相反，它是历史事实的一个先决因素，因为心态结构不能被化约为物质因素。经济和社会关系并不能优先于或决定文化因素，其本身就是处于文化生产和文化实践中的。所有实践，不管是经济或文化实践，都依赖于文化或心态为之再现，或者依赖于个人感知世界所使用之符码。② 有此关怀，第三代乃至第四代年鉴史家的问题意识自然与前代年鉴史家大异其趣，他们工作也呈现出了三种不同于以往之趋势：人类学转向，政治史之回归，以及叙述史学的复兴。③ 因之，年鉴学派的第三代、第四代史家的研究典范已经日益趋向于新文化史研究典范，而他们的许多著作也可被列为新文化史中之正典（canons）。总而言之，新文化史与流行一时的社会史相同的是：“都是眼光向下，

① 参看彼得·伯克：《法国史学革命——年鉴学派，1929—1989》，台北麦田出版社 1997 年版，第 85 页。

② Joyce Appleby, Lynn Hunt and Margaret, *Telling the Truth About History*, pp. 222-223；参看亨特编：《新文化史》，江政宽译，台北麦田出版社 2002 年版，第 28-29 页。

③ 参看彼得·伯克：《法国史学革命——年鉴学派，1929—1989》，台北麦田出版社 1997 年版，第 100 页。

但不同的是：社会史侧重人的行动，是具体可见的事物，新文化史则强调人行动背后的文化逻辑或文化符码。"① 再者，社会史包含乐观的进步主义观念，其指导原则是将历史科学化，试图以尽量科学的方法来研究历史，以追求历史的真实为职志。新文化史则不再相信历史学家的研究就能还原历史真实，也根本反对科学化的方法来研究历史。

第三，新文化史还是对微观史学的继承与发展。其实，"微观史学"（microhistory）原为意大利语，产生于 1970 年代，最初指的就是金兹堡（Carlo Ginzburg）在《奶酪和虫子》（*Cheese and Worms: The Cosmos of a Sixteenth-Century Miller*）一书里关于 16 世纪一磨坊主 Menocchio 的世界观之研究，后来此术语扩展开来，逐渐用来指谓一个特定研究群体和研究典范。这个研究群体自然是同一小群意大利历史学家紧密相联的，尤其是他们之中的金兹堡、列维（Giovanni Levi）、朴尼（Carlo Poni）、格兰蒂（Edoardo Grendi）等人。实际上，微观史学并没有什么固定教条要去遵循，微观史学家的关注点是从宏观的大历史转到微观的小历史，特别关注日常生活史，强调区域文化和地方性知识之价值。根本上，作为一种实践，微观史学建立于视野缩小、精密分析和广泛占有原材料之基础上。② 微观史学家不再把历史看做是一个吞没了许许多多个体的统一过程或宏大叙述，而是当作一个众声喧哗、万流奔竞的诸多小故事，史学家的工作就是要发掘这些日常生活中的历史，并讲出这些故事，"再现"多元的观点和声音。故而，微观史学的研究主题着力于"边缘"群体和大多数人的生活、思想。在微观史家看来，这些多数人绝大部分都是从世界的发展中并未得利甚至是深受其害的人。微观史学也是历史学同人类学相遭遇的产物，许多微观史学的特征都是同人类学紧密联系在一起，尤其是同格尔兹的"深描"

① 卢建荣：《新文化史的学术性格及其在台湾的发展》，蒋竹山编：《新史学—新文化史专号》，大象出版社 2005 年版，第 155 页。

② Giovanni Levi, "On Microhistory," Peter Burke (ed.), *New Perspectives On Historical Writing*, Cambridge: Polity Press, 2001, p. 99.

理论相联系的。人类学提供了另类模式，用个案研究来检测人们通常熟知概念的适用度，“虽小道亦有足观”（Small is Beautiful），在微观的层面将个体或地方的经验重新纳入到历史中来。① 微观史学的这些主张也被新文化史学家所继承和发展。当然，微观史学因其小而精的研究——对越来越小的事物知道得越来越多，这样的研究典范可能会导致历史碎裂化，但这是为精心运用强有力分析工具之不可避免的代价。② 在宏大叙述依然盛行、历史规律说依旧弥漫的今日之中国史学界，这种典范自还有针砭时弊之意义。

不过，在德国，以梅狄克（Hans Medick）为代表的德国微观史学家则认为微观史脱离了宏观的社会语境便不能成立，“虽小道亦有足观”，并非就是指的那些游离于更大语境之外的趣闻逸事。相比于意大利的微观史学家，德国历史学有着更为浓厚的社会科学传统和历史主义色彩。德国微观史学家虽然不喜欢“现代化”这个概念，但他们并不矫枉过正，而是怀着对现代化代价的警惕在运用之，因之他们更为接近传统的社会科学史学而非历史人类学。意大利微观史学传统的主要代表大多为左派，开始都是马克思主义者，只是后来信仰才发生转变，进而不仅反对传统的马克思主义史学，而且也反对分析的社会科学及年鉴学派。他们坚信历史研究必须立足于严谨的方法和经验分析之基础上，认为由社会科学出发所得出的结论、概括或规律，在用于检验那些小规模的事情和日常生活中的问题时，是无效的，难以讲得通的。并且意大利微观史学家还在《历史学季刊》（*Quaderni Storici*）杂志拥有一个组织上的巩固根据地，它自从 1966 年创刊以来，在意大利就类似于《年鉴》杂志在法国、《过去和现在》（*Past and Present*）在英国那样有崇高的学术地位。在德国，微观史学的阵地《历史与社会》（*Geschichte und*

① Peter Burke, *What Is Cultural History*, Cambridge, U. K. Malden, Mass.: Polity Press, 2004, pp. 43-44.

② Carlo Ginzburg, "Anthropology and History in the 1980s," *Journal of Interdisciplinary History*, Vol. 12, No. 2 (Autumn, 1981), p. 278.

Gesellschaft）虽亦有类似作用，但却有着更为强烈的社会科学取向。①

20世纪70年代以来，已经有诸多的微观史学研究成果出版，这些研究大都集中于研究村庄和个人，家庭与修道院，谋反、谋杀或自杀之类主题。② 而且，微观史学后来的研究趋势亦逐渐与新文化史合流，时至今日，实已难分彼此。需要说明的是，微观史学研究典范并非自成一体，它与其他研究典范诸如年鉴学派等也有交叉，其中年鉴学派一些研究成果亦可被归为微观史学的经典著作，反之亦然。自然，微观史学的一些作品亦可归入新文化史的行列。在所有这些微观史学研究中，最经典的自然当属于金兹堡的《奶酪和虫子》、拉杜里（Le Roy Ladurie）之《蒙塔尤》（*Montaillou*），以及戴维斯的《马丹·盖赫返乡记》（*The Return of Martin Guerre*: *Imposture and Identity in a Sixteenth-Century Village*）、列维的《继承之权力：魔法师的故事》（*Inheriting Power*: *The Story of an Exorcist*）等，其他意大利、德国、法国、西班牙、荷兰和美国的微观史家，也都有比较优秀的著作出版。列维的《关于微观史学》（On Microhistory）文后，伯克曾列出一系列新出版的微观史学著作及有关争论，可以给读者提供一些这方面的进阶阅读和研究信息。

第四，新文化史的一个明显特色是与理论的紧密关系。以往实践的历史学家深信：只要把相关材料搜寻、排列完毕，过去之事实真相就会呼之欲出。理论这种玄虚的东西，谈的再好也只是光开花不结果，对历史的实际研究缺乏正面作用，反易让人堕入以论代史的误区。基于此种认识，许多历史学家都是凭着"常识"和直觉行事，很少有人愿意涉足理论这个"雷池"。故而杜赞奇（Prasenjit Duara）认为：历史学可能是惟一一个不反思自身假设的

---

① 关于意大利与德国微观史学之比较，本文根据于伊格尔斯：《20世纪的历史学》，何兆武译，辽宁教育出版社2003年版，第123～125页。

② Peter Burke, *What Is Cultural History*, p. 46.

学科，而且很可能还是习惯上不作自我解剖的学科。① 史学界这种自我满足甚或有些自鸣得意的情绪在战后英国史学界的表现尤其明显。与美国或其欧洲大陆同行相比，英国史学家对历史书写学以及历史哲学缺乏严肃的兴趣，如果他们被问及如何描述对其学科的认识，英国史家或许要表示诧异。② 文化史之类与理论有紧密联系的学科亦近似于无。难怪后现代理论家詹京斯抱怨：由于英国主流“史学界文化”的那种令人讨厌的、反理论的性格，使得相对上不大有学生，甚或也不大有历史教师和历史学家，熟悉怀特（Hayden White）的作品，有些人甚至连听都没听过呢！③ 不过，在后现代主义及文化研究热潮的冲击下，英国史学界的这种情况这些年已经有所转变。

确实，20 世纪 60 年代以来，系列“后”主义（postism）和文化研究理论对历史学学科的轮番侵袭，社会学、人类学、心理学等学科对历史学日益深刻的渗透，历史学科自身之正当性已大大成疑问，“捍卫历史”实已不只是口号，尤其需要史家对有关理论的熟悉，才能作出有力的回应与辩护。文化史作为历史学中的一个研究分支，因其自身特有的性质决定它首当其冲地受到外来思潮的冲击，是历史学科各分支中最具理论化的一支，女性主义、后结构主义、后殖民主义与日常生活论述等都是最先从文化史这里展示其影响，进而扩张其军的。

从此意义上说，忽视或敌视类似的理论与视角已非明智之举。为了更好地理解和研究历史问题，我们对理论也许应该采取批判地接受的态度，用林·亨特的话说：当下的我们在理论上已经进入了“一个检讨时期”（a time of taking stock），“在这个检讨时代，理论

---

① 杜赞奇：《为什么历史是反理论的》，黄宗智主编：《中国研究的范式问题讨论》，社会科学文献出版社 2003 年版，第 9 页。

② Peter Burke, “Historiography and Philosophy of History,” Burke (ed.), *History and historians in the twentieth century*, Oxford : Oxford University Press, 2002, pp. 248-249.

③ 詹京斯：《后现代历史学》，江政宽译，台北麦田出版社 2000 年版，第 11 页。

不会毫无征兆地消失。理论一直在被历史学家吸纳进其研究工作中，在一些情况下，几乎都不能发觉理论的存在”。① 当然，现实语境和问题意识的不断改变，也会促使我们做出相应的回应——不同的问题需要不同的解决方法，时代在变、个人在变、知识资源也在变，理论亦不可能停滞不动或消失，因为世上根本就没有一个一劳永逸的理论（或视角或方法或典范）可以解决我们所面临到的一切问题，走向跨学科的历史研究已是大势所趋，人类学、社会学、文学等学科的研究方法与后现代主义、后结构主义和后殖民主义等文化分析、文化批评理论的不断被引入历史研究也说明了这点。承认与否，史家都已经越来越不可能拒绝相关学科的方法和理论对历史研究的影响，况且，“数百年来，历史学家就已经从不少相邻学科入侵的经验中获益良多了。”②

另外，与人类学的紧密结合是新文化史研究的重大特色。新文化史学家从诸如格尔兹、道格拉斯（Mary Douglas）、列维·斯特劳斯（Lévi-Strauss）、特纳（Victor Turner）、萨林斯（Marshall Sahlins）、克利夫特（James Clifford）等一大批人类学家那里受益匪浅。如史东所说：这些人类学家的工作“已经影响了过去20年里许多最优秀的史家，特别是美国和法国的史家”。③ 著名微观史学家金兹堡1980年代初也指出：“人类学家工作的两个特色对许多历史学家都已经有了强大影响：对文化差距的强调，从内部视角特别是站在明显异于我们自身社会的立场、通过强调其内部的有序性去克服此差距。”④

其中，美国阐释人类学家格尔兹的“文化阐释理论”和“地

① Lynn Hunt, “Where Have All the Theories Gone?” *Perspectives*, Vol. 40, No. 3 (March, 2002), pp. 5-7.

② 伊凡斯：《为史学辩护》，潘振泰译，台北巨流图书公司2002年版，第9页。

③ Lawrence Stone, “History and Postmodernism,” *Past and Present*, No. 135 (May, 1992), pp. 217-218.

④ Carlo Ginzburg, “Anthropology and History in the 1980s,” *Journal of Interdisciplinary History*, Vol. 12, No. 2 (Autumn, 1981), pp. 277-278.

方性知识”论述对新文化史学家的影响最为深远。格尔兹将文化看作是含有象征与意义的系统，提供了一个理解文化意义的方法，认为文化不是一种权力，并非埋藏于人类思想之中不可见的遁形物，它是一种语境，是在公共实践、仪式和象征中体现出来的，可以被我们所感知和“深描”（thick description）的。“文化的概念既不是多所指的，也不是模棱两可的，而是指从历史沿袭下来的体现于象征符号中的意义模式，是由象征符号体系表达的传承概念体系，人们以此达到沟通、延存和发展他们对生活的知识和态度。”① 文化是人们所编织的意义之网，文化的分析不是一种探索规律的试验科学，而是一种探索意义的解释性科学，因之，仪式、事件、信仰体系等文化文本，都可以经过精心的“深描”解释其意义，“深描”解读行动的象征内容，并将其诠释为可感知的符号，人类透过符号而达成行动，并藉以互相了解。当然，解释的目的不在于代替别人回答，而在于了解他人如何回答，理解异文化时不能以自己的先入之见强加于异己之上。

在其另一本论文集《地方性知识》中，格尔兹主张从“文化持有者的内部眼界看问题”，不以己衡人，也不要想当然：对文化人类学者而言，从一些陌生的不同的观念中理清其结构，去塑造自己的知识，总是不可避免地要地方化，这与了解其方式、方法以及其思想方法等是密不可分的。人们虽可以或者用粉饰性的修辞去遮掩它，会以一些激进的理论去使之模糊，但难以驱走它。② 通过格尔兹的论说，我们可以知道“地方性知识”是包含有文化地域性色彩的，在特定语境中形成，也只在具体的时空中存在和发挥作用的。由是可知，“地方性知识”强调的乃是对特殊性尊重的方法及实践，这对强调理性与普世性价值的启蒙运动以来的现代化思潮无

---

① 格尔兹：《文化的解释》，纳日碧力戈等译，上海人民出版社 1999 年版，第 103 页。英文版为：*The Interpretation of Culture*, New York: Basic Books, 1973.

② 《地方性知识——阐释人类学论文集》，王海龙等译，中央编译出版社 2004 年版，第 3 页。

疑是个反动，也与近几十年来后现代主义对启蒙理性、对西方中心论的批判殊途同归。

格尔兹对新文化史家的影响，我们或许可以通过两个新文化史研究中坚予以说明。首先，我们以娜塔莉·泽蒙·戴维斯为例。戴维斯与格尔兹曾共同任教于普林斯顿大学，在这里，戴维斯接受了相当多的格尔兹之影响。当然不止是受格尔兹一个人类学家的影响，戴维斯作品里显示出她受到了包括格尔兹、道格拉斯、特纳等一大批人类学家的影响。在她讨论人类学与历史学关系的《过去之诸种可能》① 一文里，戴维斯认为在许多方面，特纳、格尔兹和其他的人类学家都值得史家追随，正是对人类学保持的开放态度，历史学家能扩展他们对包括那些"原始的"社会或古老的社会，或那些完全不同于史家自身所处社会的跨文化认识。她也"夫子自道"：人类学对她本人从事历史研究的影响一直在加深。她说："人类学可以拓展多种可能性，帮我们除去盲点，给我们以新的位所——从此可以观察过去并发现那些历史文本中过去习焉不察的奇怪或惊喜。"在戴维斯70年代的著作中，她就大幅度地运用了象征人类学（Symbolic anthropology）的方法，强调文化因素而非气候、地理或社会经济因素的研究取向。而在她80年代的两本巨著《马丹·盖赫返乡记》与《档案中的虚构——十六世纪法国司法档案中的赦罪故事及故事的叙述者》（*Fiction in the Archives: Pardon and Their Tellers in Sixteenth-Century France*）中，都能发现许多受格尔茨影响的证据。

再一显著例子是罗伯·丹屯。在他的经典著作《猫大屠杀：法国文化史钩沉》一书的谢词中，丹屯开门见山即指出该书是在普林斯顿由他与格尔兹合开的一门课发展而来，"他在最后的六年和我共同开那门课，而我对人类学的认识大多数是他在那一段时间教我的"。他还在序言中说：别人的思考方式和我们不一样。如果要了解他们的思考方式，我们应该从知己知彼入手。我们不能误认

① Natalie Zemon Davis, "The Possibilities of the Past," *Journal of Interdisciplinary History*, Vol. 12, No. 2 (Autumn, 1981), pp. 267-275.

为历史中的人像我们今天一样思考。历史学家应该看得出文化如何塑造思考方式，即使是最伟大的思想家也不例外。“阅读一个仪式或一个城市，和阅读一则民间故事或一部哲学文本，并没有两样。”阅读无非是为了寻求意义——当代人所铭记的意义以及过去遗留所幸存的意义。在该书结语里，罗伯·丹屯又言：“我们每一个人都是用自己的方式说话，可是我们共享同样的文法——通常我们甚至没有意识到这一点。每一个人都察觉得出文法上的失误或用语方面的偏差，连文盲也不例外……”“一旦穿透当地人的观点，我们应该能够在他（她）的象征世界遨游。”对比于格尔兹关于文化阐释理论及地方性知识的论述可知，罗伯·丹屯这些论述的源头活水无异来自于格尔兹，列维甚至称丹屯在《猫大屠杀：法国文化史钩沉》一书中的表现比格尔兹还格尔兹。

最重要的是，新文化史之所以被名之为新，其新的最主要体现之处还是在于其研究对象。一些诸如气味、梦、垃圾、疼痛、疾病、姿态、眼泪、同性恋、煤、盐、镜子等过去不入历史研究者法眼的课题，现在都已经成为新文化史家的关注对象；至于一些诸如政治、军事类的老命题在新视野下也被重新检视，重新研究。

彼得·伯克曾对新文化史（社会文化史）在西方近 30 年的发展情况作过总结，他依据不同的研究课题把新文化史分成了七类①：1. 物质文化史，亦即饮食、服装、居所、家具及其他消费品如书的历史。从事物质文化史研究的史家是从文化的视角而非经济的观点来进行探讨，着重于探讨消费的历史和想像力的空间，“大多数物质文化的研究强调传统的三大课题——衣、食、住，这些研究常常聚焦于消费史和想像层面——因广告的煽惑而对商品需求的刺激”②。史家试图借此认识人们如何透过选择特定的物品来表达他们自己的身份认同。2. 身体史，它与心态史、性别史相联系，受福柯与布尔笛厄影响很深。从 1980 年代早期，一个关注男

① 彼得·伯克：《西方新社会文化史》，刘华译，《历史教学问题》，2000 年第 4 期。参看 Peter Burke, *What Is Cultural History*, pp. 57-72.

② Peter Burke, *What is Cultural History*? p. 68.

性与女性身体的研究趋势逐渐兴起，其关注点在于作为体验的身体和作为象征的身体、被拆分的身体、厌食的身体、健康的身体、被解剖的身体，圣徒与罪犯的身体以及各种对身体的看法与使用。1995年，还有一个专门的《身体与社会》(*Body and Society*) 杂志创刊。身体史虽然是从医疗史发展而来，但艺术和文学史家，还有人类学家、社会学家也都涉足于身体史研究之中。3. 表象(representation) 史，即对自我、民族及他人等的形象、想像及感知的历史，或如法国人所称的“表象社会史”，它正逐渐取代“集体心态史”。表象史既注重视觉的和文学的形象，亦关注头脑中的意象。无论在美国还是法国，对集体表象的研究都是新文化史的中心。如乔伊斯 (Patrick Joyce) 所言：历史学中的整个“语言学转向”——其特征是对于表象的强调。① 4. 表象或表象物的社会史只是通向历史记忆的一小步，历史记忆有时也被描述为文化记忆或社会记忆，这个研究最先在法国兴起，从哈布瓦赫 (M. Halbwachs) 和弗洛伊德 (Freud Martha Bernays) 那里吸收了资源。20世纪80年代以来，因关于对纳粹大屠杀记忆的表述，学术界展开了激烈争论，对于历史记忆的研究也达到高潮，延续至今。历史记忆研究关注的主要问题是：谁之记忆？男女老少记忆过去的方式并不相同，往往宰制集团的记忆占据主导，压制了其他弱势群体的声音。5. 在西方20世纪六七十年代，相比于社会史的兴旺，政治史、外交史都已经成为冷门学问，少有研究者问津。不过在新文化史家这里，他们已经重新发现政治，从全新的视角来研究政治，集中于政治态度和政治实践的社会史：包括普通人与精英人物、地方政治与中央政府、政治与媒介、节日与民族的关系等。6. 受到社会语言学家的启发，社会语言史成为了一门由历史学家来从事的史学新学科，侮辱史、礼让史、行话史、谈话史以及语言与民族和地区意识之间的关系等都属于该领域。目前对此领域的研究还刚刚起步。7. 在过去的几十年里，旅行日益受到历史学的关注，但对其

① 乔伊斯：《社会史终结了吗》，李宏图编选：《表象的叙述——新社会文化史》，上海三联书店2003年版，第49页。

的研究方法却一直在变化。当前的研究重点已转向旅行文化史，所关注的是不同世纪的人们用之于旅行的艺术和方法，女性旅行者及其女性视角始终是特别受关注的内容。《旅行研究杂志》（*Journal of Travel Research*）的创办以及大批卷帙浩繁的旅行史研究著作，可以看作是旅行史兴起的标志。

此外，第二次世界大战后逐渐兴起的后殖民研究与女性主义论述，也影响到新文化史家。后殖民研究的兴起，既是对西方宏大历史叙述的反动，也是第三世界争取民族独立和自由的斗争在学术、思想领域的反映。其特点在于努力在文化上去殖民化，这与后现代、女性、后结构等论述有重叠之处。后殖民论述流风所及，给史家特别是新文化史家提供了批判民族主义、民族国家、文化霸权、现代性、西方中心论和本质论很好的理论资源，有利于史家更好自我反省及去书写“没有历史的人”的历史。故此，林·亨特认为：相比于其他许多的理论模式，后殖民主义仍然在影响着历史研究，并且因其可以包容全球化而受到了更多的关注。①

妇女研究也是现在国际学术界的一个热门领域。初期的妇女史研究侧重于“诉苦”和反抗、揭示男性对女性的偏见，为实现男女平等而努力，主张从女性的视角去看待与书写历史，恢复女性在历史中应有的地位。不过，在 20 世纪 70 年代，妇女史研究者逐渐接受了后现代主义的影响，认识到仅强调与男权抗衡、男女平等是不够的，性别不是天生的，是被社会建构起来的，自然性别不同于社会性别（gender），女性的历史是同权力的塑造、同男性密不可分的。囿是之故，妇女史研究已经逐渐过渡到性别研究，将女性与文化、阶级、种族、民族等联系起来考察，性别研究的目的不在于让女性取代或凌驾于男性，男女平等并非就是取消性别差异，女权理论也决非男权主义的翻版。实际上，新文化史家戴维斯本人就是国际妇女史研究的拓荒者，她在 20 世纪 50 年代即已投入妇女史研究，后来曾著有《边陲地带的妇女：三个 17 世纪的个案》（*Women*

① Lynn Hunt, "Where Have All the Theories Gone?" *Perspectives*, Vol. 40, No. 3 (March, 2002), pp. 5-7.

on the Margins: Three Seventeenth-Century Lives)① 一书。其他新文化史取向的类似研究还有很多，这里不再详细列举。

伯克的上述分类，可能并不很完全。另外一些宏观的、综合性的文化史、城市文化史研究著作也有很多，如伯克的《文化史之多样性》(*Varieties of Cultural History*)，夏蒂埃的《文化史:在实践和再现之间》(*Cultural History: Between Practices and Representations*)，已经翻译为中文的则有彼得·盖伊的《施尼兹列的世纪：中产阶级文化的形成》、《魏玛文化：一则短暂而璀璨的文化传奇》，伯克的《欧洲近代早期的大众文化》，布里吉斯（Robin Briggs）的《与巫为邻：欧洲巫术的社会和文化语境》，等等。其他可归属于新文化史范畴的阅读史、心态史研究成果也有很多，如普格(A. K. Pugh and Nigel Hall)等编的《朝向阅读史的更深研究》(*Further Studies in the History of Reading*)，利昂斯(Martyn Lyons)的《19世纪法国的读者与社会:工人、妇女与农民》(*Readers and Society in Nineteenth-Century France: Workers, Women, Peasants*)，丹屯的《猫大屠杀:法国文化史钩沉》，等等。

综上所述，我们可看出新文化史研究范围的多样性以及与当前学术潮流的契合性。简言之，新文化史虽然大大开拓了史家的视野，取得了丰硕成果，也发现了如此之多的新研究主题，但对于这些研究主题来说，传统的材料是不足够的，相对于新的材料——从文学到图像，其运用都要被提上日程，当然这也需要史家在使用这些材料时慎重考辨。② 另一方面，如果有新的眼光和研究方法，即使是使用旧材料，也能发现过去史家所不能察觉的新意，可以对老问题产生新认识。故此，不管新文化史如何的强调理论与方法，新文化史还是要建基于史料之上，落实到实践上。从根本上言，新文化史还是历史，占有大量材料，对之进行缜密细致地解读，上下左右、参照比对，依然是所有实践着的历史学家包括新文化史家最基本的工作。如王汎森所说："新史料的发掘或对旧存史料不同层次

① Cambridge, Mass.: Harvard University Press, 1995.

② Peter Burke, *What is Cultural History*? p. 114.

的解读，仍是成功写出经典历史著作的重要前提。”①

现在，经过三十多年的发展，新文化史经受住了实践的检验，成为一场国际性的史学运动，迄今依然表现着其蓬勃的生命力——一批又一批新文化史著述不断推出、读者群不断扩大就是证明。尽管如此，新文化史研究者并没有固步自封、闭门造车，停止对自己所从事研究的反思与批判。一直以来，从事新文化史实践与鼓吹的林·亨特等人，于 1999 年又推出新文化史研究者的另一次会议论文集——《超越文化转向——研究社会与文化的新方向》(*Beyond the Cultural Turn: New Directions in the Study of Society and Culture*)②，针对新文化史在过去十几年的情况进行了深刻的检讨，讨论了新文化史发展中的问题及发展前景。林·亨特等人认为单纯的文化取向研究方法失之偏颇，社会的因素亦应该被纳入在内，尽管社会的地位及其意义可能正遭受质疑，但没有它被证明是不可能的，故此，“社会作为一个范畴，其自身亦需予以研究”，当然这个转向并非要回到文化转向之前的情况，“不是退回到以前对社会的理解层次上，而是朝前对这一类别的一种再定义

① 王汎森：《历史研究的新视野：重读〈历史语言研究所工作之旨趣〉》，《古今论衡》，2004 年 9 月号。

② Victoria E. Bonnelt and Lynn Hunt (eds), *Beyond the Cultural Turn: New Directions in the Study of Society and Culture*, Berkeley: University of California Press, 1999. 关于对新文化史的反思，《美国历史评论》也刊发了主题为“What's Beyond the Cultural Turn”的 3 篇评论 *Beyond the Cultural Turn: New Directions in the Study of Society and Culture* 一书的文章，见 *The American Historical Review*, Vol. 107, No. 5 (Dec., 2002), pp. 1475-1520。还可参看：Peter Burke, *What Is Cultural History*, pp. 100-126; Miri Rubin, “What is Cultural History Now?” David Cannadine (ed.), *What is History Now*? pp. 80-94; Joyce Appleby, Lynn Hunt and Margaret, *Telling the Truth About History*, p. 223; 彼得·伯克：《西方新社会文化史》，刘华译：《历史教学问题》，2000 年第 4 期。蒋竹山：《“文化转向”的转向或超越？——介绍四本论欧美新文化史的著作》，《新史学》，2001 年第 12 卷 1 期。

(reconceptualization)”。①

根据库恩对典范危机的描述，典范不是永久的，当预料之外的反常现象增多时，人们会对典范产生怀疑或动摇，典范危机就随之而来。有兴盛就会有危机，有正统就有反动，新文化史不会是研究历史的最后形式：新的问题注定会产生，旧问题没有被解决或解决得不如人意，新文化史也可能由典范危机走向终结。在此意义上，我们或可认为《超越文化转向》一书的出版，象征着新文化史步入了典范危机阶段②，但鉴于目前我们并没有看到足以替代新文化史的新典范出现，可以预料，新文化史的这个危机阶段还会持续一段时间。至于它会持续多长时间，以及未来会被什么典范所取代？新文化史是向传统文化史的回归，抑是成为新社会史？或继续“由文化的社会史向社会的文化史转变”？或者是朝向一种完全不同的文化史？我们且拭目以待。但可以肯定的是，无论未来的历史研究如何走向，都将不会回归到兰克（Leopold von Ranke）史学的旧途；无论未来的历史研究典范为何，都不会毫无争议和有问题。

而就眼下的实际情况而论，几乎任何东西都是文化，文化可以影响任何东西。如丹屯（Robert Darnton）所言：我们全体，包括法国人和“盎格鲁-撒克逊人”，包括做学问的和种田的，都是在文化的束缚下从事活动，一如我们全都共享同样的口语成规。③ 新文化史已经大大改变了人们的思维方式以及对历史问题的看法，文化史几乎已经成为新文化史的专有代称，西方历史学界几有被文化史所笼罩之势，“我们正在通往任何事物都有其文化史之途，梦、食物、感情、旅行、记忆、姿势、幽默、考试，诸如此类”。④ 新文化史既然如此包罗万象，我们或可斗胆推而言之：一切历史都是文

① Victoria E. Bonnelt and Lynn Hunt (eds), *Beyond the Cultural Turn: New Directions in the Study of Society and Culture*, p. 11.

② 在某种程度上，这种反躬自省也意味着新文化史的成熟与新文化史家的忧患意识。

③ 罗伯·丹屯：《猫大屠杀：法国文化史钩沉》，“国立编译馆”主译、吕健忠译，台北“国立编译馆”、联经出版公司2005年版，第xiii页。

④ Peter Burke, *What is Cultural History*? p. 31.

化史，任何事物都有其文化史。既然如此，那还要历史有什么用？什么不是文化史？读者或许会提出这样的质疑。确实，除了新文化史研究者自身的反思外，新文化史一直也经受着外部的挑战，这也是新文化史典范危机的组成部分。

如上所述，新文化史吸收了后现代主义的内容，不再认为历史研究的目的是为了还原过去真实的历史，历史只是一种史家智识上的训练和依据材料的主观建构。如此显著的后现代研究取径，自然会使某些读者担心历史与文学之间的此疆彼界就会被取消。这种担心并非没有道理，因为新文化史家这里“发现”和叙述的“故事”与文学家创作出的“故事”，在叙述的层面上实际并无多大区别。正如罗素（Bertrand Russell）曾经所言：“假如你的各种信念能像一部好小说上的情节那样配合得当，你的各种信念就是真实的。其实，小说家的真实和历史学家的真实，其间是没有差别的。”① 这就会造成对某些历史学家来说不能接受的结果：这样下去，历史学家的工作与文学家的工作就毫无差别了。无怪乎有史家针对这种非常激进的做法，意味深长地指出：“历史学家最好还是谨守平实的风格，若要使用文学性的技巧时，必须确知他们在做什么，并确定他们是有意识地在使用它，而且，是用它来澄清事实，而不是使事实更混乱。”② 因为，他们相信历史与文学之间还是有着一些截然不同的特质的，不可以混为一谈、界域不分。文学家自然可以在作品里天马行空，肆意为之，能做到历史学家在既存史料基础上想做但却不敢做的事情，甚至一些文学家所创造出的文学作品，能给读者带来更逼真的“真实效果”（reality effect）。但历史学家却只能在史料的基础上进行想像、诠释和书写，而不能为无米之炊、画饼充饥，更不能自欺欺人、瞒天过海，“因为历史叙述，哪怕使用的是紧密地以文学模型为范本的叙述形式，也还是要求勾绘或者重建

① 罗素（Bertrand Russell）：《权力论》，商务印书馆1998年版，第182页。

② 伊凡斯：《为史学辩护》，潘振泰译，台北巨流图书公司2002年版，第78页。

一种真实的过去有甚于只是文学想象的那种情况。"① 历史学家尽管可以从文学家那里汲取营养（反之，亦如此），但他或她不必也不应该要求自己成为一个文学家那样的人物。

作为一种治学取径，历史学家自然可以从文化的角度来诠释历史、诠释世界，甚至诠释经济现象。不过由于太注重文化分析、非常青睐文化的作用，新文化史家经常会出现"推己意以明古人之用心"后的"想当然"情况，如果"把一切都囊括在文化这个分类之下，因而，在某种程度上，却什么也解释不了"。② 这也导致了一种"过度诠释"与"文化决定论"流弊的产生，人们日常生活的政治、经济等因素被忽略了，人自身除了其呈现出的文化特质外几乎就一无所有了，这种把文化泛化的做法同样有违于历史实际，是一种本质论的看法。因为生活在历史与现实中的人未必会那么受文化因素的约束，趋利避害往往是他们的优先考量。新文化史家可能有些夸大"文化"因素的作用和象征的意义。而且就"文化"这一概念来说，新文化史家采用更多的是格尔兹对于文化的定义，但事实上，对于文化的看法是众说纷纭、人言言殊的，在不同时间、不同人的书写里，文化之意义都不相同；文化究竟是什么，如何看待文化，仍然是有待于梳理和重新认识的概念。当然，这决非意味着我们要拒绝文化史或"文化转向"的问题，"因为文化仍然是很重要的，但是需要从它的局限性尤其它太绝对化的语言和话语特征，以及它的一些优点的地方向前发展"。③

另外，由于很强调历史与文学的结合，所谓"史之为务，必藉于文"（刘知几语），"言之无文，行而不远"（孔子语），新文化史家自然非常重视"讲故事"的手法在叙述历史中的作用。为

① 伊格尔斯：《二十世纪的历史学》，何兆武译，辽宁教育出版社2003年版，第153页。

② Joyce Appleby, Lynn Hunt and Margaret, *Telling the Truth About History*, p. 223.

③ 乔伊斯语，转见《从现代到后现代：当代西方历史学的新进展——帕特里克·乔伊斯教授访谈录》，见李宏图编选：《表象的叙述——新社会文化史》，上海三联书店2003年版，第106页。

讲出好听、好看的故事，使历史著作更能吸引学院外的受众阅读，一些新文化史家常常会“推己意以明古人之用心”，进而“以己意增饰，或言或事，率多数倍”①，去追求一些易投合读者猎奇心理与怀古情绪的东西，甚或采用一些非常规的策略来为自己营造“论势”。于是由此亦导致了历史著作在收获更多圈外读者的同时，却面临着“媚俗”的尴尬，抑或有沦为八卦故事和怀旧块垒的危险。

新文化史的开创者其初始研究领域主要集中在欧洲中世纪和近代早期的历史，特别是法国的历史。其研究中坚如林·亨特、戴维斯、丹屯、夏蒂埃、丹尼·罗切等人对非欧世界所知不多，在西方与非西方世界的比较研究方面建树很少，至多有一些方法论方面的探讨，缺乏实证研究的个案，其他欧美新文化史家亦有同样问题。“而在今天，纯粹从欧洲的角度进行观察，反而显得太狭隘了”，故此，伯克主张：为了避免一种民族优越感，需要双方进行比较研究。② 但如何进行比较研究以及在跨文化比较研究中如何避免由误读产生的误解和不宽容，仍需要新文化史家（包括中国史家）长期的琢磨、探索。

最后附带谈一下新文化史在西方汉学界和中国的一些情况。

在美国，大萧条之后出生的历史学家受系列后主义、后现代文学和哲学理论、妇女运动、多元文化主义等思潮的影响，放弃了政治、军事及其他类似重大的主题，而将他们的学术努力集中于研究社会文化史及历史上的弱势群体。如劳伦斯·列文（Lawrance W. Levine）之言：“这即为近来之历史学所重点关注的——不只是受害者的困境，而且还有以前为我们所忽略之民众的思想与生活。”③ 但在 20 世纪 90 年代之前，后现代主义、后殖民主义、后结构主

① 章太炎：《〈洪秀全演义〉序》，汤志钧编：《章太炎政论选集》（上），中华书局 1977 年版，第 307 页。

② 伯克：《欧洲近代早期的大众文化》，杨豫等译，上海人民出版社 2005 年版，第 3 页。

③ Lawrance W. Levine, “Clio, Canons, and Culture,” *Journal of American History*, Vol. 80, No. 3 (Dec., 1993), p. 864.

义、文化分析等学术潮流很少影响到西方的汉学研究，新文化史这一时期虽然席卷欧美史学界，可其对汉学研究却几无影响。20世纪90年代以后，新文化史之潮流渐被于汉学界，艾尔曼（Benjamin A. Elman）、黄宗智（Philip C. C. Huang）、司徒安（Angela Zito）、柯娇燕（Pamelam Crossley）、何伟亚（James L. Hevia）、杜赞奇等人开始将文化取向的方法用于中国历史的研究中，并取得了一些不错的成果，尽管也存在争议。不过，就国外研究中国问题实力最强的美国汉学界而言，这样的研究取向并不是很多，这与美国汉学界经世致用的传统有很大关系，也与文化研究的批判性质有关，所以美国汉学界的新文化史研究取向最多的还是体现在研究中国妇女史的著作中。比较优秀的有贺萧（Gail B. Hershatter）的《危险的愉悦》，高彦颐（Dorothy Ko）的《闺塾师：明末清初江南的才女文化》及《灰姑娘的姊妹：缠足史的检讨》（*Cinderella's Sisters: A Revisionist History of Footbinding*），伊沛霞（Patricia Ebrey）的《内闱：宋代的婚姻和妇女生活》，白馥兰（Francesca Bray）的《技术与性别：晚期帝制中国的权力经纬》等。其他值得注意的还有艾尔曼的《帝制中国晚期科举制度的文化史》（*A Cultural History of Civil Examinations in Later Imperial China*），杜赞奇的《主权和本真性：满洲国和东亚的现代》（*Sovereignty and Authenticity: Manchukuo and the East Asian Modern*），王笛的《街头文化：成都公共空间、下层民众与地方政治，1870—1930》，澳大利亚学者费约翰（John Fitzgerald）的《唤醒中国：国民革命中的政治、文化与阶级》，加拿大汉学家卜正民（Timothy Brook）的《纵乐的困惑：明代的商业与文化》、《为权力祈祷：佛教与晚明中国士绅社会的形成》等。

新文化史在20世纪90年代初期被引入中国台湾省，最初的拥护者主要为卢建荣，台北麦田出版社在其主持下曾推出几批西方新文化史经典译著，在岛内引起很大反响。随后，提倡者与实践者日多，从物质文化史、旅行史、消费史、表象史到身体史、医疗史、阅读史、记忆研究各个新文化史领域，中国台湾省学者都取得了值得称道的成果，新文化史研究在中国台湾省史学界也渐居主流。① 如卢建荣所言：中国台湾省引进的新文化史研究风潮，较之曩昔七十年来两次移植西学运动，成果显得辉煌，大有直逼与国际史坛同轨或同步发展的况味。②

在中国大陆，明确的“新文化史”的传入大约在 20 世纪 90 年代末，由于新文化史家伯克访华时的鼓吹，“世界史学界”渐有一些相关的介绍文章和翻译文章。约莫同时或稍早，大批的新文化史译著也开始出版③，特别是法国学者的新文化史著作大量被翻译出版。近十年以来，广西师范大学出版社、上海人民出版社、百花文艺出版社、北京大学出版社、中信出版社、华龄出版社、山东画报出版社、中国人民大学出版社、江苏人民出版社、新星出版社、三联书店等都出版了大量这类新文化史作品的译作。不过，这些新文化史的译介者多是文学、西方历史或史学理论的研究者，其中鲜见有人将之融入自己的实际历史研究中，以新文化史实践者自居的大陆学者更是不多，且他们往往更喜欢以社会文化史称代新文化史。

有意思的是，不管在中国台湾省或是在中国大陆历史学界，新文化史某种程度上都出现了与社会史共存甚至合流的现象，这自然与两岸 20 世纪 90 年代之前革命叙述及“政治史学”独大的形势有关，同时，海峡两岸的社会史研究并没有像西方那样有强烈的理

---

① 关于新文化史在中国台湾省的一些情况，可参看卢建荣：《台湾史学界的后现代状况》，《汉学研究通讯》2002 年第 81 期；李孝悌：《明清文化史研究的一些新课题》，李孝悌主编：《中国的城市生活》，台北联经出版公司 2005 年版，第 i-xxxv 页；卢建荣：《新文化史的学术性格及其在台湾的发展》，蒋竹山编：《新史学—新文化史专号》，大象出版社 2005 年版，第 138 ~ 159 页。

② 卢建荣：《新文化史的学术性格及其在台湾的发展》，蒋竹山编：《新史学—新文化史专号》，大象出版社 2005 年版，第 156 页。

③ 需要说明的是，伯克访华大概与大批新文化史译著出版并没有多大关系。译著的大量出版更可能与资讯的发达、读者的阅读需要及各出版社的商业诉求等多方面情况有关。

论预设和“尾大不掉”的发展，同是舶来品，新文化史研究者并不感到社会史势力的庞大，中国台湾省的新文化史研究甚至是从社会史的研究中延伸出来的。① 中国大陆的新文化史研究则基本上仍然走的社会史或新社会史研究的路子。这种偏爱社会史的情况可能与中国大陆研究中国历史的学者对新文化史所知不多有关。实际上，个别中国大陆学者已经在医疗史、疾病史、身体史等领域有一些实践，在与新文化史密切联系的日常生活史、历史人类学与微观史学的研究方面，一些学者也取得了一定的成绩，但这些研究成果常常被研究者及论者归为社会史或新社会史，即或某些研究成果在实际上应该属于新文化史范畴。归根结底，新文化史在中国大陆，依旧有些“妾身未明”。故此，中国大陆学者的新文化史实践，也远远落后于海峡对岸的同行。不过，近年在中国大陆学界兴起的新社会史研究，其研究内容和研究方法实已非常接近新文化史了。

总而言之，如何把新文化史典范更好地结合中国历史情况进行研究，仍是需要中国史学家大力开荒的领域。相比于西方，中国也保存有足资利用的材料，加上广阔的空间、长期延续的文化传统和丰富多彩的地域文化特色，新文化史典范在中国历史研究中也能如鱼得水，当然，这要有待于具有新思维的中国历史学工作者的集体努力了。我们尤为期望中国大陆的史家大展身手，开创出中国新文化史研究的繁盛局面。如卢建荣之言，等到有一天中国史家运用新文化史的研究典范写出扣人心弦的史作，同时也令西方同行侧目之时，中国史学主体性才告确立。②

---

① 参看李孝悌：《明清文化史研究的一些新课题》，李孝悌主编：《中国的城市生活》，台北联经出版公司2005年版，第iv页。

② 卢建荣：《新文化史的学术性格及其在台湾的发展》，蒋竹山编：《新史学—新文化史专号》，大象出版社2005年版，第156页。

第八章　西方历史观念的更迭
——20 世纪的历史理论

20 世纪西方历史理论的发展，与 19 世纪历史科学的产生密切相关。历史科学的产生，使得历史方法论和历史认识论成为必需。历史方法论发展成为一门独立的学科，用以考察历史研究中的史料批判等具体问题。历史认识论则主要从哲学的角度，为历史知识的合法性做了理论上的证明。这两点可谓 19、20 世纪历史理论的典型特征。从现在看来，这似乎仍是历史理论的主干。但在这两个世纪之前，西方历史理论主要受古典和近代的诗学和修辞学传统的影响。这种传统一度受到历史方法论和认识论的贬抑。20 世纪下半叶，历史理论的“语言学转向”，在某种意义上正是向这一传统的复归。这似乎又应验了那句老话：历史既是科学又是艺术。

一、20 世纪历史理论的基本版图

本书不用“历史哲学”而用“历史理论”这个概念，主要是考虑到在德国的思想传统中，“历史哲学”概念有比较特殊的含义。在德语中，“历史哲学”基本上用来特指诸如费希特和黑格尔那样对“实在的历史”的哲学思辨，有时也用来指孔德那种实证主义历史思想。“历史哲学”这个概念在德语世界之外，除了指黑格尔那种典型的思辨的历史哲学，还用于指称英语世界比较流行的所谓的“批判的历史哲学”或“分析的历史哲学”。在德语世界中，却较少使用“历史哲学”来指对历史研究的哲学批判①。本书直接以“历史理论”取代“历史哲学”概念，目的是以更加中立的态度来审视现代西方历史理论的发展。

有关历史哲学的划分，最著名的当属英国历史哲学家沃尔什。他在其代表作《历史哲学导论》（1951 年）一书中，把“历史哲学”划分为“思辨的历史哲学”与“批判的历史哲学”②。前者是对 res gestae（活动事迹），也即所谓“历史本身的进程”的哲学思辨，后者则是对 historia rerum gestarum（有关活动事迹的历史），也即“历史研究”这项活动的理论反思。前者对各种事件的实际过程的解说，试图表明历史过程作为一个整体有一种可理解性。后者说明历史研究的性质和任务，意在澄清历史学理论上的前提假设。把对历史本身的哲学思辨与对历史研究过程的理论反思区分开来，是 20 世纪历史理论家的共同倾向，但不是所有的历史理论家都接受沃尔什对历史哲学的这两种称呼。阿瑟·丹托在其《分析的历史哲学》（1965 年）就使用了不同的称呼来标示这两种历史哲学：“实体的历史哲学”与“分析的历史哲学”。曼德尔鲍姆还使用“质料的”和“形式的”历史哲学来作类似的区分。追述“历史哲学”一词在英语世界的演变，柯林武德当数较早系统地使用“历史哲学”来刻画历史研究各种理论问题的思想家。他于 20 世纪 20 年代就开始频繁使用该词，而且终其一生未变，这与克罗齐极力批判“历史哲学”所代表的思想倾向形成鲜明对比。柯林武德所用该词含义，类似于德语世界赋予“历史知识”的含义，同

① 历史哲学（Philosophie der Geschichte）一词在德文中也有比较确定的含义，它特指像费希特或黑格尔那样的先验地构造世界历史的研究。兰克和布克哈特等都反对对历史的先验构成，他们把自己从经验事实构建世界历史的研究称作“普遍史”（universal history）。与英语世界流行的批判的历史哲学的说法不同，德语世界涉及相关的研究，不称“某某历史哲学”，其根源就是“历史哲学”的特殊含义。不过，战后不少德国学者也用“历史哲学”来指称与历史研究相关的历史理论。

② 沃尔什：《历史哲学导论》，何兆武、张文杰译，广西师范大学出版社 2001 年版。

时大致相当于英语世界流行的“批判的历史哲学”或“分析的历史哲学”。

在英语世界的大传统里面，1960 年代以后，历史哲学的“语言学转向”，使得“思辨的”、“批判的”或“分析的”历史哲学概念不再敷用，于是又出现“新历史哲学 VS 传统历史哲学”、“解释的 VS 描述的历史哲学”、“综合的 VS 分析的历史哲学”、“语言的 VS 批判的历史哲学”、“后现代的 VS 现代主义的历史哲学”或安克斯密特所谓的“认识论的 VS 叙述主义的历史哲学”这样的一些划分，叙述主义历史哲学又被安克斯密特称作“历史书写学”。按照安克斯密特在 20 世纪后半叶的划分方法，历史理论应该分作三个部分：思辨的历史哲学，批判的历史哲学和历史书写学。批判的历史哲学侧重于从认识论的角度解答历史知识的可能性问题，它更偏重于历史理论的哲学层面，其代表可推柯林武德、沃尔什。历史书写学则更侧重于从历史叙述的话语层面考察历史写作的诗学、修辞学，它在形式上独立于某种哲学思维。由此也可见“历史哲学”这个概念有其限度，特别是历史书写学的挑战，使得以“历史哲学”来概括整个历史理论不再恰当。那样的话，它就变样排斥了从语文学、诗学、修辞学等“艺术”视角对历史研究和历史写作的思考。

在法国传统中，雷蒙·阿隆较早使用“历史哲学”这一概念，其意义跟柯林武德的“历史哲学”概念差不多。在早期论及德国的狄尔泰、文德尔班、韦伯和西美尔等人的相关研究时，阿隆所用的“批判的历史哲学”概念，毋宁是特指德国 19 世纪末 20 世纪初历史理论方面的进展。到其晚期的讲课中，阿隆又使用“历史主义”一词来概括这一进展，以区别于英语世界的“分析的历史哲学”。也即，在晚年阿隆那里，以德国为代表的“批判的历史哲学”与英美为代表的“分析的历史哲学”是可以对举的。后来的马鲁和维纳也在一定程度上沿袭了阿隆的早期说法，主要以“批判的历史哲学”来称呼德国的相关研究。在英语世界的理论家那里，“批判的历史哲学”主要是用来指英语世界自身的理论传统，特别是由柯林武德发展起来的历史认识论传统。但阿隆则把柯林武德归入他所谓的“历史主义”传统中，也即德国的传统中，英语世界的“批判的历史哲学”阿隆则以“分析的历史哲学”来称呼。

在德国的传统中，“历史哲学”主要是特指费希特和黑格尔等人对历史本身的思辨，所以后来的历史学家，比如兰克、布克哈特和德罗伊森都极力要与历史哲学划清界限，在他们看来，黑格尔的历史哲学研究，主要问题是缺乏经验的基础。狄尔泰从事的“历史理性批判”，文德尔班等为“历史”的合法性所做的申辩，在另一层面上跟黑格尔划清了界限，他们的工作更多与康德的“批判哲学”相关。但换个角度来看，除了“世界历史哲学讲演”之外，黑格尔所做的工作更有益于后来的德罗伊森、狄尔泰、克罗齐和柯林武德从知识论的角度来论证历史知识的合理性。狄尔泰等人所从事的工作被克罗齐、柯林武德和阿隆称作某种历史哲学，但狄尔泰和新康德学派却很少自称某种历史哲学。他们使用诸如“精神科学”、“文化科学”、“历史科学”或“历史知识”等概念以自称。曼德尔鲍姆以“历史知识问题”（1938年）来概括德国的这一传统其实更符合德国的思想家自我定位。在受德国这一传统影响的法国，马鲁这样的历史理论家也以《历史知识》（1954年）为其书命名。

在沃尔什的划分中，他把汤因比和斯宾格勒的作品划到“思辨的历史哲学”当中。而在德语和法语世界，这样的研究一般不归入“历史哲学”（也即英语世界所谓的“思辨的历史哲学”），而是归入“普遍史”或“世界史”。兰克的最后的《世界史》（1882年）虽不乏思辨色彩，但它仍应划归“世界史”。它跟黑格尔那样的“历史哲学”的本质区别在于注重运用经验材料。就此而言，斯宾格勒和汤因比的研究即可归入“普遍史”或“世界史”而非“（思辨的）历史哲学”之列。

海登·怀特以“历史诗学”命名其研究，照他本人的见解，“历史诗学”一般不能归入任何形式的“历史哲学”和“历史知识理论”。那是因为，历史诗学不涉及历史认知，它只关注历史叙述的纯粹形式问题，也不企图建立任何宏大叙事。有鉴于此，本书不以“历史哲学”或“历史知识”作为对整个历史思想发展进程的概括，而毋宁笼统地称为“历史理论”。

二、历史渊源

在西方，“历史”（historia）这个词就颇值得玩味。它对应的词根 histor 最早出现于荷马史诗之中，具有争讼的仲裁人和竞赛的裁判员之意，也即能够分辨和判定事实真相的人。后来在赫希俄德的诗作中，该词表示了解情况或有技能的人。在早期希腊铭文中，它还有证人之意。从其起源来看，historia 显然与真实性有关。①

西方“历史探究”的起源有一个过程。早在希罗多德之前，已有所谓的“散文记事家”从事历史写作活动。但是早期散文记事家的作品还很粗糙，对事件的记录也不够准确与翔实，后来希罗多德和修昔底德等古希腊历史学家在散文记事家的基础之上，注意对事件的真伪进行批判性考证，力求作品信实可征。希罗多德经常在文中指出自己的记录有稽可考。修昔底德采取了更严格的史料批判原则。他说，不要偶然听到一个故事就写下来，甚至也不能单凭自己的一般印象作为根据，他所描述的事件，不是他亲自看见的，就是他从那些亲见这些事情的人那里听到后，经过他仔细考核过的。通过批判或判断（histōr）达到历史真相，是古希腊以来的传统。

但这里所谓的“真实”更多是指经验事实的准确性，跟古典时代的“真理”概念还有重要区别。正因为如此，“历史”往往被排除在探究真理的知识之外，而勉强归入诗学、修辞学之中。

古希腊早期并无“哲学”这个概念，早期的哲学家把自己的研究称作 historia。早期自然哲学家以 historia 去追求事物的自然（nature），而历史学家则以 historia 去追求事情的真相。但如上文所言，二者本质上相去甚远。早期的“历史”与哲学在方法上虽有亲缘关系，但在古典时代二者却对立得很厉害，柯林武德甚至称古

① Susanna Stambler, “Herodotus”, Ancient Writers, edited in chief by T. James Luce, New York, 1982, pp. 211, 212.

典时代是“反历史的”。

但“历史”在古代作家那里，除了现代历史学科所要求的事实的准确性之外，它还被赋予了其他重要的特征。比如，历史使用散文形式写成，注重历史的修辞教化功能。毋宁说，强调历史叙述准确性是西方现代史学的特征。古典时代，叙述的准确性虽是其重要方面，但决不是绝对支配性的方面。在某种意义上，写史的修辞方面和资鉴方面更为重要。西方古典时代并未发展出系统的方法论，用以系统考察史实的准确性，古典作家更多是从诗学或修辞学的角度去看待“历史”，就是最好的明证。

在古希腊，司掌“历史”的克利奥（Clio）女神是九位文艺女神之一。而柏拉图和亚里士多德也较早把历史研究与艺术或修辞结合起来论述。其中尤以亚里士多德论诗与“历史”之辨最为有名。亚氏认为，“历史”与诗之别，不在于何者是用格律文写成，真正区别在于，前者描述发生的具体事件，后者描述可能发生的普遍事件。其结论是，诗比历史更具有哲学性和真理性，是更好的艺术。古罗马的琉善在《论撰史》一文中指出，优秀的历史学家需兼具政治家的谋略才智和文学家优雅的文笔。可见写史的修辞因素的重要性。到了文艺复兴时期，意大利的人文主义历史学家还把历史放到“艺术”的框架下作理论上的考察。这一传统即源于亚里士多德、西塞罗和昆体良的修辞学或雄辩术。这一时期的人文主义学者大都承认历史起源于诗歌并且和诗歌保持密切的关系，尤其是与修辞有共同的基础。这种状况直至19世纪依然如故，它在不少历史学家那里得到不同程度的体现。19、20世纪之交近一百年时间内，受历史科学化的影响，这一传统在理论上一度遭到贬斥。但历史理论的“语言学转向”又使这一传统重获新生。

另外一种传统也值得重视。几乎在“历史”研究诞生的同时，古希腊也产生了与“历史”取径不完全一样的写作形式：博学好古研究（antiquarian studies）①。从词源上来看，与该词意思最为接

① Arnaldo Momigliano, Studies in historiography, New York, 1966, pp. 1-39.

近的希腊词是 archeologia。在古典时代，该词主要用来指一种古史（archaic history）著作或追溯起源的著作。西方的博学好古研究自修昔底德之后，直至18世纪，一直与历史研究并行，得到相对独立的发展，形成了跟历史研究不同的学科。这两个学科的区别在于：博学好古研究利用“专题性的”系统研究方法，而历史则按年代顺序来叙述事件；就其关注的领域而言，博学好古研究关注地方史、年纪、神话和古代的法律、宗教、家族谱系等，而历史研究偏重于当代的重大政治、军事事件或伟大的历史人物。博学好古研究在西方的发展到了18世纪与历史研究重新结合。博学好古研究注重运用档案材料、重视一些跟历史研究相关的辅助学科，对19世纪历史科学的产生和发展而言，地位举足轻重。

18、19世纪“历史科学”在西方兴起，无疑是历史研究与博学好古研究结合的产物。从西方的传统来看，历史学家自身也愿意从方法的角度考察历史研究的理论问题。这在希罗多德和修昔底德那里已表现得非常明显了。他们对方法的重视和系统利用程度不及博学好古研究者，但又远胜于从修辞艺术或哲学的角度来考量历史研究的理论家。历史研究与博学好古研究的结合，保证了史实的准确性，这正是历史科学得以立足的关键。

在近代，博学好古的传统也得到了很大的发展。其突出表现是把历史与方法结合起来。在近代的杰出代表是波丹。当法国学者在16世纪开始反思历史的方法和意义时，西方意义上的“历史艺术”，即在历史艺术和创作艺术的结合已有两千年的历史了。对波丹来说，历史超越了历史艺术的夸张法，不仅在各种艺术之上，而且也在各门科学之上，由此历史开始摆脱从属于诗歌或哲学的附庸地位。

科学和艺术作为历史研究的两个维度，在19世纪的历史学家那里始终没有彻底分离。被称作“客观主义史学”之父的兰克，也在强调历史是门科学的同时也强调其是一门艺术。兰克在其1830年代的手稿中写道：历史学区别于其他所有科学的地方在于它同时又是一门艺术，历史学必须同时是科学又是艺术。

随着历史的学科化，历史理论中兴起了一场历史学自律化运动。这种自律运动要求历史学发展自身的方法论，改变看待历史研究的视角。这种视角既不是来自艺术，也不是来自哲学，更不是来自自然科学。历史理论应当源于历史学家自身的实践。在此情形下，出现了历史认识论的发展。即为历史研究方法的独特性和历史知识的可靠性所作的辩护。如果说波丹曾借助法理学的观念，强调历史研究需要文献证据的话，到了洪堡和兰克那里，他们也只是在否定哲学对历史的暴政的基础上提出历史研究必须讲求证据，或指出历史的研究领域因涉及现实的经验层次而区别于哲学和诗歌。在德国，真正把历史研究与哲学、诗歌、神学、物理学等区别开来的是德罗伊森。德罗伊森要求建立"史学理论"这门独立的学科，专门探讨历史研究的理论问题①。他指出历史的方法是"理解"，而不是历史哲学或历史神学的"思辨"或"认识"，更不是自然科学的"说明"。德罗伊森更多是从历史学家的角度来讨论这个问题。他的"理解"概念也源于德国的诠释学传统。在哲学内部也兴起了为历史研究区别于哲学、诗歌和自然科学所作的辩护。狄尔泰曾受教于兰克、布克哈特和德罗伊森等历史学派，他提出的"历史理性批判"的任务，意在为精神科学的认识论基础作出辩护。之后的新康德学派，从康德的知识理论出发，也为所谓的"文化科学"作辩护。

三、世界历史问题

伏尔泰最先提出"历史哲学"这一概念，但其所指为批判的或科学的历史。而对黑格尔来说，"历史哲学"意指通史或世界史。对实证主义者来说，"历史哲学"乃是发现支配各种事件过程的一般规律。

黑格尔的"历史哲学"受到后学的攻击，主要是黑格尔的思辨路数和独断论色彩。德罗伊森曾言，哲学的思辨对永恒之物只能进行猜测，空想领域不存在真正的"理解"。历史的经验是人的思

① J. G. Droysen: Historik, Textausgabe vor Peter Leyh, Stuttgart, 1977.

想和行为的表达，它不能为思辨所能把握。反对哲学的历史，历史学家强调经验材料的运用。但他们并不完全否认哲学的宏观视野。兰克有言，历史学需要从哲学中吸取思想力量。宏观的研究，历史学家一般不称“历史哲学”，而叫作“世界史”。兰克晚年的《世界史》，布克哈特的“世界史”沉思就是明证。

同时，伏尔泰以降，在欧洲史学中也出现“文化史”或“文明史”的研究。“世界史”主要是在纵向上扩大历史研究的时限，而“文明史”则侧重于在横向上扩大历史研究的对象。19 世纪以前，西方史学着力点是政治军事史的叙述，而“文明史”的兴起，普通民众、日常生活、各地的风俗和思想文化也迅速成为历史研究的对象。历史学得到极大的丰富。

斯宾格勒和汤因比的文化形态说，毋宁是欧洲“世界史”传统和“文明史”传统在 20 世纪的全新展现。他们的学说从根本上动摇了黑格尔那种典型的“西方中心论”。

德国的斯宾格勒的《西方的没落》成书于第一次世界大战前后，此书战后出版（两卷，1918 年，1922 年）即刻引发轩然大波。该书使用循环对照的方式，把世界的各个文化（斯宾格勒的“文化”与“文明”概念有根本区别，前者富有生命，而后者意味着生命活力的衰竭和消逝）做了对照和排列，最后其结论是，西方（特指 10 世纪以后的西方，与西方古典文明有别）文化在进入工业文明之后，无疑衰落了。这迎合了战后大众的悲观心态。在理论上，斯宾格勒突出自然和历史的区别，认为历史世界不能以因果关系来解释，突出各个文化的有机体和循环的特征。

无独有偶，英国的汤因比的《历史研究》（1934—1961 年，出了 12 卷），同是文化形态说。汤因比同样以“文明”作基本研究单位。他把人类有史以来的文明分成 21 个。有的文明早已夭亡，有的停滞不前，有的至今仍蓬勃发展。汤因比解释这种现象的基本理论是“挑战和应战”模式。

斯宾格勒和汤因比作为文化形态说的代表，其典型特征是以“文化”或“文明”为研究的基本单元，这有别于传统以国家或民族为研究对象的“世界史”。各个文化或文明地位平等，容易破除原有研究中的“种族论”的倾向。他们的研究首先表明，人类文明在最初阶段呈多中心起源，当时的世界历史并不存在统一的中心。在西方文明兴起之前，世界历史上早就已经存在不少鼎盛一时的文明，相比而言，西方文明只是整个人类文明晚起的一个中心，西方优越论的神话，纯属近现代西方意识形态的产物。

雅斯贝斯的《历史的起源和目标》（1949 年），是 20 世纪真正意义上的“思辨的”历史哲学。其核心是轴心期理论。他认为人类经历了四个发展阶段：史前期；古代文明（指古埃及、古巴比伦、爱琴海、古印度、古代中国等）；轴心期（即公元前 800—前 200 年，人类精神突破，其中公元前 500 年是高峰期）；科学技术时代（始自 15 世纪，它使欧洲成为世界的中心）。史前期和古代文明是第一间歇期，轴心期是突破期，科学技术时代可谓第二间歇期。雅斯贝斯把西方世界近几个世纪的崛起视作“第二间歇期”，无疑是在质疑西方文明，给“西方中心论”泼了冷水。

第二次世界大战尚在鏖战，对时局的感触，对现实生活中和各式历史书刊中充斥的陈旧的西方优越论的反感，就已促使巴勒克拉夫起来激烈批评传统世界史的叙述模式。战争的完结以及战后各种协议的签订，使得世界政治经济格局发生深刻的变化，也使得欧洲战前的传统优势逐步丧失，取而代之的是美苏两个超级大国的均衡对峙以及第三世界的崛起，传统欧洲只有站在以美国为首的北大西洋公约组织一边才能发挥其影响。

斯宾格勒和汤因比的文化比较研究本是为了探询西方文明乃至世界各个文明的出路，但却在客观上触及了传统世界史叙述模式的命门。这对巴勒克拉夫产生了不小的影响。巴勒克拉夫对此毫不讳言。在其《处于变动世界中的历史学》中，他高度评价斯宾格勒和汤因比的比较研究是世界史写作在战后可追寻的最为有效的路线①。在其后的相关研究中，也可觅见他们的潜在影响，这从他的《当代史导论》反对因果连续性，再到晚期的《当代史学主要趋

① G. Barraclough: *History in a Changing World*, University of Oklahoma Press, 1955, pp. 9-10.

势》对“比较研究”的高度评价中，均可窥见。

斯宾格勒和汤因比的文化形态说，其过于思辨的风格、太过草率的归纳及其残留其间的西方中心论，并不能令其后专业的世界史家完全满意。作为一项严格的历史研究，20 世纪下半叶很多历史学家还在为克服文化形态学派的不足而工作。此时的世界史写作与前此的文化比较研究已有差距，此时的世界史写作基本不再以文化或文明为研究单位，民族国家重回中心。世界体系理论以区域为中心，也影响颇广。

提倡全球史写作，在具体的写作过程中把论述的范围扩展到世界各地，世界史家似乎就能自动抵制“西方中心论”并产生永久免疫。可问题却并不简单：西方中心论对世界史写作的威胁依然存在，如何协调好全球史写作与反西方中心论之间的关系，同样是对世界史写作的挑战。第二次世界大战以来出版的不少世界史著作，在克服西方中心论方面并不成功，其原因正是没有协调好二者的关系。

在此仅举最著名的《全球通史》和《西方的兴起》为例进行说明。这两部著作也正好是巴勒克拉夫批判的重点。

第二次世界大战以来，世界历史整体进程的一体化，客观上迫使世界史家需从全球视角重新审视世界格局。斯塔夫里阿诺斯与麦克尼尔的世界史写作，顺应了新形势。作为世界史写作的典范，他们那两部著作，扩充了世界史论述的范围，注意到了长期为西方史家忽视的亚非拉广大区域。他们对全球史的执著，开启了世界史写作的新路径。

斯塔夫里阿诺斯和麦克尼尔的工作并非无可挑剔，巴勒克拉夫在《当代史学主要趋势》中评述当代世界史写作时，重点抓住这两位不放，批判其全球史在西方中心论面前软弱无力。

巴勒克拉夫的《处于变动世界中的历史学》和《当代史导论》一度影响斯塔夫里阿诺斯的“全球史观”，在具体观点上，两者存在不少分歧。斯塔夫里阿诺斯身上的西方中心论残余在其《全球通史：1500 年以后的世界》当中最为醒目，参见该书的章节目录，就一目了然。斯塔夫里阿诺斯在导言部分一再强调，世界史写作需要从地区史转向全球史，但他所写作的全球史却始终围绕西方的兴衰展开。可见斯塔夫里阿诺斯所谓的全球史不过是欧美发展史的扩充和放大，不过是一部西方对世界历史进程产生决定性影响的历史。这有悖于他的全球史理念。

麦克尼尔在《西方的兴起》当中的种族中心论同样遭到巴勒克拉夫的批评。种族中心论不完全等同于西方中心论，它可视作西方中心论当中的血统论或文化沙文主义的变种。种族中心论与历史目的论有关。历史目的论与线性历史观相联，它把历史看作一个不断进步的线性过程，世界历史经过一个个阶段才到达当代。当代世界基本上是在西方的影响下形成的，西方就很容易被解释为历史的目的。

巴勒克拉夫似乎预见到了斯塔夫里阿诺斯和麦克尼尔的尴尬。在他看来，检验历史学家对西方中心论的态度，绝不能拘泥于其个别言辞。更要紧的是，清理出其写作的理论预设，并具体考察其对史实的选择和编排。巴勒克拉夫在《当代史学主要趋势》中指出，世界史写作的主要是理论问题。但对世界史家的资料搜集和编排组织能力同样有较高的要求。

严格说来，世界史写作是一项严格的历史研究，按照学科规范，它相应地要求世界史家必须占有原始材料，或参考其他专门领域的研究成果。即使对不能完全旁及的内容，也需要在相关论述中给予补充说明。仅凭写作理论和方法的支持，若不能配合使用详细和准确的资料，也可能使历史解释脱离实际。对西方中心论的批判工作也只能前功尽弃。西方早期的世界史作品，缺乏对非西方的了解，缺乏中性的理论参照，往往造成西方中心论的言论在作品中泛滥。当代世界史作品没能抵制西方中心论，部分原因也是资料工作不够。

克服西方中心论，也不只是经验事实所能解决的。对世界史作品的价值倾向产生影响的，还有一系列有待解决的理论难题。首先就是历史视野问题。在《处于变动世界中的历史学》中，巴勒克拉夫就指出，主要从西欧的观点来解释历史事件已经不够，我们必须尝试新的世界史观点，这要求历史学家跳出欧洲、跳出西方，将视线投射到所有的地区和时代。19 世纪以来，世界性交往形成，人们的视野逐渐开阔。第二次世界大战以后，世界各地的距离随各地区交往的扩展而变小。巴勒克拉夫在《当代史导论》中进一步指出，当代史是世界史而非地区史，不采用全球眼光，就不足以理解塑造世界史的各支力量。除了增加论欧洲以外地区的章节，以补充我们关于当代史的传统观点之外，还要对有关整个世界格局的各种传统观点和论断重新审视并予以修正。否则，按照传统的模式撰写的世界史仍不是彻底的世界史。斯塔夫里阿诺斯和麦克尼尔编撰的全球史的问题也正好出在这里。由于他们的基本解释框架并未彻底摆脱以西方社会的发展模式和西方建构世界历史整体进程的程式，所以如此建构的全球史仍然会歪曲世界历史进程。《当代史导论》论及亚洲和非洲地区的民族主义运动，巴勒克拉夫此时驳斥了两种西方中心的解释模式，即“冲击—回应”模式与“传统—现代”模式，强调亚非地区内部因素对民族主义兴起的重要影响。

至于如何建构新的整体历史观，又是另一个问题，对此巴勒克拉夫提供了一条有益的思路。他提出：现代意义上的世界史决不只是综合已知事实，或根据其相对重要性的次序来排列各大洲的历史或各种文化的历史，它需要探索超越政治和文化界限的相互联系和相互关系，这种世界历史与其说是关心时代的发展及历史的目标和意义，还不如说是关心各个地方的人类所面临的不断出现的问题，以及对这些问题的不同反应。这才是世界史的真正本质。

柯林武德和海登·怀特都曾说过，历史研究与历史哲学没有本质的区别。黑格尔的“历史哲学”与巴勒克拉夫的“全球史”相比，是否有本质的区别呢？巴勒克拉夫作为历史学家，运用经验材料写作，在这点上他远胜于黑格尔。黑格尔的《历史哲学》缺乏足够的经验材料，对历史有很多臆想，他指出世界历史就是从西方到东方的历史，这是典型的西方中心论。巴勒克拉夫呢？在他身上也许同样能找出西方中心论的因素，但那又说明什么呢？世界史写作总要围绕某个主题或某种思想展开，否则所有材料将无法有机融合。巴勒克拉夫反对西方中心论，试图超越这一视野来重新审视整个历史的进程。他驱除西方中心论，改用别的理论把整个论述整合起来，但接下来的理论难题是：历史研究的准确可靠性须由经验事实来保证，但世界史写作的结论或框架往往超越经验事实的范围，无法用经验事实来检验，在此情形下，巴勒克拉夫将如何看待这点呢？这点难道不都是臆想吗？巴勒克拉夫的观点就真的比黑格尔的西方中心论的观点能代表真理么？在后现代思潮的影响下，黑格尔那样的宏大叙事受到了质疑，而巴勒克拉夫的世界史总体观能经受这种质疑么？这一问题促使我们反思个别事实的真实与历史叙述的真实的关系。

四、历史真实性问题

历史学在 19 世纪的西方，迎来了它的独立发展。19 世纪也被称为“历史学的世纪”。历史学家对历史学自身价值和功能的认同，也达到了一个高峰。在此背景下，兰克才可能在历史考证等方法的指导下，不无骄傲地提出“如实直书”。当时的历史学家普遍认为，复原历史的本来面目，不仅是可能的，而且是作为一门科学的历史学义不容辞的责任。时间在推移，这种理想也不断受到“侵蚀”。

比尔德于 1933 年在美国历史协会主席就职讲演中，公开宣称“历史写作是一种信仰行为”①。在这篇宣言中，比尔德公开批评兰克是一个保守主义者，但文章的矛头并非指向兰克。从行文内容来看，比尔德从当时美国史学的现状出发，他的矛头所向是当时美国史学界对历史研究的流行见解。比尔德所谓“历史写作是一种信仰行为”针对的是，在历史写作过程中，历史学家不可能像自然科学家那样旁观中立和不偏不倚。他们必须对大量事实进行选择

① Charles Beard, Written history as an Act of Faith, The American History Review, Vol. 39, No. 2 (1934), pp. 219-231.

和组织。①

在 1935 年那篇所谓《那个高贵的梦想》的名文中，比尔德更是不遗余力攻击兰克式的追求“客观真理”的理想②。导火索虽是当时一个叫作史密斯的教授③，但比尔德有理不饶人，借势继续对兰克发难。他对兰克的攻击，主要是以兰克的所作所为来反驳兰克承诺的“如实直书”。兰克的政治倾向、宗教观点以及甘为普鲁士政权服务的思想，都成了比尔德攻击兰克的口实。作为兰克的观点的替代理论，比尔德提出了相应的 11 点内容。其内容与他在《历史写作是一种信仰行为》中的主张大致相同，简单归纳起来无非就是：历史写作不能通过直接观察，而要借助资料；运用资料写作必然会有选择取舍；历史学家会受到时代、社会、阶级和文化的各种偏见的影响。比尔德的结论很简单：兰克的“如实直书”的理想无法实现。

比尔德这种思维推理最省事，也最容易为普通的历史学家所接受。比尔德的替代理论只是在总结兰克的不足，并没有根本的创造性和建设性，有鉴于此，比尔德的上述观点，从另外的角度来看，更容易把人们引向“真理”的对立面，误导了他自己，也遮蔽了问题的本质。他只是在兰克的台阶上指责兰克而已。

贝克尔作为德国人的后裔，似乎在理论上沾染了德国人惯常的思辨色彩，他提出的“人人都是他自己的历史学家”、“历史事实只存在人的头脑中”，至今仍很难为普通的历史学家所接受。他看待问题的深度，使他在比尔德走得更远。他由简单分析外在环境对重构历史的影响，转向了研究这样的影响是如何通过“历史事实”

① 参见 Charles Beard and Alfred Vagts, Currents of Thought in Historiography, The American History Review, Vol. 42, No. 3 (1937), pp. 477-483. 比尔德在该文中，特别是第三部分，基本上在重复《写作历史是一种信仰行为》中的观点。

② Charles Beard, That Noble Dream, The American History Review, Vol. 41, No. 1 (1935), pp. 76-80.

③ 同时参见比尔德的《美国宪法的经济观·1935 年版序言》，何希齐译，商务印书馆 1984 年版，第 1～10 页。

的选择和编排起作用的。贝克尔曾指出，既然历史并不是外在物质世界的一部分，而只是已消逝事件一种想像的重建，那么它的形式（form）和实质（substance）就不能分离：在文字陈述领域里，作为一个观念的内容就是形式，而传达观念的形式就是内容；因此说话的并不是那种未经区别的事实，而是历史学家的理解：使事实传达出来的那种意义，乃是产生于历史学家用来重建一系列事件的那种“实质—形式”结构。①

贝克尔不再简单地把历史学家对历史事实的主观选择和编排视作威胁历史研究的最大威胁。相反，历史学家的选择和编排是塑造历史事实的基本前提，除非经历这样的过程，所谓的历史事实是根本无从谈起的。所以，历史事实不是既定的，而是由历史学家在选择和编排过程中所形成的“实质—形式”的结构构造出来的。比尔德把历史事实视作既定的、现成的，历史学家的选择和编排即破坏了事实既定的整体性，也即破坏了历史的真实性。贝克尔一反这样的观点，这显然比比尔德高明了很多。

历史学家透过“实质—形式”这一结构赋予事实以“意义”，历史事实在此基础上才真正形成，之前并不存在既定的历史事实，这似乎是对所谓的“客观存在的历史”的质疑。贝克尔如此强调历史话语中形式与内容不可分离，如此强调“实质—形式”这一结构的重要性，这在思路上倒与后来的罗兰·巴尔特（Roland Barthes）或海登·怀特有几分相似。

巴尔特作为法国文学批评家，他也只是在广泛论及各种话语形式时涉足偶然历史学领域，但他那篇《历史的话语》却脍炙人口，对历史理论贡献良多。它开启了后现代主义历史语言分析的先河。从某种意义上说，怀特的《元史学》可以看成是《历史的话语》一文的进一步展开。

《历史的话语》主要分析了历史写作的语言结构。巴尔特在文中分析了历史话语的起承转合所具有的语言学特征，指出历史话语

① 田汝康、金重远编：《现代西方史学流派文选》，上海人民出版社1982年版，第274页。

和想像性的叙述不存在根本的区别，历史话语中包含不少虚构(fiction 或 artifact)。历史话语的虚构性，是相对于经验事实的实在性而言的，它是指历史话语所意指的某些内容、所表达的某些内容是无法找到历史材料来验证的。历史学家并不能自信满满地找到现象背后那个未经表述的“实在”。决定历史学家对事物的理解的，首先不是超出某种语言结构之外的那个客观实在，而是意义。不存在事实本身，只存在对事实的意义的诠释。而意义往往是“主观的”。历史的话语从其结构来看，本质上是意识形态的产物，是想像的产物。①

巴尔特所要解构的传统“历史话语”理论，仍然属于客观史学的范畴。他虽然自信指出了历史话语的虚构特征，但却没有进一步指出，我们为此该如何看待这些虚构的成分，以及虚构成分与历史真实性之间有何关系。而且，关键问题仍然悬而未决：难道历史话语有主体的参与，历史话语就不存在真理性了吗？那为什么哲学、自然科学往往声称自己把握了真理呢？

海登·怀特的《元史学》（1973 年）是其早期的代表作，可视为历史话语的结构主义分析的典型，他通过形式主义语义分析的方法，剖析了 19 世纪四位历史学家（米什莱、兰克、托克维尔和布克哈特）和四位历史哲学家（黑格尔、马克思、尼采和克罗齐）的文本，指出历史文本通过“情节建构”，旨在说明历史文本的虚构性和意识形态蕴涵。

怀特在“历史事实”问题上的观点跟巴尔特非常相似。这点在他给《元史学》中译本所写的前言中清晰可见。怀特的观点基于“事件”与“事实”的区分。在他眼里，“事件”是指在特定时空中发生的事情，“事实”是以判断形式出现的对事件的陈述。

① 罗兰·巴尔特：《历史的话语》，李幼蒸译，载于张文杰主编：《现代西方历史哲学译文集》，广西师范大学出版社 2002 年版，第 122-123 页。中译文在涉及几个关键概念处比较混乱，可参见 Roland Barthes, The Discourse of History, 载于 The Postmodern History Reader, edited by Keith Jenkins（詹京斯）, pp. 120-123.

“事件”发生了，并且通过文献档案或器物遗迹可以得到验证，而“事实”却在思想中由观念构成，在想像中被比喻塑造，它只有在思想、观念或话语中才能存在①。怀特“发现事实”一说即为此意。这也正是他选用巴尔特那句“事实只是一种语言学上的存在”作为《话语的转义》一书的题词的初衷。

贝克尔也说过“历史只存在于人的头脑中”。历史事实不是现成“给定的”。历史事实不可直观，它需要借助一些中介手段才能确立。事实的编排和组织会受到历史学家自身“立场”或“偏见”的影响。正因为如此，怀特认为，历史叙述受各种比喻模式、各种情节编排模式和意识形态蕴涵的影响。客观史学主张历史研究绝对求真、客观公正和不偏不倚，在怀特眼中，这无异于痴人说梦。

巴尔特和怀特对历史叙述的分析，同样给人“片面”的感觉。他们都在强调历史话语或历史叙述的“虚构”成分，而没有花多少篇幅“正面”考察历史学中的真实性问题。他们的观点往往引起不谙理论的历史学家的误解，认为诸如巴尔特或怀特等人无视“历史事实”的存在，把历史学彻底文学化了。其实历史学家完全无需杞人忧天。巴尔特和怀特的分析并非对历史学的致命打击。他们在理论上的主要攻击对象是客观史学。客观史学主张有外在于历史话语的客观事实，历史学家能客观地提取和把握这些事实。但巴尔特和怀特的分析指出，既不存在独立于任何话语之外的事实，历史学家也不能不把自身的主观因素掺入研究成果当中。他们的分析无疑伤到了客观史学的命门。

贝克尔、巴尔特和怀特的分析，对历史学家弄清楚历史话语的叙述特征，意义非同寻常。但他们三人的观点确有片面之处，至少是容易给人错觉。他们先验地分析了历史文本的意义源泉，即某种虚构结构。至于这个虚构结构对历史学是否尽是灾难，他们也未曾言明。怀特说过，最好不要把历史话语与真实性联系起来，他担心万千罪恶假历史真理之名而行不义之事。他充分估计到了历史话语

① 海登·怀特：《元史学·中文版前言》，陈新译，译林出版社2004年版，第6页。

的意识形态内涵所具有的实际影响，生怕它在现实生活中产生不良影响。这算是一种理解，但怀特更多是从指出历史话语的虚构性的影响的角度来看待虚构问题，而没有指出虚构也是历史话语的基本要素。在巴尔特和怀特的基础上，明确提出历史叙述与虚构叙述具有统一结构的是保罗·利科（Paul Ricoeur），他直接触及了“虚构”与历史真实性的关系问题。

利科《叙述的功能》一文指出，文学虚构也有所参照（reference），历史叙述虽是文学加工的产物，它也如文学虚构一样有所参照。①

利科虽然主张“真实的历史”与“虚构的历史”的参照相交于人类经验构成的基本历史性，但这一观点并没有勾消历史与虚构之间各自参照方式的差别：前者是通过遗迹、文献和档案的间接参照（indirect reference），后者是通过“取消普通语言的参照”的分裂参照（split reference）。历史叙述与虚构叙述在参照方面相交于人类的历史性，即两种方式都能表达人类的历史状况。只有这两种叙述方式共同作用，才能表达人类的历史经验。必须通过“虚构”，历史材料才能变成现实的鲜活的历史话语。

为什么需要历史叙述和虚构叙述来共同表现人类的历史经验呢？这还得从对“历史”概念的理解入手。“历史”一词往往模棱两可，既指被叙述的事件，又指对事件的叙述。事实上，二者之间你中有我，我中有你。小说家和历史学家在讲故事或写作历史之前，已经属于历史，讲述的行为本身包括在被讲述的实在之中。用伽达默尔的“效果历史”概念来说就是：我们所叙述的历史属于所发生事件构成的“效果历史”。换言之，历史经验不纯粹是历史事件发生的原始现场的经验，历史经验本身就是历史性的经验，是随着时代和社会变迁而改变的经验。不同时代和社会对原始事件的重新经历，实际上是原始事件获得了一种新的“存在”，即伽达默

① 利科的《时间与叙述》中也有相关论述。Paul Ricoeur, Time and Narrative, Vol. 3, translated by Kathleen Blamey and David, The University of Chicago Press, 1988, pp. 180-192.

尔所谓的“存在的扩充”。那么，这种历史经验里面，既有我们需要凭借证据资料来参照的部分，但同时还需要虚构叙述部分，正是这部分揭示了我们的历史经验当下“存在”的那一部分，让我们的存在得以表达。所以，讲述历史的同时，又必须讲述故事，我们的历史性才能在语言中显现出来。①

利科的观点，其最大的价值是让我们看到，我们当下的历史性也就是历史叙述的真理所在。正因为如此，以历史叙述中存在虚构成分来否定历史研究的价值就显得非常肤浅。巴尔特和怀特在思路上实际上是比尔德和贝克尔的极端化，后者又是客观史学的极端化。历史学家还在为历史叙述作为整体是一种虚构而焦虑，巴尔特和怀特则认为这是庸人自扰。他们不再坚持历史研究要排斥自我，反而极力为历史中的主观性辩护。怀特一再否认历史话语的认知功能，不愿把历史叙述与真实联系起来。怀特注意到了利科的观点，在其最新的《比喻实在论》中对此有所回应。怀特把利科的观点归为一种“比喻实在论”。不管怎样看待怀特和利科的分歧，总的来说，利科的观点给了我们有益的启示。

利科在分析历史经验时，援引了伽达默尔的“效果史”概念，而这一行为也说明，要解答历史叙述的虚实之争，历史理论的另一传统可资借鉴。

五、历史知识问题

由话语层面考察历史写作，是 20 世纪历史理论的重要特点，也是西方历史理论的一大传统，该传统跟古典诗学、修辞学渊源颇深。历史理论的另一传统同样有着久远的历史，它在学理上跟哲学更亲近，“历史—知识”的合法性是其核心问题。

“历史—知识”问题几乎是哲学家的专利。职业历史学家从事

① Paul Ricoeur, Hermeneutics and the Human Sciences, Edited, translated and introduced by John B. Thompson, Cambridge University Press, 1981, pp. 293-295.

具体的历史研究和写作，并不需要为这些艰涩的哲学问题刨根问底。为便于解释历史现象，他们也可能掌握某些经济学、社会学或人类学理论，但这些理论跟“历史—知识”问题有着根本区别。专业历史学家在考察具体的历史事实时，对真实性的观念有着非常强烈的感受，可当他们借用其他学科的理论来具体解释历史事件时，他们往往又忘记了历史的真实性，他们似乎认为，历史的真实性主要跟历史事实相关，而历史解释不存在简单的真实与否的问题。然而这也许正是历史学家远离历史—知识问题的根源。

与专业历史学家有所不同，克罗齐和柯林武德这样的专业历史哲学家，既从事历史研究，又不忘追问“历史—知识”问题。这个问题是他们历史思考的核心。柯林武德自其遗著《历史的观念》（1946 年）出版起，就开始享有世界声誉。他把自己的理论问题规定为“历史知识何以可能”。

柯林武德追问“历史—知识”问题，有特殊的问题史。在讨论柯林武德的观点之前，有必要简略回顾“历史—知识”是何种问题。

据柯林武德在《历史的观念》以及早期的历史哲学论文中的分析，古希腊哲学中普遍存在着一股“反历史”的倾向，这种倾向造成了历史编撰领域出现所谓的“实质主义”。哲学家追求的是“知识”而非“意见”（opinion）。那时对“知识”的要求是具有普遍必然性与可论证性，它的对象是不变的“存在”。而历史探询却只能获得偶然判断，它的对象是不断流变的事物。于是在历史探询与“知识”之间就形成了一种对立。古希腊的哲学家也不认为有所谓真正的“历史知识”。

从古希腊的哲学立场来看，历史探询在其最初的起源上就与真理无关。这个观点现在看来几近于荒谬，人们很难想像历史学居然可能与真理没有关系。而现代人这么看，是因为在他们的理解中，所谓的真理问题主要跟历史事实联系着，而古希腊的哲学家却并不这样认为。他们普遍接受的“真理”定义是：真理是关于事物的“存在”的知识，真理指向的不是某物，而是某物之所以作为某物的那个条件。“苏格拉底被判死刑”是事实，却不是知识。“凡罪犯都要受到应有惩罚”，这个判断针对的是一个普遍情形，它就是知识。历史探询考察的往往是诸如“苏格拉底被判死刑”那类判断，所以，关于流变之事就不能形成“历史知识”。

在西方哲学史上，大致可以说在黑格尔以前，历史—知识的问题对当时的哲学家是不成其为问题的，上述对古希腊历史—知识观的分析，只是柯林武德等现代历史哲学家追溯的结果，当时的哲学家很可能只把“历史知识”作为一个矛盾的概念取消掉，于是历史—知识问题也一并给打发掉了。

只有到了黑格尔提出所谓“历史理性”，才使“历史”真正步入知识的殿堂得以可能。黑格尔在《精神现象学》中说到，理性的存在需要经历一个过程，只有经历这个过程，精神才能达到自在自为的状态，精神才能认识到自己的存在。也就是说“知识”有其产生的过程。在此，流变与恒常在理性的名目下得到统一。对历史的把握至此才开始取得知识的地位。

在黑格尔之后，实证主义思潮大行其道，加之自然科学转变为现代知识的范式，对社会生活产生了深刻的影响。在历史学等人文科学领域中，也弥漫着一股追求科学、客观的风尚。这种客观主义或实证主义在理论上受到质疑。不少哲学家站出来为人文科学或精神科学做辩护，他们想论证“历史知识”作为知识的合法性和自律性。在此情形下，哲学家拿来当作知识范式的，不是自然科学知识。他们回归到古希腊的传统，把知识的范式定位于哲学等人文知识。鉴于西方近代以来对“经验”的重视，历史学等人文学科或精神科学，被选定为作为与自然科学知识抗截的知识范式。不过，历史知识是如何可能的呢？这个跟古希腊哲学主流格格不入，而且19世纪仍然悬而未决的问题，却是他们必须得回答的。

这一时期，历史理论与对历史知识的可能性的追问结合起来，如何把握流变、个体的对象并获得关于它们的知识就成为哲学家关注的焦点，狄尔泰以及德国的新康德主义为论证精神科学的独立地位，提出了精神科学或人文科学自律的观点。总之，他们需要解决的问题有，历史的特殊性和个别性与哲学的普遍性的关系，历史的流变性与知识的恒常性的关系，精神科学或历史学的自律性问题，历史学是科学还是艺术的问题。尽管他们对这些问题给出了不同的解答，但都潜在地对人在历史认知方面的能力进行批判，而且他们面临的根本难题还是历史知识何以可能的问题，也就是知识和历史的关系问题。但在此过程中，历史与知识之间的对立，使得不少哲学家选择了这样的论证思路：使历史服从知识概念，到最后历史统统经由“进化”的方式，由流变到恒常，由个别、特殊到普遍、一般，由偶然到必然，由非批判的到批判的，从而上升到了知识的高度。

柯林武德对历史知识的问题倾注心血，源于他在哲学立场上接受了“知识”和“意见”的区分。与柏拉图最初对“知识”的定义不同，柯林武德对“知识”有自己的规定，在他看来，有些知识，比如“历史知识”，不能是对不变的对象的把握。历史不可能是恒常不变的。这是他与柏拉图关于“知识”的定义最根本的区别。柯林武德在评价希罗多德时，一方面称赞他善于通过提问的方式，取得关于历史的知识，另一方面又批判他追求永恒不变的对象而窒息了历史意识。在这里，柯林武德称赞希罗多德取得的知识，事实上还是柏拉图意义上的知识，这样的“知识”与“历史意识”相对立，正是这种矛盾使得西方古典史学无法在理论上真正突破当时由哲学主导的知识谱系。有鉴于此，柯林武德的历史哲学所要解决的理论难题即协调历史意识与知识之间的矛盾，使二者能够真正得到统一。也唯有如此，才能使他所追求的“历史知识”真正可能。

在柯林武德之前，不少思想家也做过这方面的工作，但他们得出的结论各不相同。康德通过其理性批判工作的分析，得出结论说“历史知识不可能”。而黑格尔做了肯定的回答。新康德主义希望通过协调历史的个体性与知识的普遍性，试图论证历史知识的可能性。不管理论上有多大分歧，他们对“知识”的定义都与普遍性和恒常性相关，在这方面，柯林武德也不例外。但柯林武德的解决思路跟上述哲学家多少有些不同。柯林武德提出“一切历史都是思想史”，就针对着这一难题。这个命题的基本规定是：只有过去的历史行动者在其行动过程中的“思想”才可以重演，关于这些思想才可能有历史知识。过去的其他情形，例如当事人复杂的心理状况、其切身体验，甚至不具有普遍性的“思想”都无法重演，换言之，关于这些情形的重演就不算是真正的“历史知识”。甚至还可以这样说，关于这些情形的重演纯粹只是某种“猜测”而已，因为它们统统够不上知识所要求的普遍性和可反复论证性。

自从柯林武德提出上述观点，就一直招致不少批评。这些批评主要是说柯林武德的命题把历史学题材窄化了，使得历史学似乎就只能变成纯粹的“思想史”研究。但对柯林武德来说，如通常的历史研究那样无限制地扩大历史研究的选材范围，无疑不能使历史学成为一门真正的科学。在柯林武德那里，“科学”这个概念表示把事情弄明白①。具体到历史学则要求历史学家对历史本身要有所理解，而且只有那些能为我们理解的东西对我们来说才可以称作“知识”，此时历史学才配得上“科学”这一称号。

所谓真正的知识是可以证明的，而不必直接依赖感知觉的帮助。一般历史研究中所谓的真实，从某种程度上看，还只能算是正确的意见。例如，“1789 年法国大革命爆发”，这一判断为真，但在柯林武德看来却不是真正的知识，因为它依赖在场的感知觉，而且不是一个普遍的判断。除非有人亲眼见证，否则还不能保证它是正确的意见。可见在柯林武德那里，“历史知识”有特殊的规定。这里他所谓的“思想”还不只是个人的毫无普遍性的思想，而是那些同时具有普遍性并从而超出个人直接性的思想才是历史知识的对象。他对历史知识的苛刻规定，最后使得他称道的历史知识的典范，就是黑格尔《哲学史讲演录》当中那些一般被视作最为抽象的知识。这也难怪他把除此之外有关历史的把握统统斥为实证

① 这里的“科学”一词可参照柯林武德的用法。柯林武德所谓的“科学”不是一般意义上的自然科学，他在《历史的观念》中认为科学就是一种探寻，就是要把事情弄清楚。所以有人认为柯林武德所谓的“科学”就是学科的意思。这样理解固然不错，但却失掉“科学”一词的另外的含义。柯林武德在《形而上学论》中指出，“科学”就是系统有序地探讨某已确定的题材，而且他说他只在这一含义上使用该词。参见 R. G. Collingwood, *Essays on Metaphysics*, Oxford: Clarendon Press, 1940, pp. 3-4.

主义。

如果站在柯林武德的立场上，那么实际上就只得面对这样无情的结论：历史知识是可能的，但其前提非得是“一切历史都是思想史”，历史即思想。反过来，根据其结论逆推，再对照我们目前历史研究的题材，诸如心态史或心理史学等课题，从根本上就不可能，因为逝去的心理状态根本不可能重演。即使是柯林武德肯定了可以获得历史知识的政治史、经济史、伦理史，或是艺术史、宗教史、哲学史等领域，本身也只有在“一切历史即思想史”的前提下才成立。而上述这些专门史，却未经柯林武德那样的理论批判，就直接肯定了这些研究题材的合理性。这种未经批判的断言，在柯林武德科学史观的视野下，只能是独断的，在此基础上的历史学，肯定是非科学的。既然如此，柯林武德岂不是存心跟历史学作对了？若作此武断结论，似乎有负柯林武德的苦心孤诣。

尽管柯林武德的思想启发了不少历史哲学家，但是他最终还是没能有继承人。20 世纪以英美分析哲学为基础的批判的历史哲学似乎对“历史—知识问题”并不感兴趣，他们绕开柯林武德最为关心的核心问题，直接追问历史解释的因果性或历史叙述的结构等问题，尽管他们的思考也是在追问历史学思考的前提条件问题，但其问题的重心已跟柯林武德等人的关注点有相当的差别了。英美世界的历史哲学家往往从柯林武德那里吸取灵感，但他们最终是把柯林武德的观点做另外的诠释而作他用。所以，英美的批判的历史哲学对待“历史—知识问题”的态度很含糊。

柯林武德提出“一切历史都是思想史”以及与之相应的“重演论”，重点不在于提出某种解释理论，用以解释历史事件或历史关联。他的主要目标是通过“重演论”来解决“历史知识何以可能”这一认识论命题。由此看来，柯林武德的思路，大体上跟狄尔泰或新康德主义解决历史知识问题的思路一致。

在英语世界，20 世纪五六十年代兴起的关于历史解释问题的大讨论，其本意在于回应亨普尔 1942 年的名文《普遍规律在历史中的作用》，而后展开的关于历史叙述性质的争论，也是这场大讨论的产物。这场大讨论最终演变的结果是，参与争论者在亨普尔与柯林武德的立场之间达成了妥协。

亨普尔的观点其实很简单，他主张历史解释跟自然科学的解释没有本质区别。这种观点，跟狄尔泰、新康德派主张历史解释的特殊性与历史学的自律性判然有别。亨普尔认为，历史研究中也可以有一些规律和法则的东西，只要历史事件满足条件，即可用这样的规律和法则来作解释。这就是著名的覆盖率模型的解释。

德雷等历史哲学家受英美分析哲学思路的影响，他们对柯林武德从“解释理论”的角度来看待柯林武德的“重演论”，并在此基础上提出修正的观点。在他们看来，柯林武德想要表达的意思是这样的：要解释历史事件，不是把这一事件置于普遍规律之下，而是要理解历史当事人的“原意”或处境。

德雷本人倾向于取一中间立场，希望在亨普尔和柯林武德之间达成妥协。他否认亨普尔的覆盖率模型，认为类似柯林武德那样从具体的历史事件的连续性角度出发，也能达到解释的效果。他还认为对有些事件的解释，可使用普遍概念而非一定需要普遍定律，对某些事件的解释，也不是解释它们何以必然发生，而是解释其何以可能发生。

除了德雷之外，尽管有如加丁纳这样的哲学家为亨普尔的覆盖率模型做辩护，但更多哲学家对覆盖率提出了批评。比如加利在《哲学与历史认识》中，阿特金森在《历史认识与解释》中指出了亨普尔的覆盖率模型的限度。而历史主义科学哲学的代表库恩更是极力持批判态度。

在批评亨普尔的同时，柯林武德的另一“极端”立场也受到批判。比如，他们认为，柯林武德的解释策略用于解释历史个人或集体的有意识的活动还基本适用，但若用于解释无意识的活动或解释制度的演变等则未必适用。

但是，这样的批评，往往是成全了德雷等历史哲学家自己的思想，对于一般人理解柯林武德的思想，未必就很周全。柯林武德自己的“重演论”的确存在不少问题，但对这些问题的理解和批评大致可以有两种：一种是德雷等人那种，显然属于在不理解柯林武德基本立场的前提下的外在批评，它不易切中柯林武德思想的要害，批判往往乏力不到位；另一种就是伽达默尔那样的内在批判，这种批评站在跟被批评者同一传统中，其批判的着力点更加准确，批判也更有力度。

严格说来，柯林武德的思想更多属于欧洲大陆传统。就此而言，柯林武德与克罗齐的关系就非常紧密。尽管他们思想上存在不少的差异，比如，柯林武德的“思想”概念显然具有更多经验主义的特征，而克罗齐的“精神”概念的观念论色彩则非常重。但泛泛而论，二者在立场上也有颇多相似性。伽达默尔对克罗齐和柯林武德的批判，就直接针对他们的基本立场，这有别于英美分析的历史哲学对待柯林武德的简单做法。

克罗齐的著名论断“一切真历史都是当代史”揭示出，历史认识的动因是当下的现实生活。此命题解答了历史认识的动力问题，同时也突出了历史认识的当下视角。其实，对该命题还可作进一步解释与分析。首先，该命题的本体论预设是，历史本体等同于精神，历史的存在形式是精神性的活动，人们要重构历史，就是要使精神重新活动起来。如果只有当下的思想才是鲜活的，那么“历史”作为当下的鲜活的精神才存在。这里“当下”一词具有本体论意义，它规定了精神在时间上的存在方式。历史认识作为当下的精神活动，要把过去死去的精神重新复活，使之成为鲜活的，也就是要使精神之间能相互通达，让精神能够认识精神。这里从认识论上所讲的“当下”，是指与过去的历史相对的现在。对“当下”作不同理解，就赋予了“一切真历史都是当代史”不同的意义。据此可以理解，不同时代的人们不断重写历史，主要不是由于以往书写的历史存在重大错误，而是为了获得精神性历史的当下存在，把过去拉回到当下的精神活动当中来；同时，当下的历史性书写，就是这种历史写作的价值所在。换言之，每代人都需要重复理解历史，历史不是一个个具体事物，它存在于人们的理解当中，是一种精神性的存在，那些没有被理解的“历史”，就只是纯粹意志活动的产物。根据克罗齐的观点，编年史正是不为人们理解的“历史”，它甚至根本就不是历史；历史只能是精神性存在，而不是纯粹的资料汇编或某种仅仅存在于僵死的文本中的东西。

而柯林武德的论题“一切历史都是思想史”及其“重演论”，其本体论的预设是，历史就是思想，更严格地说，就是历史发生过程中参与事件的当事人的思想。历史研究就是要重演这些思想，只有真正重演了他们的思想，历史知识才可能达到并获得知识的确定性。在柯林武德的视野中，只有那些能够重演的思想才可能成为真正的历史。一般论者先预设了历史的存在，然后说根据重演论，有些历史的要素，比如当事人的心理状态、切身体验不能重演，以此批评柯林武德，这种看法其实已经背离了柯林武德的基本意思。柯林武德以思想为本体，就已经先行避开了这样的质疑，除非不同意他的前提，否则就不能那样去批评他。

从克罗齐和柯林武德各自的命题即可看出两人的基本立场，他们都把“历史”理解为非实体的东西，克罗齐把历史理解为“精神”，柯林武德把历史理解为“思想”，对他们来说，这是从本体论上克服历史二元论所造成的认识上的鸿沟的需要。这类本体论预设，是观念论和理性主义的表现。他们二人在论证“历史知识何以可能”或者说“历史理解何以可能”这点上提出了一系列新的看法，但其本体论上的观念论倾向是其思想的命门，并根本限制了其思想进展。

伽达默尔的哲学解释学建立在德国的现象学和解释学的基础上，在反思历史主义的过程，他提出了一些有益的见解。在他看来，克罗齐和柯林武德均属于历史主义者的行列。

在《真理与方法》（1960 年）及其相关论文中，伽达默尔直接论及柯林武德的地方有两处。一处是在讨论“问答逻辑”时，伽达默尔称柯林武德几乎是他所能援引的唯一的人；另一处是在讨论“诠释学与历史主义”时。伽达默尔称赞柯林武德借助“问答逻辑”对理解的历史性的重视，但更多时候却对柯林武德给予了批评，而批评的主要目标，对准的就是柯林武德的“问答逻辑”与其“重演论”的紧张关系，这一点安克斯密特也曾指出。

柯林武德在其《自传》中，针对牛津的实在论者的“命题逻辑”，提出了“问答逻辑”。即一个命题，只有当其在某种问题情景下才有意义，脱离此一问题情景，命题的意义就不确定，从而无从判别命题的真假。这样，他就把命题的“意义”归结到了问题情景与命题的关系上。即依凭提问本身的方向性，揭示了问题的历史性，以及在此基础上所获回答即命题向我们显现的意义的历史性。伽达默尔首肯柯林武德对理解的历史性的把握。但另一方面，特别是他的“重演论”，却又跟这一立场有矛盾。柯林武德的“重演论”称可重演的，是当事人有意识的意图，即所谓思想。伽达默尔称作“作者或文本的原意”。柯林武德想借思想重演，来达到理解当事人原意的目的。历史理解，到底是对历史的理解，还是历史地理解，柯林武德并没有非常明确的意识。在很大程度上，柯林武德在两者之间徘徊。一方面，他并不承认“自在的过去”，而认为历史重演的过去是“现在的过去”；可另一方面，他又把历史学的题材确定为当事人的主观反思意识。在某种程度上，我们的确可以赞同柯林武德，诸如几何学定理这样的思想，的确可以重演。对此重演的强调，柯林武德是想表明，主观的思想如何具有客观性，思想如何可能被重新激活。几何学定理确实可以满足柯林武德的重演理想。但是，他却又在极力区别感性知性的内容、思想的直接性以及思想的外在普遍联系的不可重演，似乎又在否定几何学定理所处的问题情景。他在“抽象的同一”的层面上来谈论历史学家重演的是当事人同一的思想，似乎同样是在否定命题的问题情景。或许柯林武德会辩解到：这是两个不同层面的问题，我们既承认像几何学思想在重演过程中的同一性，又承认几何学产生时几何学家的心理状态或时代环境的不可重演性，正是为了解决“同一与差异”这对矛盾。强调思想的内在同一，“重演论”才得以成立，历史知识才得以可能；强调思想的外在情景的不可重演，是说明问题情景不是现成的而是历史性。可由此产生的矛盾是，历史性的问题下的命题，其意义究竟是同一的还是不同的？如果说其意义是同一的，则柯林武德就将面临这样的质问：问题情景不是跟命题意义相关吗，问题情景的改变，命题的意义自然会随之改变，同一性将从何谈起呢？如果说其意义是不同一的，那么重演又从何谈起？如果柯林武德非得作答，他似乎可以这样说，思想这个东西是在变化中可以保持其同一性的东西：思想的意义的确会发生变化（思想的内在变化，比如从欧式几何到非欧几何的变化)，但就重演意义上（认识论上）而言，主要是外在的问题情景的变化，而这个变化并不影响思想本身在重演过程中的不变性。这绝不是简单的问题，可以轻而易举地回答。如果这样作答，在本体论上，就还是把思想的意义作为一种“现成之物”来理解了。即使我们暂且承认思想在重演过程中保持不变，即思想作为一个实体而存在，而这恰恰是柯林武德所要反对的。

在本体论上，变化是绝对的，凡“存在”皆有一个“作为……”结构，即某物作为什么而存在。对几何学命题来说，对创造它的几何学家以及对我们这些学习者而言，几何学当然是作为不同的东西而存在的，所以我们说它们是不同的。胡塞尔在讨论几何学起源时，其思路与柯林武德在讨论重演时颇有几分相似。胡塞尔也试图论证“几何学的观念”在主观个人意识中产生之后，如何成为普遍有效的真理的。胡塞尔同样是传统本体论的思路。在“现成性”层面，思想无疑可以重演。在此意义上，柯林武德绞尽脑汁构思的思想重演计划，在一定程度上达到了他的目的。他的立场属于施莱尔马赫那种“重构型”诠释学，这也就决定了他的结论只能是：思想才可以重演，可重演的思想才配称作历史，历史即思想。柯林武德把历史等同于可重演的思想，其基本出发点跟克罗齐把历史理解为精神是一致的，他们都把历史理解为“存在者”而非“存在”。柯林武德的“重建型”立场建立在符合论或融贯论的基础上。历史理解就意味着与历史流传物的一致。

伽达默尔却说，理解就是视域融合，“正如在我们与他人的谈话中，当我们已经知道了他的立场和视域之后，我们就无需使自己与他的意见完全一致也能理解他的意见，同样，历史地思维的人可以理解流传物的意义而无需自己与该流传物相一致，或在该流传物中进行理解”。他又在别处说，“一切认识者与被认识物的相适应性并不依据于它们具有同样的存在方式这一事实，而是通过它们两者共同的存在方式的特殊性而获得其意义。这种相适应性在于：不管是认识者还是被认识物，都不是存在论上的现成事物，而是历史性的，即它们都具有历史性的存在方式”。

这两段话很能表明伽达默尔的立场。认识并不需要认识者与被认识物之间有一种“同质性”（Gleichartigkeit）。而施莱尔马赫、狄尔泰、克罗齐和柯林武德的诠释学都是建立在主客体“同质性”的基础上，“同质性”立场也表明他们认识论上的“重建”任务。伽达默尔不赞同这种立场。他认为，认识者与被认识者的相适应，是在于它们共同具有历史性的存在方式。这种让人费解的话，到底意味着什么？是不是可以这样来解释：处于历史境域中的历史学家对处于效果历史影响下的流传物的理解，共同的历史境域，使得两个同样是历史性的存在者，在这共同境遇下获得意义规定，即这共同的意义规定，同时成就了历史性认识者与被认识物的意义规定。特别需要注意的是，伽达默尔强调认识者和被认识物皆非现成之物，就是说它们的意义规定，不完全是由它们原有的意义规定所限制的，它们的意义规定在历史过程中还会扩展，产生新的意义，即它们会达到新的“存在”。认识论关系都需要在新的意义规定中展开，认识论上的主客体，不再是现成的主客体，也非康德意义上的先验主客体。所以，在伽达默尔那里，主客体关系也因此变成历史性的。主体和客体均在理解过程中，达到更普遍的意义规定，此即黑格尔所谓的“综合”。

诠释学任务由“重建”到“综合”的转变，也可解答柯林武德遗留下来的难题，即由柯林武德的“一切历史都是思想史”以及“重演论”带出的限制历史学题材的难题。正是因为柯林武德的重建立场，根本导致了他最终以限制历史学题材的方式，来回答“历史知识何以可能”这个问题。柯林武德的“重演论”遭到后学的激烈批评。但根本原因不在其“重演论”作为解释模型还不够完善，而是其“重演论”的“重建型”立场存在问题。在重建的立场上，不管如何完善重演论，都会导致相似的问题。如何做到重演当事人的思想，是柯林武德要解决的关键问题。伽达默尔的综合立场，决定了他不必去处理重演论那样的问题。考虑能否重演而把历史学的题材限制在当事人的反思上，对伽达默尔就不成立。对伽达默尔来说，历史学的题材完全不必只限定为思想方面，其他任何题材都是可以的。比如，历史当事人的心理状态虽不可重演，但对伽达默尔来说，他认为历史理解并不是要达到当事人的本意，历史理解是在当事人的思想所展开的意义空间与认识者的诠释学境域之间进行综合。历史理解不需要过分追究当事人的本意，理解总是历史性的。这点出了理解的本质。理解揭示了历史解释或历史学存在的历史性，揭示了其自身在时间中存在所展示的真理性。由此推展开去，我们完全可以说文学也揭示着真理。小说、悲剧等艺术形式，就其不指涉事实而言，它们是在进行虚构，但是，就它们的形式结构以及由此揭示的历史与现实的意义而言，它们的确又揭示着真理，而且很可能比历史学能更好地揭示真理。

不少历史学家认为，作为经验科学的历史学，是揭示历史真理的真正合法的学科。历史小说或历史剧在史实上的错误，很容易遭到历史学家的批评。当前的历史学家就指责司马迁《史记》当中很多内容纯属虚构。司马迁不可能参与当事人的活动，再加上当事人也不可能留下记载，他生动的叙述就只能归为想像。这样的指摘不无道理。历史学家相信证据，若司马迁所述没有坚实的证据支持，当可将其叙述归为虚构。今人对司马迁的指摘，是基于现代科学史学的观念，即历史叙述要忠于事实。问题是，即便我们能揭示全部事实，也未必真能更好地揭示历史。拿一张照片和一幅画对比，我们很难说谁更真实。单纯按照自然科学的观点评判，当然可以判断说照片更为真实，它是对事物的完全映现而非主观想像，可实际生活的感受告诉我们，实情未必如此。单纯依靠事实的累积去把握历史，未必就有如司马迁运用文学笔调对鸿门宴的把握更为真实。经验层次上的事实的准确性，至多只是“真理”之一种含义。单以事实来衡量历史真理还只是经验主义的立场。

六、历史中的隐喻问题

《历史的话语》（1967年）与《元史学》（1973年）的发表，可视作西方历史哲学语言学转向的标志。历史叙述中的隐喻问题，日渐成为西方史学理论的热点。即使到现在，隐喻问题仍被视作后现代史学的标志。但理论家也不再一味沉溺于对历史叙述作隐喻的分析，他们将理论批判的矛头指向自身，开始反思历史叙述中的隐喻模式存在的局限。安克斯密特的《历史与转义》①（1994 年）一书就是这一转变过程的生动体现。该书主要考察隐喻的先验论倾向，这种倾向也为传统认识论所有。于是隐喻和传统认识论都成了他批判的对象。

隐喻观念的转变，安克斯密特在导论“先验论与隐喻的兴衰”中讲得非常清楚。这要从 20 世纪的语言哲学与康德的先验论的关联讲起。提到先验论，人们下意识会把它跟康德的批判哲学联系起来，康德的先验论，就是把先天范畴加诸感性知觉之上，从而形成经验。众所周知，康德的先验论强调了先验主体对形成经验和知识的绝对主导性。安克斯密特之所以把先验论跟 20 世纪的语言哲学联系起来考察，在他看来，是因为诸如维特根斯坦（特别是早期）的语言学批判，本质上还是康德批判哲学的语言学翻版。所不同的是，康德是在考察知识之可能的先验条件，而维特根斯坦则是在考察世界的语言界限，而且，后者认为知识的批判根本上可归结为对语言的批判。先验论这个概念虽然在康德的批判哲学中有特定含义，一般不可随意套用和发挥，但仅泛言之，通常意义上的先验论的根本特征，安克斯密特认为是把陌生的东西“熟悉化”（familiarization），也就是所谓的“占有”（appropriation），即把多样的“本体的实在”转变成“现象的实在”，或通过语言批判让事物从混沌的世界中显现出来，概言之，认识或知识即为把陌生的东西据为己有。将康德的知识批判模式应用于历史领域，即出现了所谓的历史知识论。狄尔泰的历史理性批判或新康德主义的历史价值论，20 世纪的哲学诠释学，在安克斯密特笔下，也统统可归入先验论的行列。先验论表现在历史知识论中，所造成的后果是：历史知识理论为了追求历史真实，诉诸主体与客体一致的理论模式，特

① 安克斯密特：《历史与转义》，韩震译，北京文津出版社 2005 年版。同时见 F. R. Ankersmit, *History and Tropology, The Rise and Fall of Metaphor*, Berkeley, University of California Press。本文写作中除了利用中文译本之外，还参考了英文本，凡与中译本有出入之处，皆系参照英文本。

别是主体同化客体，或认识者与被认识物必须具有“同质性”，诸如狄尔泰的“重新体验”和柯林武德的“重演”等概念就清楚地表明了这一点。

而语言学转向之后的历史叙述理论，是否已经克服了先验论的倾向呢？安克斯密特的回答是否定的。语言学转向之后的历史叙述理论，在某种程度上同样是先验论的变种，因为隐喻以转义的方式最能体现把陌生的东西熟悉化这一思路，而这一思路本质上跟批判哲学把先天范畴加诸感性知觉，经过知性的综合之后形成经验是一回事。在分析中，安克斯密特多次援引海登·怀特的理论转变来作参照。安克斯密特认为，怀特在 1987 年出版《形式的内容》这本论文集之前，在理论上更多地倚重转义理论来阐释各种问题，而此书之后，他已很少提到转义问题。怀特的转变过程，由他分析 19 世纪历史编撰的规范化倾向（其结论是：这种规范化倾向不是由政治因素和非修辞因素所致，而是由历史叙述中的转义理论所致）清楚可见，所以怀特在再次借助美学理论阐述问题时，更多地强调了崇高（Sublime）与美（Beauty）的对立，因为美是依靠转义就可以理智地加以把握的东西，而崇高则极力逃避理智的把握，它表现为反占有，具有逃离主体掌控的倾向。怀特在尝试寻找突破先验论的出路，尽管安克斯密特认为怀特并未真正找到了出路。安克斯密特在理论上也有所转变，而这一转变恰好就表现在这本《历史与转义》中。正如安克斯密特自己所言，《历史与转义》的前四章都潜移默化地遵从了康德的先验论假设，而后三章则有所转变，即从遵从康德的先验假设转而探讨历史书写和历史意识的某种非康德式的、非隐喻的形式的可能性。

历史叙述中的隐喻模式对“过去的实在”的把握，仍然处在先验论的框架之下。正如有的学者针对“叙事史的复兴”有可能导致“叙事决定论”所指出的，强调对过去的隐喻把握，也很可能陷入叙事决定论，其直接后果是片面强调历史主体对历史对象的主宰和占有，在历史叙述上则表现为追求一种整体性和齐一化，忽视历史经验本身的绝对特殊性。安克斯密特所肯定的后现代主义观点，在很大程度上要反对这样的主体主义，他要肯定对“经验”

和“主体”作亚里士多德—弗洛伊德路线的理解。他认为，经验就是感觉与感觉行为的合一，而不再是主体与对象的简单分离，即根本不存在一个外在于感觉行为的对象（亚里士多德）。而“主体”则在自我把握的过程中，往往发现自己是作为他者存在的，即根本不存在一个先验统一的主体，自我可能怀疑他自身所是，主体可能精神分裂（弗洛伊德）。这意味着主体和对象都不是现成的或先验统一的，它们是在具体的历史存在中形成的。就历史阐释而言，每一次阐释都意味着对历史对象的重新的“理解”，这种理解不是主体的主观知性的理解，而是对象的新的存在的又一领会，亦即对象的“存在的扩展”。

安克斯密特提出对历史经验的重新诠释，在此他看到了当前的历史写作中的心态史研究的理论价值，他认为后现代条件下的碎化叙事、对微观世界和日常生活的关注，正表现出了历史经验的多样性，即普通人的日常经验的多样性以及历史学家对过去的多样理解。历史主义关注特殊性和个体性，关注过去的本身，而后现代主义关注碎化的世界，关注过去与现在之间的差异。安克斯密特认为，后现代主义在某种意义上是历史主义的激进化。

总起来说，正如安克斯密特在文章一开始就一再重申的那样，他认为在后现代主义条件下，不要再去关注历史知识的理论，而应该转向历史书写学。他在历史书写学的具体观念上有所变化，但还是认为，认识论研究跟隐喻地把握过去的方式一样，不能导向真正的多样性，而只可能导向相对主义和主观主义。安克斯密特反对保罗·利科重新把历史叙述跟认知的问题联系起来进行思考。在他看来，唯一的出路就在于重新理解过去的实在性，重新理解历史经验，他把后现代主义的历史对象定位为过去与现在之间的差异，正好说明了他对经验的理解，不是把历史经验理解为对纯粹过去的经验（这一点其实在理论上是不可能的，而且明显是对象和认识者的分离），而是对过去的历史性地经验，也就是说，把过去作为绝对的他者（但不是我们所谓的绝对的客观存在的过去），作为我们反观自身的参照。

这种经验不是外在的而是内在的，不是占有而是一种释放。安克斯密特举了一种所谓乡愁的（Nostalgic）历史感作为分析的对象，这种历史感的明显特征是当事人对过去的某种渴望与想像，这样的感受跟他的生活（比如现实的痛楚悲伤或背井离乡的孤独愁苦）直接相关，也就是说，渴望与想像中的过去跟那个当事人不是认知的关系（外在关系），而是与其生存状态直接休戚相关（内在关系）①。当事人对过去的把握，并不是想把过去“据为己有”（appropriation），就像认识论和隐喻的先验论模式所要求的那样，与之恰好相反，当事人极力把过去作为一个可想像、可怀念的对象让它保有自己的独立性，这种独立性不可抹煞（但是这种独立性又绝不是指所谓的“历史的客观存在而不以人的意志为转移”）。乡愁的历史感所指对象的独立性，是指当事人极力想要塑造和保持那样的对象的独立性，来维持自己思乡的希望的可能性，若这样的对象不存在，那种思乡的欲望就无法得到满足。这种对象虽未被当事人占有或同化，反而跟当事人保持了相当的“距离”，但实际上却与当事人保持着最为密切的内在关联。乡愁的历史感似乎才是安克斯密特真正想要强调的历史经验的典型，它充分体现了后现代主义对历史经验中差异成分的强调。乡愁的历史感不是要把过去当作

---

① Eelco Runia，“Forget about it”：“Parallel Processing in the Srebrenica Report”，*History and Theory*. Vol 43（October 2004），pp. 298、299。“并行运作现象是对过去的事情下意识的重演（re-enactment）。这种意义上的重演在两个方面区别于柯林武德意义上的重演：这种意义上的重演不是指向外在的表现（representation），而是指向实际的内在的相互作用；其次，这种意义上的重演不是有意识的努力希望达到的结果，而是下意识的推进引起的出乎意料的波动（ripple）。”这个观点很有意思。作者对两种“重演”（re-enactment）概念作了某种严格的区分。他认为柯林武德的“重演”概念，是指对历史对象的外在的表现（represent），即历史对象与进行历史表现的历史学家可以没有任何直接的内在的关系，而且他们的表现结果跟对象与历史学家的关系不存在直接的关联。而作者在此谈到的“重演”概念，则是另外的意思。它是指，研究者可能重复他们的研究对象的行为方式，而另一研究此一现象的研究者又可能重复他们所研究的这一现象，关键在于，这种重复不是研究者主观上有意识的重复（柯林武德的“重演”概念即取此意），而是无意识的重复，即生活本身把研究者与研究对象联系起来的内在重复。

当下熟悉的东西来对待，而是“去熟悉化”，要反对对过去作实际的描述，这种做法反倒是让历史性的东西作为历史的东西来存在，让过去保持它可引发无限想像的神秘性。思乡之情愈深，愈是表明对过去的去熟悉化的彻底性。熟悉化的过程其实是让过去的实在作为非历史的东西存在。

后现代历史书写对心态史特别关注，安克斯密特又把自己对历史经验的理解跟心态史的研究对应起来。在他看来，心态史之所以受到关注，就在于历史学家肯定了人们对事物的不同理解感受，而这些理解感受不能简单地以认识论的标准加以裁断，而应该把存在的各种差异的感受想法保存起来，而不是通过先验论的方式把各种差异抹除掉。对心态史的重视，正说明了后现代条件下，人们对不同诠释模式的认可，这样一些“任意的”解释，反倒能把人们带到具体的历史经验，而不是带到认识论或隐喻那样的先验论的历史经验的框架之内去，先验论的历史经验说到底是非历史的经验。

从《历史与转义》来看，安克斯密特借助了心理学研究的资源。尽管他不是以心理学的方式在阐述各种问题，但我们无疑可以从他对弗洛伊德的某些理论以及上述乡愁的历史感分析中见出他对心理学研究成果的借鉴。早在 20 世纪初，弗洛伊德的精神分析研究就对西方思想界发起了冲击，它几乎瓦解了西方思想的理性主义基础。弗洛伊德对无意识的分析，对主体分裂的见解，都对康德式的先验论造成巨大的破坏。安克斯密特对心理学研究中心理经验的援引（那些经验也完全可以作出不同于心理学解释的另外的解释），只是借用心理学分析中所描述的现象，他所做的解释是现象学的，这从他在该书最末一章“历史主义与后现代主义：历史经验的现象学”中即可看出，这样借助日常现象做现象学分析的方法，同样可以在海德格尔的《存在与时间》中对“死亡”的分析，以及伽达默尔在《真理与方法》中对“游戏”的分析中发现。这种不同于近代西方哲学的论证方法同样值得我们重视。

安克斯密特对隐喻剖析之深，足可以瓦解通常的后现代史学的观念。在我们一般的理解中，简单地认为凡是强调隐喻模式、语义分析，强调文本、叙述的均可归到后现代史学的名下。但按照安克斯密特的理解，真正的后现代史学强调的是差异原则，其具体表现就如他对乡愁的历史感所做的分析，除此之外的观点，特别是那些语言哲学的观点，未必就是那么后现代。

由安克斯密特的论述清晰可见，他站到了浪漫主义和历史主义的立场上来看待历史经验。跟这一立场相反的是理性的和启蒙的立场，后现代史学就是要反对和解构这一立场。浪漫主义和历史主义的故乡在德国，但在后现代思潮席卷法国和英美之际，德国人倒是突然“保守”起来。他们开始反思黑格尔以来的历史主义化的思潮，照战后的总体趋势来看，有重回启蒙立场的倾向。面对后现代史学对理性和主体等概念的解构，德国的理论家却极力倡导“主体间”，“交往理性”或康德的“大同”理想。

德国的浩劫（两次世界大战、灭犹行动）促使很多德国思想家，尤其是犹太思想家反思这场浩劫与德国思想的渊源关系。在政治哲学领域，施特劳斯在《自然权利与历史》（1953年）、《政治哲学与历史》等论著中极力反对历史主义，他甚至认为德国历史思想是虚无主义的极端表现。

吕森在《历史科学理论的研究》中指出：历史主义思想能借着建立传统，替社会的一些现状做出合理化的解释，它有使事物产生合理化的能力，却没有直接批判现状的能力。历史主义使价值的恒久性受到质疑，但也可以作为反对强权压迫的理论根据。这正是吕森等战后成长起来的德国学者与后现代主义者的根本分歧所在。就政治问题而言，历史主义强调特殊性和个别性，容易沦为极权政治的口实，不能对现实政治的不合理的层面给予直接的批判。历史主义可以为政治权力辩护，那它为普通人掌握，是否可以成为个人反抗强力的根据呢？安克斯密特强调后现代主义是历史主义的极端化，从政治的视角来看，势必在为个体的自由争取空间，反对理论的泛化造成意识形态的争端。换个角度来看，在道德的层面，没有一种可坚持的价值理念，人类将按照什么样的准则行事呢，世界岂不是会大乱？历史主义这把双刃剑让德国人在20世纪饱受痛苦的煎熬，战前的德国思想家，诸如海德格尔等人把历史主义极端化，拒斥历史主义保守的一面，反对用历史主义来为现实辩护，但在战后的很多思想家看来，这样做的恶果是变相否认了人类的普遍价值，纳粹的举动就是这种理论的后果。他们战后重拾康德的启蒙立场，就是针对历史主义的极端化而否认任何普遍价值的观点。从这个意义上讲，我们也要防止将后现代史学的立场极端化。

后　　记

《20 世纪的西方史学》是一部集体著作，这主要是由 20 世纪西方史学发展的特点决定的。与 19 世纪西方史学相比，20 世纪的西方史学发生了深刻的变化，它作为西方社会发展的折射和反映，各种理论、原则、方法令人眼花缭乱，应接不暇；各种思潮、流派，各类标志性作品和代表性人物层出不穷，这使任何个人很难在短时间内对这些有较准确和系统的把握，特别是对其所提出的重大理论问题做出马克思主义的分析和回答，尤为困难。为弥补这一不足，由每位研究者在统一的框架内和体系内，集中精力就某一问题进行深入的研究，然后进行必要的调整和综合，是切实可行的办法。

列宁说："只有确切地了解人类全部发展过程所创造的文化，只有对这种文化加以改造，才能建设无产阶级的文化，没有这样的认识，我们就不能完成这项任务。"邓小平说："社会主义要赢得与资本主义相比较的优势，就必须大胆吸收和借鉴人类社会创造的一切文明成果。"正是从这样的认识出发，我们撰写了《20 世纪的西方史学》。该书各章的撰写者如下：第一章：处于变动世界中的历史学（于沛）；第二章：传承与变革——20 世纪西方史学的渊源（陈新）；第三章：历史主义传统的变迁——20 世纪的德国史学（陈新［1—3 节］、吕和应［4—7 节］）；第四章：史学范型独领风骚——20 世纪的法国史学（赖国栋）；第五章：经验主义史学传统的活力——20 世纪的英国史学（梁民愫）；第六章：从欧洲传统到自身传承——20 世纪的美国史学（吴道如、方进莲）；第七章：反叛传统与史学变革——20 世纪后现代主义史学与新文化史（张仲民）；第八章：西方历史观念的更迭——20 世纪的历史理论（吕和应）。在编撰此书的过程中，我们深深体会到，历史研究不能没有价值判断；价值判断不能脱离历史观的指导，而历史观是一种社会意识形态，因此，我们在学习和借鉴西方史学积极成果的同时，应该清醒地认识到，20 世纪西方史学的价值不在于它得出了哪些结论，更重要的是它提出了哪些问题，特别是在理论方法论方面。在唯物史观的理论指导下，开展对这些问题的研究，无疑有益于马克思主义史学理论的建设。

本书在撰写过程中，得到武汉大学历史系向荣教授、武汉大学出版社刘爱松主编、陶佳珞编审和责任编辑朱凌云老师的大力支持和帮助，在此一并表示诚挚的谢意。特别是朱凌云老师为此书的出版付出了许多心血，她的学识和敬业精神，给编撰者留下了深刻的印象；我们汲取了她一些颇有见地的建议或意见，为本书增色不少，对此尤其表示感谢。由于我们水平有限，加之时间仓促，所以本书捉襟见肘之处，甚至错误在所难免，诚恳期望学界同人和各界读者不吝指正，以便日后有可能再版时改正。

于　沛

2009 年 4 月 22 日